Heinz Rüegger

Alter(n) als Herausforderung
Gerontologisch-ethische Perspektiven

TVZ

Heinz Rüegger

Alter(n) als Herausforderung

Gerontologisch-ethische Perspektiven

T V Z
Theologischer Verlag Zürich

Die Deutsche Bibliothek – Bibliographische Einheitsaufnahme
Die Deutsche Bibliothek verzeichnet diese Publikation in der Deutschen
Nationalbibliographie; detaillierte bibliographische Daten sind im Internet
über ‹http://dnb.ddb.de› abrufbar.

ISBN 978-3-290-17517-7

Umschlaggestaltung: Simone Ackermann, Zürich
Druck: ROSCH-BUCH, Scheßlitz

© 2009 Theologischer Verlag Zürich
www.tvz-verlag.ch

Im Gedenken an

Pfr. Dr. Theophil Vogt †

den väterlichen Freund,
der auf exemplarische Weise vieles von dem lebte,
was in diesem Buch thematisiert wird,
in Dankbarkeit und Hochachtung

Inhalt

Vorwort

Die in diesem Buch zusammengestellten Beiträge umkreisen unter verschiedenen thematischen Perspektiven das Phänomen des Alterns und des Alters. Zugrunde liegt ihnen allen die Überzeugung, dass das Thema Alter(n) im Kontext einer demographisch alternden Gesellschaft, in der Menschen immer länger leben, zu den grossen Herausforderungen unseres Jahrhunderts zählt. Damit es gelingt, dieser Herausforderung gerecht zu werden, ist es unabdingbar, sich auf ein vertieftes Gespräch mit den verschiedenen Disziplinen einzulassen, die zusammen das Forschungsfeld der Gerontologie darstellen.

Innerhalb der Gerontologie ist ein gewisses Defizit an Beiträgen aus den Disziplinen der Geisteswissenschaften festzustellen. Insbesondere zeigt sich immer wieder, dass die ethische Reflexion gerontologischer Themen eher schwach entwickelt ist. Gleichzeitig drängt sich der Eindruck auf, dass es Bereichen wie Kirche, Theologie und Diakonie, die zur Frage der Begleitung alter Menschen Wesentliches zu sagen hätten, bisher kaum gelungen ist, sich intensiv und mit spezifischer fachlicher Kompetenz auf dem rasch expandierenden Feld gerontologischen Forschens einzubringen. Auf diesem Hintergrund wollen die Kapitel dieses Buches einen Beitrag leisten und eine Reihe von gerontologisch-ethischen Perspektiven zur Diskussion stellen, von denen ich überzeugt bin, dass sie für soziales Handeln in unserer Gesellschaft wichtig sind.

Das Buch ist so aufgebaut, dass das erste Kapitel im Sinne einer Einleitung den gesellschaftlichen und gerontologischen Kontext beschreibt, in dem alle Beiträge stehen. Die folgenden fünf Kapitel thematisieren dann spezifische Fragestellungen. Ich weiss aus eigener Erfahrung und durch Rückmeldungen anderer, wie sehr gerade in der Begleitung, Betreuung und Pflege alter Menschen tätige Fachleute beansprucht sind und oft kaum die Zeit finden, umfangreiche Fachliteratur zur eigenen Fortbildung zu verarbeiten. Es wurde darum darauf geachtet, dass alle Beiträge in sich selbst je ein geschlossenes Ganzes darstellen und die Kapitel auch einzeln und in beliebiger Reihenfolge gelesen werden können. So mag es dem einen Leser oder der anderen Leserin eher möglich sein, auf einzelne der im Folgenden angeschnittenen Fragen einzugehen und sich von ihnen zu eigenem Weiterdenken und Weiterdiskutieren anregen zu lassen. Dass dabei gewisse inhaltliche Überschneidungen zwischen den verschiedenen Kapiteln unvermeidlich sind, wurde bewusst in Kauf genommen.

Der Text dieses Buches ist mit Fussnoten versehen, die Belegstellen von Zitaten nennen, auf einschlägige Literatur verweisen oder einen inhaltlichen Aspekt weiter diskutieren. Das gehört nun einmal zur wissenschaftlichen Beschäftigung mit einem Thema. Wen solche Details nicht interessieren, kann den ganzen Fussnotenapparat ruhig beiseite lassen und sich auf den eigentlichen Text beschränken. Für das inhaltliche Verständnis des Haupttextes sind die Fussnoten nicht notwendig.

Die Gedankengänge, die auf den folgenden Seiten entfaltet werden, sind im Rahmen meiner Arbeit in der Stiftung Diakoniewerk Neumünster – Schweizerische Pflegerinnenschule (Zollikerberg bei Zürich) entstanden. Die Stiftung ist ein Ort, an dem eine Kultur des interdisziplinären Austauschs entstanden ist und wo der Verbindung von praktischer Arbeit in diversen Institutionen der Altersarbeit sowie der Akut-medizin einerseits und theoretischer Reflexion solcher Arbeit andrerseits grosse Bedeutung beigemessen wird. Für diesen Kontext und die stimulierende Zusammenarbeit mit meinen Kolleginnen und Kollegen insbesondere im Institut Neumünster sowie im Wohn- und Pflegehaus Magnolia bin ich sehr dankbar. So konnte die Thematik des 4. Kapitels an einer Sitzung des Institutsteams einmal ausführlich diskutiert werden. Für hilfreiche Hinweise zum 5. Kapitel über Grundlinien einer Demenzethik habe ich Dr. med. Albert Wettstein, dem Leiter des Stadtärztlichen Dienstes von Zürich, sowie meiner Kollegin Ursula Wiesli zu danken. Dem Institut Neumünster, das durch Bildung, Forschung und Entwicklung schwergewichtig im Bereich der Begleitung, Betreuung und Pflege alter Menschen arbeitet, danke ich zudem für einen Druckkostenzuschuss, der das Erscheinen dieses Buches ermöglichte. Von Seiten des Verlags hat sich Corinne Auf der Maur in verdienstvoller Weise des Lektorats angenommen; auch ihr sei dafür herzlich gedankt.

Wem ich ganz besonders dankbar bin, weil er mich im vergangenen Jahrzehnt als kompetenter Gesprächspartner immer wieder in meiner Arbeit ermutigt hat und weil er vorlebte, wie das Leben als Hochbetagter trotz vieler Schwierigkeiten ein erfülltes sein kann, sagt die Widmung. Theophil Vogt starb kurz vor Abschluss des Manuskriptes zu diesem Buch, dessen Zustandekommen er mit Interesse begleitet hat.

Ostern 2009
Heinz Rüegger

Alter(n) als Herausforderung an der Schnittstelle dreier Disziplinen. Eine Einleitung

1.1 Alter(n) als gesellschaftliches Thema

Eines der bestimmenden Kennzeichen der gegenwärtigen westlichen Gesellschaften besteht darin, dass markante demographische Veränderungen stattfinden, die als *Alterung der Gesellschaft* bezeichnet werden. Dabei handelt es sich um ein doppeltes Phänomen.

Zum einen geht es darum, dass eine erstaunliche Verlängerung der durchschnittlichen Lebenserwartung der Individuen festzustellen ist.[1] Vor der Industrialisierung lag in Europa die durchschnittliche Lebenserwartung bei der Geburt – mit beträchtlichen Schwankungen – unter 30 Jahren.[2] Stieg sie bis 1900 in der Schweiz auf 46,2 Jahre für Männer und 48,9 Jahre für Frauen, so erreichte sie im Jahre 2007 bereits 79,4 bzw. 84,2 Jahre[3]. Das bedeutet, dass in unseren Breitengraden die Menschen innerhalb eines Jahrhunderts gut drei Jahrzehnte älter wurden! Diese Steigerung, die der-

---

1   F. Höpflinger & A. Stuckelberger (1999), 33–38. F. Schirrmacher (2004), 22 pointiert unter Hinweis auf L. Hayflick: «Die menschliche Lebenserwartung betrug in 99,9 Prozent der Zeit, die wir diesen Planet bewohnt haben, 30 Jahre.»

2   F.-X. Kaufmann (2005), 13.

3   Quelle: Bundesamt für Statistik (2008). Einzelne ältere Menschen gab es schon immer. Von der Antike bis ins 18. Jahrhundert dürfte die Anzahl der über 60-Jährigen zwischen 5 und 10 % der Gesamtbevölkerung ausgemacht haben (J. Ehmer [2008], 162).

zeit ungebrochen weitergeht, ist menschheitsgeschichtlich einmalig.[4] Das Referenzszenario des Bundesamtes für Statistik geht für die Schweiz im Blick auf das Jahr 2050 von einem weiteren Anstieg der Lebenserwartung bei Geburt auf 85 Jahre bei den Männern und auf 89,5 Jahre bei den Frauen aus.[5] Im internationalen Vergleich befindet sich die Schweiz in der Gruppe von Ländern mit der höchsten durchschnittlichen Lebenserwartung.[6]

Diese Steigerung der durchschnittlichen Lebenserwartung, die anfänglich stark durch den Rückgang der Kindersterblichkeit bedingt war, ist heute v. a. auf eine Verlängerung der Lebenserwartung bei den Hochbetagten zurückzuführen, die durch Bekämpfung und Prävention degenerativer Erkrankungen erreicht wird. So ist etwa davon auszugehen, dass sich die Zahl der über 65-jährigen Personen in der Schweiz zwischen 2005 und 2030 um 67 %, diejenige der über 80-jährigen gar um 86 % erhöhen wird.[7] Die Zukunft des Alters ist

---

4   B. SEEBERGER (2004) präzisiert: «Hochaltrige Menschen hat es zu allen Zeiten gegeben. Hingegen ist Langlebigkeit als relativ schichtenunabhängiges demographisches Breitenphänomen historisch betrachtet eine sehr junge Erscheinung». Und er fährt fort: «Mit einer zu erwartenden Gesellschaft des langen Lebens betreten wir gesellschaftliches Neuland und öffnen ein bisher unbekanntes Kapitel der Menschheitsgeschichte.» P. GROSS & K. FAGETTI (2008), 10 sprechen diesbezüglich von einer «Weltpremiere», die verständlicherweise Angstreaktionen im Sinne einer «Premierenangst» auslösen (13–23).

5   Bundesamt für Statistik (2006), 5.

6   Sie befindet sich nach den Angaben des CIA World Factbook, Version 01.01.08, an 10. Stelle hinter (in dieser Reihenfolge) Andorra, Macau, Japan, Singapur, San Marino, Hongkong, Kanada, Frankreich und Schweden. – Weltweit gesehen dürfte im Jahr 2050 die Zahl der Menschen über 60 Jahren zum ersten Mal in der Menschheitsgeschichte grösser sein als die Zahl der Kinder bis 14 Jahren (S. MENNING [2008], 15).

7   Der Zuwachs älterer Menschen vollzieht sich v. a. in den Entwicklungsländern rasant. Weltweit gesehen geht man davon aus, dass sich der Prozentsatz der Hochbetagten (ab 80 Jahren) an der Weltbevölkerung von gegenwärtig 1,3 % auf 4,33% im Jahre 2050 erhöhen wird, wobei sich die

darum, wie Paul B. Baltes zu Recht betont hat, insbesondere eine Zukunft der Hochbetagten.[8]

Dazu kommt das andere Phänomen, dass der rasanten Zunahme des älteren Bevölkerungssegmentes seit Mitte der 1960er Jahre eine Abnahme des prozentualen Anteils jüngerer Menschen an der Gesamtbevölkerung gegenübersteht.[9] Der Grund dafür liegt in einer rückläufigen Geburtenrate, also einer Abnahme der durchschnittlichen Anzahl Kinder, die pro Frau in der Schweiz geboren werden.[10] Beide Phänomene zusammen bewirken, dass auf immer mehr ältere Menschen immer weniger junge kommen, so dass sich die viel zitierte demographische Alterspyramide von der früheren Pyramidenform mit breiter Basis und kleiner Spitze gegenwärtig zu einem urnenähnlichen Gebilde mit breiter Mitte gewandelt hat. Vor allem das Altern der geburtenstarken Jahrgänge zwischen 1943 und 1966, der sog. Baby-Boom-Generation[11],

---

Gruppe der Hundertjährigen und Älteren bis 2050 verdreizehnfacht (!), von etwa 287'000 im Jahre 2006 auf etwa 3,7 Millionen (ebd., 16).

8   P. B. Baltes (2001), 345.

9   S. Möckli (1999), 15 differenziert: «Nicht die absolute Zahl der alten Menschen stellt ein Problem dar, sondern die Bevölkerungsentwicklung und das Verhältnis der älteren zu den jungen Menschen.» Solchen – wertenden! – Aussagen halten P. Gross & K. Fagetti (2008) allerdings zurecht entgegen, dass es keine ‹natürlichen› demographischen Verhältnisse gibt, die normativen Charakter beanspruchen könnten, «weder für Geburtenquoten noch für Berentungsgrenzen. Und es gibt so wenig eine verzerrte Alterspyramide wie eine richtige; natürlich ist weder die pyramidale Struktur des Bevölkerungsaufbaus, noch ist es die pilz- und urnenförmige» (176).

10   Die Schweiz gehörte schon in den 1920er und 1930er Jahren zu den geburtenärmsten Ländern Europas. Diese Geburtenrate hat in der Schweiz in letzter Zeit wieder ganz leicht zugenommen, bewegt sich aber seit 1972 auf einem Stand, der unter demjenigen liegt, der für die demographische Reproduktion nötig wäre (F. Höpflinger [2007a], 3f.).

11   Man kann im Blick auf die Schweiz noch präziser zwischen dem ersten Boom der Jahrgänge 1943–1950, den Kriegs- und Nachkriegs-Baby-Boomern, und dem zweiten Boom der Jahrgänge 1957–1966, den Wohlstands-Baby-Boomern, unterscheiden (F. Höpflinger [2007a], 4).

die selber weniger Kinder zur Welt gebracht hat als vorausgegangene Generationen, führt zu einer beschleunigten demographischen Alterung der Bevölkerung.[12] Das bedeutet: Das Altern und das Altsein von Menschen und die Verschiebung der Bevölkerungssegmente zugunsten der älteren Jahrgänge[13] wird – schon allein durch die quantitative Präsenz alter Menschen – immer mehr von einem primär individuellen, privaten Thema zu einem zentralen gesellschaftlichen Problem[14], das alle Lebensbereiche beeinflussen wird und Auswirkungen haben muss auf die Alterspolitik.[15]

Wie einschneidend die gesellschaftlichen Veränderungen sein werden, geht aus einer Bemerkung des Präsidenten der Heidelberger Akademie der Wissenschaften, Peter Graf KIELMANSEGG, hervor: «Der demographische Wandel wird in alle Bereiche des Lebens hineinwirken. Die Zukunftsgesellschaften, die viel älter sein werden als alle Gesellschaften der bisherigen Menschheitsgeschichte, werden sich in vielen Hinsichten neu organisieren müssen. Sie werden vor ganz neuen Aufgaben stehen und werden ganz neue Lösungen finden müssen. Jeder wird betroffen sein.»[16]

Die hier bloss angedeutete gesellschaftliche Entwicklung hin zu einer *Gesellschaft des langen Lebens* wird – zu Recht – immer wieder als eine grossartige kulturelle Errungenschaft bezeichnet, deren Früchte wir alle dankbar ge-

---

12   Bundesamt für Statistik (2006), 9. P. GROSS & K. FAGETTI (2008), 9 machen deutlich: «In der bisherigen Geschichte waren immer die Jungen in der Überzahl. Jetzt sind es die Alten» – was für die beiden Autoren allerdings gerade keine Katastrophe, sondern ein Glücksfall ist (175)!

13   Es ist anzunehmen, dass 2030 etwa ¼ der Bevölkerung über 65 Jahre alt sein wird, und die Anzahl Hochbetagter (über 80-Jähriger) dürfte sich von heute rund 300'000 auf etwa 620'000 gut verdoppeln.

14   G. M. Backes (1997).

15   Strategie für eine schweizerische Alterspolitik (2007).

16   P. Graf KIELMANSEGG (2008), v.

niessen.[17] Allerdings ist nicht zu übersehen, dass diese Entwicklung zu einschneidenden Veränderungen unseres individuellen und gesellschaftlichen Lebens führt, die Fragen aufwerfen, deren Tragweite wir erst ansatzweise zu ermessen beginnen. Margret M. BALTES ist zuzustimmen: «Wir haben heute die Unausweichlichkeit des ‹Elderbooms›, des demographischen Alterns der Gesellschaft im 21. Jahrhundert, wohl verstanden. Die volle Bedeutung der Auswirkungen dieses demographischen Wandels und die volle Bedeutung für unser tägliches Leben scheinen aber noch sehr nebelhaft.»[18] Es ist nicht übertrieben, wenn man annimmt, dass die demographische Entwicklung hin zu einer Gesellschaft der Langlebigkeit sich als eine der zentralsten sozialen Fragen dieses Jahrhunderts herausstellen wird.[19]

1.2 Gerontologie als interdisziplinäre wissenschaftliche Auseinandersetzung mit den Phänomenen des Alter(n)s

Auf dem Hintergrund dieser Entwicklungen hat sich etwa seit der Mitte des letzten Jahrhunderts die Gerontolo-

---

17 So urteilt der Vierte deutsche Bericht zur Lage der älteren Generation: «Zunehmende Langlebigkeit ist [...] der sichtbare Erfolg zivilisatorischer Bemühungen [...] Nichtakzeptanz zunehmender Langlebigkeit der Menschen bedeutet Ablehnung des zivilisatorischen Fortschritts» (Bundesministerium für Familie, Senioren, Frauen und Jugend [2002], 353).
18 M. M. BALTES (1996), 393.
19 B. STÄDTLER-MACH (2004b) teilt mit ihrem Kollegen B. SEEBERGER vom Institut für Gerontologie und Ethik die Ansicht, dass sich «Langlebigkeit [...] zur neuen Sozialen Frage des 21. Jahrhunderts entwickeln wird» (184). In etwas populärer, dramatisierender Zuspitzung, aber mit sachlich zutreffendem Anliegen bringt dies auch F. SCHIRRMACHERs Bestseller: *Das Methusalem-Komplott* (2004) zum Ausdruck. Dass diese Aussage auch im globalen Massstab Gültigkeit besitzt, hebt S. MENNING (2008), 15 hervor.

gie[20], also die Wissenschaft vom Alter(n) entwickelt. Die Vordenker- und Vorreiterfunktion lag dabei (und liegt bis heute) bei den USA, wo bereits in der Zwischenkriegszeit grundlegende empirische Altersstudien erstellt und wesentliche Schritte auf dem Weg der Institutionalisierung der Gerontologie als eigenem Forschungsgebiet unternommen wurden. Die eigentliche Expansion und wissenschaftliche Etablierung der Gerontologie vollzog sich international allerdings nach dem Zweiten Weltkrieg.[21] Dies geschah in unterschiedlichen Ländern sehr unterschiedlich. François Höpflinger weist darauf hin, dass «die Entwicklung und vor allem die institutionelle Verankerung der Gerontologie in der Schweiz schleppender verlief als in den meisten übrigen europäischen Ländern».[22]

Die Gerontologie stellt sich der Aufgabe, die vielfältigen Phänomene des Alterns und des Alters auf der individuellen, sozialen, institutionellen, gesellschaftlichen und kulturellen Ebene zu untersuchen, mit Hilfe von wissenschaftlich reflektierten Konzepten zu interpretieren und durch entsprechende Interventionen zu gestalten.[23] Ging die gerontologische Forschung anfänglich stark von medizinisch-biologischen Fragestellungen aus, die Altern primär negativ als Abbau und

---

20 Der Begriff der Gerontologie als *terminus technicus* der Alternswissenschaft geht auf ein 1903 erschienenes Buch des russischen Nobelpreisträgers Elie Metchnikoff zurück (P. B. Baltes & M. M. Baltes [1994], 8).

21 H.-W. Wahl (2004), 37–41+47. Eine wichtige Funktion spielte dabei im angloamerikanischen Bereich die Gründung des *National Institute on Aging* im Jahre 1974.

22 F. Höpflinger (2008), 1, 10.

23 Die ‹klassische›, immer noch hilfreiche Definition von P. B. Baltes & M. M. Baltes [1994], 8 lautet: «Gerontologie beschäftigt sich mit der Beschreibung, Erklärung und Modifikation von körperlichen, psychischen, sozialen, historischen und kulturellen Aspekten des Alterns und des Alters, einschliesslich der Analyse von alternsrelevanten und alternskonstituierenden Umwelten und sozialen Institutionen.»

Zerfall interpretieren,[24] traten in einer zweiten Phase sozialwissenschaftliche Perspektiven in den Vordergrund (Psychogerontologie, Soziale Gerontologie), die den Prozess des Alterns stärker als positiven Entwicklungsprozess mit beachtlichen, z. T. neuen Möglichkeiten in den Blick nahmen. «Geistes-, Sozial- und Verhaltenswissenschaftler legen uns nahe, die historisch dominante biologische, *unidirektionale* Definition von Alter(n) als Funktionsverlust oder Leistungsabbau nicht zur Leitlinie unseres Denkens und der gerontologischen Forschung werden zu lassen. Für die den Geisteswissenschaften nahestehenden Wissenschaftler ist Alter(n) ein *multidirektionales* und ‹richtungsoffenes› Phänomen, das sowohl positive als auch negative Aspekte beziehungsweise Veränderungen beinhalten kann.»[25]

Aus dem bisher Gesagten wird bereits deutlich, dass Gerontologie in ihrem Zugang zum Phänomen des Alterns eine stark multidisziplinäre, interdisziplinäre und transdisziplinäre Orientierung aufweist.[26] Dazu kommt, dass für die

---

24 So erklärt etwa der Mediziner D. O. Schachtschabel (2004), 167 das biologisch-medizinische Verständnis des Alterns so: «Insgesamt ist Altern durch eine stetig fortschreitende, im Allgemeinen irreversible, Einschränkung physiologischer Funktionen und Veränderung (extra-)zellulärer Strukturen in den Organen des Organismus gekennzeichnet. Dieser Prozess geht einher mit einer zunehmenden Anfälligkeit für Krankheiten und führt unausweichlich zum Tod des Organismus.» F. Höpflinger (2007b), 1 hat grundsätzlich recht, wenn er sagt, dass die Gerontologie insgesamt inzwischen Defizit-Modelle des Alters im Wesentlichen hinter sich gelassen und durch ressourcen- und kompetenzorientierte Modelle ersetzt hat. Für den Bereich der medizinischen und biologischen Gerontologie (Geriatrie und Biogerontologie) trifft dies aber nicht zu. Im Gegenteil lässt sich in der Altersmedizin teilweise eine Renaissance von defizitorientierten Grundvorstellungen beobachten (ebd., 10). Dies gilt schon gar für die Bereiche der Alternsmedizin, die sich im Fahrwasser der Anti-Aging-Medizin bewegen.
25 P. B. Baltes & M. M. Baltes [1994], 11.
26 H.-W. Wahl (2004), 30; F. Höpflinger (2007b), 5 unterstreicht: «Themen und Probleme im Altersbereich haben viele Facetten und halten sich nicht an die disziplinären Grenzen. Alter und Altern gehören zu den gesellschaft-

Alternswissenschaft von Anfang an neben aller Grundlagen-forschung eine starke Ausrichtung auf Anwendung des gene-rierten Wissens essentiell war. Weite Teile heutiger Geron-tologie verstehen sich dementsprechend als sog. Angewandte Gerontologie oder Interventionsgerontologie.[27]

Gerontologische Forschung hat die Einschätzung des Al-ters als Lebensphase und des Prozesses des Alterns insgesamt durch zentrale Einsichten entscheidend verändert. So hat sie neue Altersbilder entwickelt, die das herkömmliche De-fizitmodell, das auf der Gleichung ‹alt = arm, krank, hilfs-bedürftig, zurückgezogen und inaktiv› beruhte, korrigieren. Sie geht stattdessen davon aus, dass auch das Alter eine Ent-wicklungsphase mit eigenen Möglichkeiten und Herausforde-rungen ist, die es ressourcen- und kompetenzorientiert zu ge-stalten gilt. Dabei ist die Einsicht in die hohe Plastizität, also in die Gestalt- und Beeinflussbarkeit des Alters im Bereich der geistigen Leistungsfähigkeit und im Bereich alltäglicher Handlungsfertigkeiten grundlegend.[28]

Nicht darum geht es, das Alter im Gegenschlag zu früheren Defizit-Modellen einseitig nur noch als grossartige Phase der Freiheit und der tausend Möglichkeiten zu glorifizieren. Viel-mehr geht es um eine sachlich-realistische Einschätzung von Möglichkeiten und Grenzen, von Ressourcen und Defiziten.[29] Dabei sind zwei weitere gerontologische Einsichten wesent-lich. Zum einen: Es gibt kein einheitliches Alter(n). Die Un-terschiede des Alterns zwischen verschiedenen Individuen

lichen Problemen, welche interdisziplinäre bzw. transdisziplinäre Ansätze erfordern.»

27 H.-W. Wahl & C. Tesch-Römer (2000), 3f.

28 Ebd., 4.

29 Das Bemühen um ein multidirektionales, Ambivalenzen wahrnehmendes, realistisches Bild des Alternsprozesses steht im Zentrum gerontologischer Aufgaben. «Die Balance zwischen Gewinnen und Verlusten ist ein durchge-hendes gerontologisches Thema» (F. Höpflinger [2007b], 6).

sind markant. Und auch im Blick auf ein und dieselbe Person können Alterungsprozesse in unterschiedlichen Bereichen (z. B. körperlich und geistig) ganz unterschiedlich verlaufen. Bei aller gerontologischen Arbeit ist deshalb eine differenzielle Sichtweise geboten, welche den inter-individuellen (zwischen verschiedenen Personen bestehenden) wie auch den intra-individuellen (zwischen Funktionsbereichen derselben Person bestehenden) Unterschieden im Alternsprozess und in den Lebenslagen alter Menschen Rechnung trägt.[30] Das gilt auch im Blick auf normative Vorstellungen. Es gibt nicht nur eine einzige Art, gut und «erfolgreich» zu altern: «Von einer Alternsnorm im Sinne einer optimalen Möglichkeit zu altern kann keine Rede sein.»[31]

Zum andern: Die Lebensphase des Alters hat sich in den letzten 100 Jahren so stark ausgeweitet, dass es heute unangebracht erscheint, von einer einzigen biographischen Phase des Alters zu sprechen. Es drängt sich vielmehr eine Ausdifferenzierung des Alters in ganz verschiedene Phasen auf. Während die einen ganz grob zwischen den sog. Jungen Alten (ca. 65–80 Jahre, sog. 3^e age) und den sog. Alten Alten (den Hochbetagten über 80 Jahren, sog. 4^e age) unterscheiden,[32] unterteilen andere das Alter in vier vom kalendarischen Alter relativ unabhängige Phasen: letzte Berufsphase und nahende Pensionierung – gesundes Rentenalter (in der Regel die erste Phase nach der Pensionierung, die stark im Zeichen von Unabhängigkeit und Aktivität bei in der Regel guter Gesundheit steht) – fragiles Rentenalter (wenn sich zunehmend körperliche oder geistige Beschwerden bemerkbar machen) – Pha-

---

30 F. Höpflinger & A. Stuckelberger (1999), 22f.
31 H. Brandenburg (2004), 53.
32 Schon im alten Rom konnten zwei Phasen des Alters unterschieden werden: Dem *senior* (ca 45–60 Jahre) stand der *senex* (60+) gegenüber (J. Ehmer [2008], 157).

se der (umfassenden) Pflegebedürftigkeit in der letzten Lebensphase.[33] Wie auch immer man unterscheiden will, es ist nicht zu übersehen, dass wir es im Blick auf das Alter mit unterschiedlichen Alterskulturen zu tun haben, die sich stark voneinander unterscheiden.[34]

Neben solchen Einsichten ergeben sich aus der gerontologischen Forschung auch neue Fragen, die in einer Gesellschaft des langen Lebens bearbeitet werden müssen, Fragen, die mitunter einen stark philosophischen Charakter haben. So sind wir angesichts immer länger werdender Lebensverläufe gefordert, ein neues Verständnis der menschlichen Biographie mit ihren verschiedenen Entwicklungsphasen samt dazugehörenden Aufgaben und Verantwortlichkeiten zu gewinnen. Und im Blick auf die lange Phase des durchschnittlich zu erwartenden Alters, die in manchen Fällen in eine länger dauernde Periode der Fragilität und Pflegebedürftigkeit mündet, stellt sich mit neuer Dringlichkeit die Frage nach dem Sinn des Alters und eines so langen Lebens überhaupt.[35] Von der Antwort auf diese Frage dürfte auch abhängen, wieweit es gelingt, das Alter so zu gestalten, dass es als gut, erfüllend und lebenswert empfunden werden kann. Margret M. BALTES wies schon vor Jahren darauf hin, dass wir für die Entwicklung einer Alterskultur, einer zeitgemässen *ars senescendi*, «ein besseres Verständnis dafür benötigen, wie die Ziele des Alters aussehen können, wie der Sinn des Alters beschaffen sein könnte.»[36] Im Zusammenhang damit wäre dann auch eine neue Vorstellung davon zu gewinnen, welches die neuen Rollen der Alten in einer Gesellschaft sein können oder müssen, in der es im-

33 Ch. LALIVE D'EPINAY (2000); F. HÖPFLINGER (2006), 33f.
34 F. HÖPFLINGER (2006), 33f.
35 J. HILLMAN (2000).
36 M. M. BALTES (1996), 394.

mer mehr alte und immer weniger junge Menschen geben wird.

Schliesslich ist nicht zu übersehen, dass der ganze Aufschwung der Gerontologie mit ihren neuen, positiven Bildern des Alterns nicht hat verhindern können, dass sich parallel dazu eine weit verbreitete Abwertung des Alters und eine mentale Fixierung auf ein Jugendlichkeitsideal entwickelt haben.[37] Wir werden immer älter – aber eigentlich möchte gar niemand alt werden! Die Zahl der alten Menschen in der Gesellschaft nimmt im Gegensatz zu derjenigen der jungen immer mehr zu – aber mental vollziehen die meisten (auch alten!) Menschen einen Juvenilitätskult, der von einer weltweit sich ausbreitenden Anti-Aging-Philosophie untermauert wird.

Erst langsam und sehr zögerlich nimmt die deutschsprachige Gerontologie die Auseinandersetzung mit dem breiten Strom des «Anti-Aging» auf und setzt ihm da und dort ein «Pro-Aging» entgegen. Will eine Gesellschaft die einschneidende Transformation, die sich durch die demographische Alterung unaufhaltsam vollzieht, auf humane und lebensdienliche Weise bewältigen, hängt viel daran, dass es ihr gelingt, sich aus der mentalen Gefangenschaft von Jugendlichkeitswahn und Anti-Aging-Ideologie zu befreien und zu einer positiv bejahten Alterskultur des Pro-Aging zu gelangen. Das aber setzt voraus, dass der gerontologische Aufschwung auch von einer ernsthaften und nachhaltigen ethischen Reflexion begleitet wird.

---

37 H. R. MOODY (1991), 76f. weist auf das eigenartige Paradox der modernen Ambivalenz gegenüber dem Alter hin: «At the moment when the meaning of old age vanishes, we find that enormous economic resources are expended to prolong lives that have been deprived of any purpose. [...] What seems clear is that modernization has led to a devaluation in the meaning of old age.»

1.3 Gerontologie und Ethik: Nachholbedarf

Dass sich angesichts der einschneidenden demographischen Veränderungen sowohl im Blick auf die Alterung der Bevölkerung insgesamt wie auch hinsichtlich der zunehmenden Langlebigkeit der Individuen grundsätzliche ethische Fragen stellen, liegt auf der Hand. So hält etwa das Bundesamt für Statistik fest: «Hochaltrigkeit im bevorstehenden Ausmass ist ein historisch neues Phänomen, welches ethische Grundfragen aufwirft.»[38]

Umso erstaunlicher ist, dass die fundierte ethische Reflexion in der deutschsprachigen gerontologischen Diskussion – in deutlichem Unterschied etwa zur Situation in den USA[39] – ausser bei Themen wie Sterben, Sterbehilfe und Tod eher schwach ausgeprägt ist.[40] Dieses Manko liegt einerseits bei der Gerontologie, die dahin tendiert, ethische Fragestellungen im Blick auf Alter und Altern zu leicht zu gewichten und sie – wenn es sich gerade einmal so ergibt – Geriatern oder Sozialgerontologen zur Behandlung nebenbei zu überlassen. Hans-

---

38 Bundesamt für Statistik (2006), 9.

39 In den USA gibt es schon lange einen intensiven ethischen Diskurs über gerontologische Fragen. Das zeigen exemplarisch substanzielle Publikationen namhafter Autoren schon aus den 1990er Jahren, etwa N. S. Jecker (1991), H. R. Moody (1992) oder M. R. Wicclair (1993). Auch der President's Council on Bioethics hat sich intensiv mit ethisch-gerontologischen Fragen befasst, etwa in seinen Publikationen: Taking Care. Ethical Caregiving in Our Aging Society (2005) oder Beyond Therapy. Biotechnology and the Prusuit of Happiness (2003), 159–204.

40 Harald Blonski, der 1998 als erster einen Aufsatzband über Themen der Ethik in der Gerontologie herausgegeben hat, weist in seiner Einleitung zu diesem Band darauf hin, dass «in Verbindung mit dem Alter(n), der Altenhilfe und alten Menschen [...] ethische Fragen leider häufig nur bei Skandalen (wie Gewaltanwendung gegen Alte bis hin zu Tötungsdelikten in Pflegeheimen) oder anlässlich der wiederaufkeimenden Euthanasiediskussion (Bsp.: Singer-Debatte) eine breitere Öffentlichkeit erreichen» (9). Und B. Städtler-Mach (2004a) kritisiert, dass sich ethische Beiträge zum Thema Alter bislang weitgehend auf die Frage des Sterbens beschränken.

Martin RIEGER ist darum mit guten Gründen der Überzeugung, «dass es die Altersforschung [...] erforderlich macht, die ethische und anthropologische Reflexion aus ihrer Appendix- und Legitimationsfunktion zu befreien» und ihr das Gewicht zuzugestehen, das ihr angemessen wäre.[41] Dies gilt besonders, wenn man bedenkt, dass Gerontologie – zumal wenn sie als interventionelle Disziplin daran interessiert ist, den Prozess des Alterns nicht nur neutral zu beschreiben, sondern aktiv zu beeinflussen und zu gestalten – immer schon von oft unreflektierten wertenden und handlungsleitenden Hintergrundannahmen gesteuert ist.[42] Andrerseits muss auch gesagt werden, dass es die wissenschaftliche Ethik ihrerseits bisher versäumt hat, sich aus eigenem Antrieb intensiv mit zentralen gerontologischen Fragen zu beschäftigen. Nach Otfried HÖFFE, einem der wenigen deutschsprachigen Moralphilosophen, die sich mit gerontologischer Ethik befasst haben, hat «die praktische Philosophie die Probleme der älteren Generation noch nicht erkannt. [...] Während Mediziner, Psychologen und Sozialpädagogen, empirische Sozialwissenschaftler und Ökonomen sich der Problematik mehr und mehr annehmen [...], fehlt bislang der Beitrag der philosophischen Ethik und Sozialphilosophie fast vollständig. [...] Das Alter ist der heutigen Philosophie kein professionelles Thema.»[43] Nicht viel anders sieht es im Blick auf die theologische Ethik aus. Vereinzelte Ausnah-

---

41 H.-M. RIEGER (2008), 15.
42 Ebd., 39f.
43 O. HÖFFE (2002), 182f. Thomas RENTSCH (1994), konstatiert gerade im Blick auf das Phänomen des Alterns ein «lebensphilosophisches Defizit moderner Ethiken» (283) und plädiert dafür, «die Thematik des menschlichen Alterns für die Philosophie zurückzugewinnen» (286). Desgleichen weisen H.-J. KAATSCH et al. (2007), 7 auf das Desiderat einer «vertieften Reflexion des von der traditionellen Ethik bisher weitgehend vernachlässigten, in Zukunft aber wohl immer mehr an Bedeutung gewinnenden Aspekts des ‹Alters›» hin.

men[44] bestätigen die Regel. Man muss also feststellen, dass auf beiden Seiten, derjenigen der Gerontologie und derjenigen der Ethik, ein gewisser Nachholbedarf besteht,[45] den der Vierte Bericht zur Lage der älteren Generation in Deutschland insofern anspricht, als er explizit «die Notwendigkeit der Einbeziehung und Fundierung einer integrierten ‹Altersethik› in einen Kanon der Ethik des menschlichen Lebens insgesamt» hervorhebt.[46]

An ethischen Themen, die sich der Gerontologie stellen, fehlt es nicht. Ein paar wenige, exemplarische Hinweise müssen hier genügen.

Der Bereich, der tatsächlich breit diskutiert wird, ist derjenige um Fragen des Sterbens, der Sterbehilfe und des Todes. Der Ruf nach einem eigenen, selbstbestimmten, würdigen Tod ergeht von allen möglichen Seiten.[47] Hier liegen tatsächlich wichtige Fragen vor, geht es doch darum sicherzustellen, dass auch am Ende des Lebens zum einen die Würde eines Menschen respektiert bleibt und zum andern betreuendes und pflegendes Handeln den Anspruch eines alten Menschen auf Selbstbestimmung ernst nimmt – auch und gerade dann, wenn er nicht mehr in der Lage ist, für sich selber zu entscheiden. Hier eröffnen sich zentrale und anspruchsvolle Fragen ethischer Orientierung etwa in Institutionen der Langzeitpflege. Angesichts der Tatsache, dass die Zahl der auf unterstützende Betreuung und Pflege angewiesener alter Menschen auf-

---

44 Zu nennen ist hier etwa das Buch des Tübinger Ethikers Alfons Auer: *Geglücktes Altern*, das dieser 1995 auf dem Hintergrund einer langen wissenschaftlichen Beschäftigung mit ethischen Fragen im Alter von 80 Jahren veröffentlicht hat.

45 Dass es an der Evangelischen Fachhochschule Nürnberg ein wissenschaftliches Institut für Gerontologie und Ethik gibt, ist erfreulich, stellt aber derzeit immer noch eine Ausnahme dar.

46 Bundesministerium für Familie, Senioren, Frauen und Jugend (2002), 352.

47 H. Rüegger (2004).

grund der demographischen Entwicklung weiter steigt, liegt hier zweifellos ein grosser ethischer Reflexionsbedarf vor. Das 4. Kapitel dieses Buches geht einer dieser Fragen nach, nämlich derjenigen nach der Bedeutung von Selbstbestimmung im Blick auf pflegebedürftige Hochaltrige und Sterbende.

Bei solcher ethischer Reflexion drängt sich insbesonders eine fundamentale Besinnung auf die Würde des alternden, v. a. des hochbetagten, multimorbiden und pflegebedürftigen Menschen auf, der seine Existenz nicht mehr durch Attraktivität, Leistungs- und Genussfähigkeit, Selbstständigkeit und kognitive Vitalität legitimieren kann. Worin liegt seine Würde begründet, was beinhaltet sie und wie wird eine Gesellschaft im Umgang mit hochbetagten Menschen dieser Würde gerecht? Oder sollte diese Würde gar mit zunehmender Gebrechlichkeit, Abhängigkeit und Demenz verloren gehen, wie dies heute viele anzunehmen geneigt sind? Und was bedeutet die Vorstellung von Würde etwa für unseren Umgang mit demenzkranken Menschen? Solche Fragen thematisieren im Folgenden das 2. Kapitel, das einem gerontologisch vertretbaren Würdeverständnis nachgeht, und das 5. Kapitel, das einen ethisch-reflektierten Umgang mit an Demenz erkrankten Menschen ins Blickfeld rückt.

Weiter stellt sich die Frage, welche Ansprüche auf Solidarität hochbetagte Menschen haben, die auf Hilfe angewiesen sind. Und wer wird durch solche Solidarität in Pflicht genommen: Die Gesellschaft als Ganzes? Oder die anderen Alten, die heute ja – im Gegensatz zum überholten Klischee von den armen Alten – im Besitz eines beträchtlichen Teils des Vermögens in der Gesellschaft sind? Oder die jüngeren Generationen, die mit dem Konzept des sog. Generationenvertrages[48] anvisiert werden? Oder primär die eigenen Ange-

---

48   Zum Thema des sog. Generationenvertrags vgl. F. Höpflinger (1999), 88–90, und H. Bach-maier (2005).

hörigen, weil diese am direktesten in das Netz generationen-übergreifender familiärer Solidarität eingebunden sind?

Umgekehrt wäre zu fragen, welche Rolle(n) alte Menschen in einer Gesellschaft des langen Lebens spielen sollen, in der es immer mehr alte und immer weniger junge Menschen gibt. Welche Möglichkeiten, welche Rechte werden ihnen zugestanden? Wie können sie am Leben der Gesellschaft partizipieren, ohne durch *«ageism»* oder Altersdiskriminierung an einer vollen, gleichberechtigten Teilhabe gehindert zu werden? Welche Pflichten – gerade jüngeren Generationen gegenüber – werden sie aber umgekehrt auch übernehmen müssen? An den Antworten auf solche Fragen im Blick auf unseren Umgang mit alten und hochbetagten Menschen entscheidet sich wesentlich die ethische Ausrichtung und die Humanität unserer Gesellschaft.[49]

Ein grosses ethisches Thema öffnet sich auch mit der Frage nach einem angemessenen Begriff von Gesundheit, Krankheit und Alter. Denn Gesundheit und Krankheit sind nichts objektiv Vorgegebenes, sondern etwas sozial Konstruiertes. Ist Altern generell – wie Vertreter der Biogerontologie und der Anti-Aging-Bewegung behaupten – etwas Pathologisches, eine Krankheit, die es zu verhindern oder zu therapieren gilt? Oder gehört der Prozess des Alterns ganz normal zu menschlichem Leben dazu, so dass er in sich selbst nicht als Krankheit oder als Entwürdigung zu werten ist, auch wenn er mit altersbedingten Krankheiten einhergehen kann? Ist Altern etwas, das zu bejahen (Pro-Aging), oder eher etwas, das zu bekämpfen ist (Anti-Aging)? Und wäre es allenfalls eine wünschenswerte Entwicklung, wenn es der biogerontologischen Longevitäts-Forschung – wie gewisse ihrer Vertreter in Aussicht stellen – über kurz oder lang gelänge, menschliche

---

49 B. Städtler-Mach (2004a).

Langlebigkeit drastisch auszuweiten? Was würde das für den menschlichen Lebenslauf, was für die Solidarität zwischen den Generationen, was für die soziale Absicherung alter Menschen bedeuten? Antworten, die auf diese Grundfragen gegeben werden, sind von weitreichenden Konsequenzen und haben einen impliziten oder expliziten ethischen Gehalt. Das 3. Kapitel dieses Buches ist dieser Thematik gewidmet.

Schliesslich gibt es in der Gerontologie eine Diskussion darüber, was erfolgreiches, gutes, gelingendes Altern ausmacht. Dabei kann es nicht allein um medizinische, psychologische und sozialpolitische Fragen gehen. Hier ist eine philosophische und theologische Reflexion gefragt, die in Aufnahme einer langen Tradition eudämonistischer, also nach dem guten Leben fragenden Ethik Beiträge liefern kann zu einer Lebenskunst des Alterns, zu einer zeitgemässen *ars senescendi*, zu der unweigerlich auch die alte Kunst des lebensfördernden Umgangs mit der eigenen Sterblichkeit, die *ars moriendi*, gehört. Davon wird insbesondere im Kapitel 2 dieses Buches die Rede sein. Margret M. Baltes wies schon vor über einem Jahrzehnt auf die ethische Dimension der gerontologischen Diskussion über gelingendes Altern hin, als sie feststellte, dass «das Nachdenken über [...] gutes Leben im Alter, [über] Ziele und Sinn des Alters einen Wertewandel von uns allen verlangt. Dieser Wandel betrifft vor allem unsere Leistungswerte, Konsumansprüche, unsere Abhängigkeit von materiellen Werten und unser Verständnis von Rechten und Pflichten oder Verantwortlichkeiten.»[50]

Es ist darum an der Zeit, sich verstärkt mit den ethischen Aspekten des Alterns, der Langlebigkeit und der demographischen Alterung zu befassen. Dieses Buch will einen kleinen Beitrag dazu leisten, denn Barbara Städtler-Mach

50   M. M. Baltes (1996), 405.

hat recht: «Allzu viel Zeit ist [...] schon fortgeschritten, in der ‹langes Leben› erreicht wird, ohne dass über die ethischen Konsequenzen nachgedacht und neues Handeln vorbereitet wird.»[51]

1.4 Alter(n) als Thema von Kirche, Theologie und Diakonie

Wenn man sich fragt, welche Organisationen sich in Ländern wie der Schweiz schon rein quantitativ am intensivsten mit den Fragen und der Lebenssituation alter Menschen befassen, so sind das neben der Sozialversicherung, den Spitälern und Heimen sowie der Pro Senectute eindeutig die Kirchen. Von den genannten Organisationen haben die Kirchen geschichtlich gesehen die längste Tradition des Sich-Kümmerns um alte Menschen. Sie gehört wesentlich zu den Aufgaben diakonischen Handelns dazu. Man könnte also eigentlich annehmen, dass sich Theologie als die in der Kirche grundlegende Wissenschaft seit jeher stark mit dem Thema Alter beschäftigt und sich geradezu selbstverständlich als eine der Triebkräfte im neueren Aufbruch der Gerontologie als interdisziplinärer Wissenschaft angeboten hat. Dem war und ist aber nicht so!

Theologie – jedenfalls in ihrer deutschsprachigen, universitären Ausprägung – beschäftigt sich, völlig disproportional zur vornehmlich älteren ‹Kundschaft› der grossen Volkskirchen, nur sehr marginal mit dem Thema Alter.[52] Aufs Ganze gesehen dürfte dieses Urteil selbst auf die Diakoniewissenschaft zutreffen.[53] Bernhard Joss-Dubach, der in den

---

51 B. Städtler-Mach (2004a).

52 In Nordamerika hat sich eine «religiöse Gerontologie» mittlerweile als eigener Forschungsbereich etabliert (H.-M. Rieger [2008], 134).

53 Der Aufsatzband mit Arbeiten zur Diakonie von P. Philippi (1984), der ein eigenes Kapitel 7 «Gerontologie interdisziplinär» enthält (220–239), wirkt da schon fast als Ausnahmeerscheinung!

1980er Jahren eine grössere theologische Arbeit über das Alter als Herausforderung für die Kirche schrieb, bemerkt: «Als eigenständiges Thema wurde die Altersfrage von den Praktikern in der Gemeindearbeit und in der Erwachsenenbildung zuerst thematisiert. Mit Verspätung begann die akademische Theologie, das Thema wahrzunehmen, obwohl an anderen Fakultäten längst eine intensive gerontologische Forschung betrieben wurde.»[54] Im Blick auf die Praxisfelder Kirche, Theologie und Diakonie scheint mir jedenfalls die Feststellung nach wie vor zutreffend, die François HÖPFLINGER im Blick auf die Entwicklung der Gerontologie in der Schweiz ganz allgemein gemacht hat: «Es ergab sich das Muster einer hochentwickelten Altersarbeit ohne wissenschaftliche Begleitung bzw. einer Praxis ohne Theorie. Eine ausdifferenzierte Altersarbeit entstand früh, aber getrennt von der Entwicklung einer gerontologischen Forschung.»[55] Auf gerontologische Fragen spezialisierte Lehrstühle der Praktischen Theologie gibt es meines Wissens im deutschen Sprachraum nicht.[56]

Gerontologische Forschung sozialwissenschaftlich-empirischen Zuschnitts hatte umgekehrt lange Zeit ein eher distanziertes Verhältnis zu den religionsbezogenen Disziplinen der Theologie oder der Religionswissenschaft – vielleicht weil

---

54 B. JOSS-DUBACH (1987), 72. Auch H.-M. RIEGER (2008), 50 weist auf die «Vernachlässigung des Themas Altern in systematisch-theologischer und ethischer Hinsicht» hin.

55 F. HÖPFLINGER (2007b), 8.

56 Immerhin ist im Blick auf die Schweiz darauf hinzuweisen, dass Ralph KUNZ, Professor für Praktische Theologie an der Theologischen Fakultät der Universität Zürich, Mitglied des Leitungsgremiums des Zentrums für Gerontologie an eben dieser Universität ist und sich um den Dialog zwischen sozialwissenschaftlichen und theologischen bzw. religionswissenschaftlichen Zugängen zu gerontologischen Fragen bemüht. Vgl. zum Stand dieses Dialogs R. KUNZ (2007). Dass die Thematik der Religionsgerontologie doch langsam an Aufmerksamkeit gewinnt, zeigt sich auch in neusten Publikationen wie etwa den von Th. KLIE, M. KUMLEHN & R. KUNZ (2009) sowie von Th. KLIE (2009) herausgegebenen Sammelbänden.

man sich nicht kirchlich-institutionell resp. religiös-ideologisch vereinnahmen lassen wollte. Es brauchte Zeit, bis Berührungsängste abgebaut wurden und die Wahrnehmung wuchs, dass auch Aspekte der Theologie, der Religionswissenschaft und der Diakonie ihren Beitrag zu einer interdisziplinären gerontologischen Gesamtschau einzubringen haben.

Der Beitrag zur Gerontologie, den die Theologie erbringen kann, liegt einerseits im Bereich der Anthropologie, der Frage nach dem Sinn eines langen Lebens und des Alters, in der Frage des Umgangs mit Grenzen und Einschränkungen sowie der Auseinandersetzung mit Sterben und Endlichkeit. Andrerseits ist die Theologie (zusammen mit der Philosophie) gefordert, ethische Fragen im Blick auf das Alter(n) zu bearbeiten.[57]

Dass sich die Diakoniewissenschaft intensiv mit Fragen des Alters zu beschäftigen hat, liegt auf der Hand: Angesichts des v. a. in Deutschland breiten Praxisfeldes von diakonischen Dienstleistungen und Institutionen im Bereich der Altersarbeit können Diakonie und Diakoniewissenschaft gar nicht anders, als sich intensiv am gerontologischen Diskurs zu beteiligen. Dabei sollte es aber nicht darum gehen, sich von anderen, nicht spezifisch diakonisch geprägten Anbietern abzugrenzen, sondern darum, sich im Verbund mit anderen Partnern an der Weiterentwicklung gerontologischer Erkenntnisse und deren praktischer Umsetzung zu beteiligen, um gemeinsam an einer gesellschaftlichen Kultur zu arbeiten, in der alte Menschen ihren Platz, ihre Anerkennung und wo nötig eine ihnen möglichst optimal entsprechende Unterstützung und Begleitung finden.

---

57 Dies gilt sowohl im Blick auf die normative Ethik (bei der es um Rechte und Pflichten geht) als auch im Blick auf eine eudämonistische Ethik (bei der es um die Frage der Lebenskunst geht).

Eine Schwierigkeit deutschsprachiger Diakoniewissenschaft scheint mir dabei allerdings zu sein, dass sie so ungemein darauf fixiert ist, das Wesentliche ihres Beitrages in einem christlich-theologischen ‹Proprium›, also in etwas festzumachen, wodurch sie sich von nicht-diakonischen Anbietern auf dem Markt sozialer Dienstleistungen (nicht nur für alte Menschen) abgrenzen kann. Stattdessen wäre es angezeigt, ohne künstliche Abgrenzungsbedürfnisse mit anderen in der Altersarbeit tätigen Kräften an einer gerontologisch reflektierten und über den heutigen gerontologischen Kenntnisstand informierten Praxis mit und zugunsten älterer Menschen zu arbeiten.[58] Angesichts der mir evident erscheinenden «Konvergenz zwischen theologischen und humanitären Motiven» sozialer Dienstleistungen, die Gerd Theissen so eindrücklich aufgezeigt hat,[59] kann es nicht darum gehen, das theologisch Spezifische der Diakonie im Altersbereich hervorzuheben, sondern schlicht und einfach darum, danach zu fragen, wie in konkreten sozialen Situationen und unter aktuellen gesellschaftlichen Rahmenbedingungen das ermöglicht werden kann, was alten Menschen am besten hilft, ihr Leben so gut wie möglich zu gestalten.[60]

---

58   S. Kobler-von Komorowski (2005), 123f. ist voll zuzustimmen: «Auffällig ist, dass *die Rede von der diakonischen Identität* häufig – vielleicht etwas zu häufig – *dazu dient, sich von ‹den anderen› abzugrenzen.* […] Und auch prinzipiell ist m. E. zu fragen, ob es sinnvoll ist und wirklich weiterbringt, Identität qua Abgrenzung zu begründen. Was spricht eigentlich dagegen, Gemeinsamkeiten mit anderen Trägern oder Einrichtungen zuzugeben? Dass das soziale Handeln der evangelischen Kirche, gerade in der Einrichtungsdiakonie, verwechselbar ist mit nicht-christlich motiviertem Sozialhandeln, ist schon länger kein Geheimnis mehr (Theissen).»
59   G. Theissen (1990), 382.
60   Der katholische Pastoraltheologe R. Zerfass (1991), 305 schreibt: «Die Sprache der Liebe ist einfach und konzentriert sich auf das, was verbindet. Darum sollte uns die anhaltende Debatte um das ‹Proprium› und ‹Profil› kirchlicher Diakonie nachdenklich machen. Sie ist von unterschwelligen Abgrenzungsinteressen beherrscht, die viel mit kirchlichem Narzissmus und

Diakonische Institutionen im Dienste alter Menschen kommen aus einer christlich-karitativen Tradition der wohlwollend-hilfsbereiten Zuwendung zu Kranken, Alten und anderen Hilfsbedürftigen. Diese Tradition beinhaltete lange Zeit ein gewisses paternalistisches Ethos, das in neuerer Zeit zunehmend einem professionellen Verständnis von Hilfe und Begleitung weicht, das von einem partnerschaftlichen Ethos getragen ist.[61] Zentral dabei ist, den alten Menschen als Subjekt wahrzunehmen, das einen in der Menschenwürde verankerten Anspruch auf Selbstbestimmung hat und nicht nur unter dem Aspekt von Defiziten, sondern genauso im Blick auf vorhandene Ressourcen und Kompetenzen ernst genommen werden will. Der Diakoniewissenschaftler Heinz SCHMIDT beschreibt die Aufgabe von Diakonie im Blick auf den Bereich der Altenarbeit so: «Für Zyniker scheint klar, wie Alter und Diakonie zusammen gehören. Denn seit alters her werden Alter, Schwäche und Hilfsbedürftigkeit verbunden. [...] So einfach ist es aber nicht mit der Diakonie und dem Alter. Die Diakonie ist zwar u. a. auch eine kirchliche Hilfsinstitution zur Unterstützung von hilfsbedürftigen Menschen, in erster Linie ist Diakonie aber eine Befähigungspraxis, die Christen (und Nichtchristen) in die Lage versetzen soll, für andere und mit anderen zu handeln, Lebensmöglichkeiten und -rechte zu erschliessen sowie Zuwendung und Liebe zur persönlichen und gesellschaftlichen Realität werden zu lassen, also Nächstenliebe und Solidarität zu praktizieren.»[62] Will Diakonie nach diesem Verständnis in erster Linie eine Befähigungspraxis in Bezug auf die Lebensgestaltung alter

---

wenig mit der Liebe zu tun haben. Denn die Liebe sucht nicht ihren Vorteil (1Kor 13,5). Profilbildung in Sachen Diakonie ist genaugenommen ein Witz.»

61 U. H. J. KÖRTNER (2007), 13, 15.
62 H. SCHMIDT (2004), 189.

Menschen sein, wird sie in intensivem Gespräch mit anderen gerontologischen Disziplinen lernen müssen, worin denn Lebens- und Entwicklungsmöglichkeiten von alten und hochbetagten Menschen bestehen und wie sie am besten erschlossen werden können, mit dem Ziel, dass alte Menschen bis zuletzt ein menschenwürdiges, möglichst selbstbestimmtes und gutes Leben führen können. Um es noch einmal zu sagen: Es geht dabei nicht darum, dass Kirche, Theologie und Diakonie ein eigenes, christliches oder kirchliches Modell von Dienstleistungen für alte Menschen entwerfen, sondern darum, dass sie sich am allgemeinen gerontologischen Gespräch beteiligen und ihre eigenen theologischen und diakonischen Einsichten und Erfahrungen in die gemeinsame gerontologische Reflexion einbringen.

Nach Margret M. Baltes liegt die vordringlichste Entwicklungsaufgabe des Alterns darin, «im Vollzug der eigenen Lebensgeschichte Lebenssinn zu finden, das eigene gelebte Leben und damit sich selbst und seine Endlichkeit anzunehmen,» was «eine gewisse Konzentration auf das eigene Leben verlangt, nicht nur äussere oder nach aussen gerichtete Aktivität, sondern vor allem auch innere Aktivität.»[63] Kirche, Theologie und Diakonie haben in dieser Hinsicht einiges aus dem Gebiet der Seelsorge, ihrer Praxis wie ihrer Theoriebildung, einzubringen, wie Seelsorge umgekehrt aus dem Gespräch mit den verschiedenen gerontologischen Disziplinen manches lernen kann. Was dies im Blick auf ein gerontologisch reflektiertes Seelsorgeverständnis bedeuten könnte, habe ich an anderer Stelle darzulegen versucht.[64] Das 6. Kapitel dieses Buches stellt im Sinne eines annehmenden Umgangs mit der eigenen Endlichkeit Überlegungen zu einer neu zu gewinnenden *ars moriendi* an.

---

63 M. M. Baltes (1996), 406.
64 H. Rüegger (2007).

So sollen die folgenden Kapitel auf dem skizzierten Hintergrund des gegenwärtigen gerontologischen Diskurses philosophische, theologische und ethische Impulse vermitteln und dazu beitragen, dass auch Perspektiven aus geisteswissenschaftlichen Disziplinen in der Gerontologie zur Sprache kommen.

Alter und Würde

2

Eine kritische Besinnung

Die Anerkennung einer jedem Menschen eigenen und un-
verlierbaren Würde, die sich in einer langen Geschichte seit
der griechischen Stoa und der christlichen Patristik heraus-
gebildet, in der Aufklärung vertieft und im Prozess der Auf-
arbeitung des Zweiten Weltkrieges auch völkerrechtlich-
politisch als Grundlage der Menschenrechte durchgesetzt
hat, zählt ohne Zweifel zu den grössten kulturellen Errungenschaften der abendländischen Geistesgeschichte.[1] Die
Menschenwürde gilt als höchster ethischer Wert und ihre
Anerkennung als fundamentales regulatives Prinzip jeder
ethischen Reflexion.[2] Als solche ist sie auch den meisten Ver-
fassungen moderner Rechtsstaaten vorangesellt und als un-

---

*   Dieses Kapitel geht zurück auf einen Vortrag, der am 09.09.05 im Rahmen
der 8. Sommerakademie zur Gerontologie in Bern gehalten wurde. In ge-
kürzter Form erschienen diese Ausführungen als Aufsatz: *Würde im Alter.*
Eine kritische Besinnung auf das Verständnis menschlicher Würde, Wege zum
Menschen 59 (2007) 137–151.

1   Zur Geschichte des Würdebegriffs vgl. F. J. WETZ (1998), 14–49;
M. FORSCHNER (1998).

2   N. KNOEPFFLER (2004), 14: «Die Funktion des Menschenwürdeprinzips
kann nicht darin bestehen, konkrete Handlungsanweisungen vorzugeben,
sondern darin, das Fundament verschiedener Einzelbestimmungen empirischer und normativer Art abzugeben und so als Regulativ für die ethische
Reflexion zu dienen. Entscheidungen sollten vor dem Hintergrund dieses
Prinzips geschehen, das aber nicht für die konkrete Handlungsebene direkt
relevant sein muss.»

hintergehbarer Referenzpunkt allen positiven Rechts festgehalten.[3]

Allerdings ist nicht zu übersehen, dass neben der fast selbstverständlich erfolgenden Absolutsetzung der Würde in weiten Teilen der Gesellschaft eine gegenläufige Bewegung festzustellen ist, die den normativen Gehalt des Menschenwürde-Konzeptes zunehmend relativiert und in entscheidenden Punkten aushöhlt.[4] Dies wiederum hängt mit bestimmten anthropologischen Prämissen zusammen, die hinter Forderungen wie denen nach einem «Altern in Würde» oder nach einem «Sterben in Würde»[5] stehen. Gerade an der Frage des Alterns in Würde resp. an der Frage, welche Würde eine Gesellschaft Menschen zugesteht, die hochbetagt und vielleicht dement oder sonst wie schwer pflegebedürftig sind (und damit zu den schwächsten Gliedern der Gesellschaft zählen), zeigen sich die weitreichenden Folgen, die sich aus einer Relativierung des ‹klassischen› Menschenwürde-Prinzips ergeben. Was die Orientierungsgrösse «Würde» für die Wahrnehmung alter, hochbetagter Menschen und den Umgang einer Gesellschaft mit dem Phänomen Alter(n) bedeuten könnte, soll Gegenstand der folgenden Überlegungen sein.

Ein kritische Besinnung auf diese Fragen scheint mir schon deshalb dringlich, weil nicht zu übersehen ist, dass auch unter Fachleuten der Gerontologie, der Pflege und der Ethik sich mitunter ein problematisches Würdeverständnis breit macht, dessen Folgen nicht unterschätzt, sondern offengelegt und kritisch diskutiert werden sollten.

---

3   So etwa in Art. 1 des deutschen Grundgesetzes: «Die Würde des Menschen ist unantastbar. Sie zu achten und zu schützen ist Verpflichtung aller staatlichen Gewalt.» Oder in Art. 7 der schweizerischen Bundesverfassung: «Die Würde des Menschen ist zu achten und zu schützen.»

4   Darauf hat insbesondere E. Picker (2002) hingewiesen.

5   H. Rüegger (2004).

2.1 Der gängige Sprachgebrauch

Ich beginne mit ein paar Beobachtungen zu unserem gängigen Sprachgebrauch und greife dabei zwei ganz unterschiedliche Sprachzusammenhänge heraus:

a) Im Oktober 2004 wurde vom Deutschen Grünen Kreuz die 3. Bundesweite Aktionswoche «In Würde altern» durchgeführt. Sie stand unter dem Motto: «Alzheimer früh erkennen – Tests können Aufschluss geben» und konzentrierte sich ganz auf die Sensibilisierung der Bevölkerung für Methoden der Alzheimer-Früherkennung. Denn, so die Argumentation, früh erkannt kann eine beginnende Alzheimer-Erkrankung verlangsamt und die Lebensqualität von Patientin und Umfeld noch länger einigermassen hoch gehalten werden. Darum ging es der Aktion offensichtlich bei der Frage nach einem Altern in Würde: nicht dement sein, oder mindestens den Verlauf einer vorhandenen Demenz durch Früherkennung verlangsamen. Würde wird hier gleichgesetzt mit noch vorhandener Alltagskompetenz und geistigem Leistungsvermögen (also mit *Fähigkeiten*) bzw. mit *Lebensqualität*, die bei fortschreitender Demenz abnehmen, aber so lange wie möglich noch auf einem relativ hohem Niveau erhalten werden sollen.

b) Als zweites Beispiel zitiere ich aus einem Aufsatz des grossen Berliner Gerontolgen Paul B. BALTES über «Das hohe Alter – mehr Bürde als Würde?» Darin vertritt er die Meinung: «Demenzen [...] bedeuten den schleichenden Verlust vieler Grundeigenschaften des Homo sapiens wie etwa Intentionalität, Selbstständigkeit, Identität und soziale Eingebundenheit – *Eigenschaften*, die wesentlich die menschliche Würde bestimmen und es dem Individuum ermöglichen, seine ‹Menschenrechte› autonom auszuüben.» Angesichts der irreversiblen Verlustprozesse des von Demenz betroffenen ho-

hen Alters, wenn «der Lebensweg zunehmend zum Leidens-
weg gerät», stellt sich nach BALTES «eine neue und beängstigende Herausforderung: die Erhaltung der menschlichen
Würde in den späten Jahren des Lebens».[6] Hier wird die Würde hochbetagter Menschen an kognitive Fähigkeiten gebunden und ganz generell an Eigenschaften, die für das Leben
des *homo sapiens* kennzeichnend sind, bei hohem Alter aber
verloren gehen können. Aufgabe der Gesellschaft und der gerontologischen Forschung ist es entsprechend, nach Wegen zu
suchen, wie diese verloren gehenden Eigenschaften und die
mit ihnen dahinschwindende Würde länger erhalten bleiben
können.

Gemeinsam ist diesen zwei Beispielen, die nach meiner Beobachtung ziemlich genau das heute gängige Verständnis von
Würde wiedergeben,

– dass Würde *kontingent*, also von irgendwelchen zufällig
  vorhandenen (oder eben nicht vorhandenen) *empirischen*
  Eigenschaften bzw. Fähigkeiten *abhängig* und damit also
  bedingt ist,

– dass sie bei unterschiedlichen Menschen graduell unterschiedlich vorhanden ist,

– dass sie verloren gehen kann und ihr Erhalt deshalb eine
  «beängstigende Herausforderung» darstellt.

Würde ist hier jedenfalls eine nur bedingte *Handlungs-, Ver-
haltens-* oder *Situationswürde*.

2.2 Das Konzept der Menschenwürde

Demgegenüber ist das Konzept der Menschenwürde, wie es
der modernen Menschenrechtstradition zugrunde liegt, etwas
vollkommen anderes.

---

6   P. B. BALTES (2003a), 17.

Menschenwürde wird hier verstanden als ein Wert und als ein Anspruch auf Anerkennung und Schutz, der grundsätzlich «allen Mitgliedern der Gemeinschaft der Menschen» zukommt. «Alle Menschen sind frei und gleich an Würde und Rechten geboren» formuliert die Allgemeine Erklärung der Menschenrechte der Vereinigten Nationen von 1948 in ihrer Präambel. Es geht hier also um eine angeborene, vorgegebene und deshalb auch unantastbare Würde (im Sinne einer *unbedingten, inhärenten Wesenswürde*), die man sich nicht erst erringen muss, die man deshalb auch nie verliert und die völlig unabhängig ist davon, ob ich krank oder gesund, selbstständig oder auf Hilfe angewiesen, Wohltäter oder Krimineller bin, ob ich über ein klares Selbstbewusstsein verfüge oder an einer schweren Demenz erkrankt bin. Diese Würde ist mir eigen, einfach weil ich Mensch bin – nicht erst, wenn ich als Mensch bestimmte Fähigkeiten habe oder Leistungen vorweisen kann oder mich den gängigen Vorstellungen von Gesundheit, Selbstständigkeit, Schicklichkeit und Rationalität entsprechend verhalte.

Menschenwürde besagt in dieser Tradition, dass jeder Mensch einen Wert in sich selbst, also einen Selbstzweck darstellt und deshalb nicht von andern instrumentalisiert werden darf.[7] Er besagt ferner, dass jeder Mensch Anspruch auf Autonomie, auf Selbstbestimmung und Selbstverantwortung hat. Aus diesen Gründen ist auch sein Leben grundsätzlich unverfügbar und geschützt. Und schliesslich begründet die Menschenwürde das Recht auf die Menschenrechte und damit auf einen grundlegenden Respekt vor der jeweiligen Person.[8]

---

7 Dem entspricht bei Immanuel KANT der Kategorische Imperativ in seiner dritten Fassung: «Handle so, dass du die Menschheit sowohl in deiner Person als in der Person eines jeden anderen jederzeit zugleich als Zweck, niemals bloss als Mittel brauchst» (zit. bei L. MÜLLER [2003], 4f.).

8 U. KNELLWOLF & H. RÜEGGER (2005), 74–76.

Bezeichnend für dieses Würdeverständnis ist,

- dass Würde dem menschlichen Leben *inhärent* (eigen, angeboren) ist,
- dass sie einen *normativen* Anspruch darstellt – unbesehen aller empirischen Besonderheiten eines individuellen Lebens – und darum *unbedingt* gilt,
- dass sie allen Menschen genau gleich zukommt und
- vollkommen unverlierbar und in diesem Sinne unantastbar ist (schwinden kann im schlimmsten Fall höchstens der Respekt, den meine Mitmenschen meiner Würde entgegenbringen!).

Würde ist hier verstanden als eine unbedingte *Wesenswürde*.[9]

2.3 Zur Bedeutung dieser Unterscheidung für den Umgang mit demenzkranken Menschen

Wie wichtig diese Unterscheidung ist, lässt sich exemplarisch im Blick auf den Umgang mit demenzkranken Menschen zeigen:[10] Diese verfügen nur noch beschränkt über die Eigenschaften und Fähigkeiten, die Vertreter eines kontingenten, empirisch bedingten Würdekonzeptes als Voraussetzung für die Zuerkennung von menschlicher Würde und Personstatus einfordern (Selbstachtung, Rationalität, Selbstständigkeit, Intentionalität etc.). Daher muss man bei ihnen nach BALTES streng genommen von einem Verlust der menschlichen Würde sprechen!

Eberhard SCHOCKENHOFF und Verena WETZSTEIN bemerken im Blick auf die hier sichtbar werdende Tendenz: «Konzeptionen, die den Personstatus [d. h. den Würde-Be-

---

9   Zur Gegenüberstellung des inhärenten und kontingenten Würdebegriffs vgl. ebd., 81.
10 Vgl. hierzu Kap. 5 in diesem Buch, insbesondere die Unterkapitel 5.3 und 5.4.

sitz, H.R.] eines Menschen an den aktuellen Besitz von Bewusstseinsleistungen binden, müssen in logischer Folge dementen Menschen das Personsein absprechen oder es zumindest graduell einschränken. Wenn ein abgestuftes moralisches Personkonzept verfolgt wird, fallen demente Menschen mit Fortschreiten des dementiellen Prozesses immer weiter aus dem Schutzkonzept der Menschenwürde heraus.»[11]

Das Problematische an dieser Position ist: Die Perspektive, dass einem das soziale, gesellschaftliche Umfeld die Menschenwürde offiziell absprechen könnte, ist für Menschen mit diagnostizierter Demenz und deren Angehörige sehr belastend – zusätzlich zur unvermeidbaren Belastung, die die Krankheit an sich schon darstellt. Dazu kommt: Wenn Menschen, z.B. Demenzkranken, die Menschenwürde nicht mehr zuerkannt wird, entfällt damit auch die philosophische Basis für die Zuerkennung der Menschenrechte und des mit ihnen gegebenen unbedingten Lebensschutzes. Denn die Menschenrechte sind unmittelbare Ableitungen aus der Menschenwürde. Wird letztere als für bestimmte Personengruppen nicht mehr existent erklärt, kann das dementsprechend fatale Folgen haben. Folgen, die uns die Geschichte des letzten Jahrhunderts dramatisch vor Augen geführt hat und zu deren Vermeidung in der Zukunft das Konzept der Menschenwürde und Menschenrechte völkerrechtlich-politisch ja gerade in Kraft gesetzt wurde!

Dass in den letzten Jahren immer neue Fälle von Tötungen demenzkranker Bewohnerinnen und Bewohner in Institutionen der Langzeitpflege gemeldet wurden, kann eigentlich nicht verwundern, wenn sich in einer Gesellschaft der Eindruck durchsetzt, Demenz ziehe einen Verlust der menschlichen Würde nach sich.

---

11   E. Schockenhoff & V. Wetzstein (2005), 264.

Heute geht es nicht um die «Erhaltung der menschlichen Würde» im Alter (P. B. BALTES), so als ob sie verloren gehen könnte, wenn wir nicht etwas dagegen unternehmen. Es geht vielmehr darum, sicherzustellen, dass *die grundsätzlich unverlierbare Würde* jedes Menschen (im Sinne einer inhärenten Menschenwürde) *auch im Alter noch wahrgenommen und respektiert wird.* Human, d. h. menschen-würdig (im Sinne kontingenter Handlungswürde) mit alten Menschen umgehen heisst: so mit ihnen umgehen, dass wir in all unserem Tun und Lassen, Reden und Empfinden ihnen gegenüber ihre bleibende Menschenwürde anerkennen und ernst nehmen – *personal-ethisch* im persönlichen Kontakt mit ihnen von Mensch zu Mensch, aber ebenso *sozialethisch* in der Gestaltung der gesellschaftlichen Strukturen, die wir unserem Zusammenleben geben.

Es scheint mir darum dringlich, dass wir damit beginnen, jeden Satz, den wir selber oder andere mit dem Begriff der Würde formulieren, kritisch daraufhin abzuklopfen, was für ein Würdeverständnis er transportiert. Ob er eine Würde zur Sprache bringt, die unverlierbar auch dem schwerst pflegebedürftigen, dementen Hochbetagten eigen ist und die wir nicht erst herstellen, sondern nur *wahrnehmen, anerkennen* und *respektieren* müssen. Oder ob ein Würdeverständnis vermittelt wird, das gewissen Menschengruppen Würde abzusprechen geneigt ist oder ihnen suggeriert, sie müssten etwas leisten oder können, damit ihre Würde noch anerkannt werde.

Ich finde, wir sollten radikal damit aufhören, Redewendungen zu gebrauchen wie die der Medizinethikerin Claudia WIESEMANN, die davon spricht, dass «im Prozess der Gesundung auch die Würde des Kranken wiederhergestellt werden müsse,»[12] weil er sie krankheitshalber verliere, oder

---

12   C. WIESEMANN (1998), 96.

Formulierungen wie die des Gerontologen Thomas KLIE, der für eine Sorgekultur wirbt, in der professionell Betreuende sich für die «Herstellung» und «Sicherung» der Würde hochbetagter, pflegebedürftiger Menschen einsetzen sollen.[13] Das ist zwar alles ohne Zweifel gut gemeint, faktisch aber in seiner Logik fatal. Es ist dringend nötig, hier unzweideutige Klarheit zu schaffen. Und die fängt mit der Sprache an[14] und wird dann unser gesellschaftliches Bewusstsein und schliesslich hoffentlich auch unser Handeln prägen.

Es muss wieder klar werden, was mit dem Menschenwürde-Artikel in unseren staatlichen Grundverfassungen gemeint ist: «Den Schutz […] seiner Würde geniesst jeder Mensch, auch unabhängig davon, ob er sich seiner Würde bewusst ist. […] Auch der geistig schwerstbehinderte Mensch behält daher seine Würde.»[15] Es geht nicht darum, die Würde eines Menschen allererst herstellen oder in ihrem Vorhandensein sichern zu wollen, denn Menschenwürde als inhärente Wesenswürde ist nicht Folge einer wie auch immer zu bestimmenden wahrnehmbaren «Ansehnlichkeit» eines Menschen (im Sinne von *honor*), sondern transzendental zu verstehen, d.h. vollkommen unabhängig von jeglichen empirischen Qualitäten. Anders gesagt: Nicht weil ein Mensch bestimmte Qualitäten hat oder in irgendeiner Weise ansehnlich ist, kommt ihm Würde zu, sondern ihm ist als Mensch grundsätzlich eine Würde eigen, die ihn in einem tieferen Sinn allererst ansehnlich macht – selbst wenn er hochbetagt, demenzkrank, persönlichkeitsverändert und schwer pflegebedürftig sein sollte. Mit Dietmar MIETH gesprochen: «‹Würde› heisst nicht Bewertbarkeit, sondern ist

---

13 Th. KLIE (2005), 271.
14 Es geht darum, wahrzunehmen, dass im Blick auf das Verständnis von Würde im Alter «ein begrifflicher Unfall im Gang ist», wie M. SEITZ (2003), 107 meinte, und diesen Unfall – statt ihn gedankenlos fortzusetzen – durch Verwendung einer verantwortlichen Begrifflichkeit zu korrigieren.
15 G. RIES (1998), 67.

das Kriterium von allen einzelnen Bewertungen. Diese Art von Würde ist [...] nicht an empirische Qualitäten gebunden. [...] D. h. Würde ist ein Menschheitsbegriff. Wo immer jemand zur Menschheit gehört, weil er ein menschliches Lebewesen ist, ist diese Würde präsent. [...] Denn die Mitgliedschaft zur Gattung Mensch fällt von vornherein unter den Begriff Würde.»[16] Darum kann es allein darum gehen, diese Würde als immer schon vorhandene *anzuerkennen* und durch die würdige, d. h. würdekompatible Art, wie wir mit anderen Menschen (und auch mit uns selbst!) umgehen, *sichtbar zu machen.*[17]

2.4 Anfragen an unser vorherrschendes Menschenbild

Die festgestellten problematischen Akzentuierungen des heute gängig gewordenen Würdeverständnisses weisen auf grundlegende Aspekte unseres heutigen Menschenbildes hin, die kritisch zu hinterfragen sind.[18] Denn das in unserer westlichen Wohlstandswelt vorherrschende reduktionistische Menschenbild blendet manche Facetten aus, die zentral zum Leben gehören. Ich möchte hier nur ein paar Punkte hervorheben.

Menschsein, damit es unserer Zeit akzeptabel und sinnvoll erscheint, muss den Kriterien Gesundheit, Schönheit, Wellness, Leistungsfähigkeit, Autonomie und Erfolg genügen. Eine schwere Behinderung, ein chronisches Leiden, das Aushalten eines nicht einfachen Schicksals, das Erfahren von Abhängigkeit, Verlust an Beziehungen, Fähigkeiten

---

16 D. MIETH (2003), 70. MIETH macht zu Recht darauf aufmerksam, dass «die Spannung, die im Würdebegriff liegt, also zwischen Ansehnlichkeit einerseits und Nichtbewertbarkeit, Nichtverfügbarkeit, Nichtinstrumentalisierbarkeit andererseits, bisher ungenügend wahrgenommen worden ist» (73).

17 Von der «Sichtbarmachung von Würde» als einem interaktionellen Geschehen sprechen E. SCHOCKENHOFF & V. WETZSTEIN (2005), 265.

18 Vgl. unten Kap. 5.2 in diesem Buch.

und Kräften im höheren Alter oder das Hinnehmen eines
u. U. langwierigen Sterbeprozesses gelten heute vielen bereits
als eines Menschen ‹unwürdig›, also als eine mit der menschlichen Würde nicht vereinbare Zumutung.[19] Die mit solchen
Negativ-Erfahrungen gegebene Einbusse an Lebensqualität
wird leicht als Würdeverlust empfunden, der Angst macht.
Aktive Sterbehilfe soll dann, wie es der Bericht der Arbeits-
gruppe Sterbehilfe des Eidgenössischen Justiz- und Polizei-
departements von 1999 angedeutet hat, als letztes Mittel zum
«Schutz der Menschenwürde» mindestens noch ein selbstbestimmtes «Sterben in Würde» sichern![20]

Ein solches Menschenbild ist hoch problematisch. Es verdrängt wesentliche Dimensionen, die zu jedem vollen
Menschsein dazu gehören: Erfahrungen von Grenzen, von
Leiden, Schwäche und Abhängigkeit, Erfahrungen davon, anderen phasenweise auch zur Last zu fallen. Der amerikanische
Medizinethiker Daniel Callahan hat m. E. sehr treffend darauf hingewiesen, dass «Menschen einander eine Last sein
werden und müssen; eine Flucht aus der gegenseitigen Abhängigkeit ist eine Flucht aus der Menschlichkeit». Und er
fährt fort: «Die Unausweichlichkeit von Altern und Krankheit bedeutet, dass unsere individuelle Loslösung aus der Abhängigkeit nicht dauerhaft sein kann und sein wird. Es ist ein
ganz schwerwiegender Irrtum, zu glauben, dass unser Wert
als Person [und unsere Würde! H. R.] sinkt, weil Abhängigkeit unser Teil sein wird […] Es liegt eine wertvolle und
selbstverständliche Anmut in der Fähigkeit, von anderen ab-

---

19   E. Kösler (2004), 114 ist zuzustimmen: «Die Würde des alten Menschen
      ist überall dort bedroht, wo der Massstab für den Wert und die Wert-
      schätzung eines Menschen nur noch in seiner Leistung, Nützlichkeit, Akti-
      vität, Attraktivität und nicht mehr in seiner Personalität gesehen wird.»
20   H. Rüegger (2004), 13–15. Der Text dieses Berichtes ist abgedruckt in:
      M. Mettner (2000), 303–355 (dort 337 der Hinweis auf Sterbehilfe als
      Schutz der Menschenwürde).

hängig zu sein, offen zu sein für ihre Besorgtheit, bereit zu sein, sich an ihre Stärke und ihre Fürsorge anzulehnen. Ein Selbst lebt in der ständigen Spannung zwischen Abhängigkeit und Unabhängigkeit. Beide sind ein Teil von uns. Die Unabhängigkeit mag uns ein besseres Gefühl geben, sie schmeichelt uns stärker. Trotzdem bleibt sie nur die halbe Wahrheit unseres Lebens.»[21] In die gleiche Richtung weist der Gerontologe Andreas KRUSE, wenn er dafür plädiert, «Abhängigkeit als ein natürliches Phänomen des Menschseins zu deuten» und das grundlegende Verwiesensein jedes Menschen in seiner Verletzlichkeit und Fragilität auf die Hilfe durch andere als ein konstitutives Element echten Menschseins anzuerkennen.[22]

Wenn wir das nicht tun, setzen wir diejenigen Menschen unter Druck, die versuchen, ihr Leben *mit* allen Erfahrungen von Leiden, Abhängigkeit und Defiziten auszuhalten und menschlich zu bewältigen. Dabei sind gerade sie in besonderer Weise auf unsere Solidarität und Ermutigung, auf unseren Zuspruch von Wert und Würde trotz ihrer vielleicht schwierigen Lebensumstände angewiesen! Man stelle sich etwa vor, wie schmerzhaft es sein muss, als schwer pflegebedürftiger, chronisch kranker Bewohner eines Pflegeheims Worte wie die der Medizinethikerin Claudia WIESEMANN hören zu müssen, wenn sie von «entwürdigenden körperlichen Gebrechen» spricht, die man heilen müsse. Denn «nicht mehr von der Hilfe anderer abhängig zu sein, den Körper wieder ganz

---

21 D. CALLAHAN (1998), 155, 176.
22 A. KRUSE (2005b), 279f. Dass dabei Autonomie als Freiheit zur Selbstbestimmung und gegenseitige Abhängigkeit von Menschen untereinander in sozialen Beziehungen keine sich ausschliessenden Gegensätze sind, hat G. J. AGICH (2003) ausführlich dargelegt. Er hält fest: «Dependence in the social world is a pressing position and not a failure of actual autonomy. [...] Dependence thus is an essential and ineliminable feature of human existence» (104).

für die eigenen Ziele und Zwecke einsetzen zu können, das entspricht – nach WIESEMANN – sowohl einer *Restitution der Würde* als auch der Vollendung des Heilungsprozesses».[23]

Dass heute so geredet wird, hängt auch mit einer völlig «übersteigerten Bedeutung des physischen Wohlbefindens für das Lebensglück des Menschen»[24] zusammen, das sich etwa in dem unsinnigen Gerede von der Gesundheit als dem höchsten Gut («Hauptsache gesund!») manifestiert.[25]

Zu denen, die mit besonderer Vehemenz auf die unmenschlichen Konsequenzen dieses Menschenbildes und Gesundheitsverständnisses aufmerksam gemacht haben, zählt Gunda SCHNEIDER-FLUME mit ihrer Kampfschrift «Leben ist kostbar. Wider die Tyrannei des gelingenden Lebens». Sie hält fest: «‹Hauptsache gesund›, mit diesem Wunsch wird Gesundheit als Grundlage, Voraussetzung und Bedingung eines gelingenden Lebens genannt. Oft wird nicht bemerkt, wie makaber eine solche ‹Gesundheits-Vergottung› für Kranke, chronisch Kranke oder Schwerbehinderte ist, [...] denn [sie] ist meist begleitet von dem Urteil: wertvoll, ja lebenswert ist Leben nur aufgrund von Gesundheit. [...] In dem Masse aber, in dem Gesundheit zur Bedingung gelingenden Lebens wird und in dem diese Bedingung sich mehr und mehr als erreichbares Ziel der Selbstverwirklichung darstellt, [...] in dem Masse gewinnt die Angst um Gesundheit eine neue, mitunter vernichtende Qualität. [...] Krankheit ist dann nicht nur Wi-

---

23 C. WIESEMANN (1998), 96.

24 K. ARNTZ (2005), 59.

25 M. LÜTZ (2005), 45. Lütz schreibt: «Es gibt kaum noch eine Geburtstagsfeier über 60, wo nicht mindestens in einer Festrede der Satz vorkommt: ‹Und das höchste Gut ist doch die Gesundheit!› Leider ist eine solche Behauptung aber kompletter Unsinn. Niemals in der gesamten philosophischen Tradition des Abend- und des Morgenlandes ist irgendjemand auf die absurde Idee verfallen, in einem so zerbrechlichen Zustand wie der Gesundheit der Güter Höchstes zu sehen. [...] Doch heute herrscht die Gesundheit majestätisch als höchstes Gut» (34).

derfahrnis im Leben, [...] sondern Infragestellung des Lebens überhaupt, weil Krankheit, Behinderung und Einschränkung das Gelingen des Lebens verhindern und Leben so zu einem Unleben machen»,[26] d. h. zu einem entwürdigten, eines Menschen unwürdigen Leben.

Lassen wir uns von einem solchen Menschenverständnis leiten, fallen zahllose Menschen, insbesondere hochbetagte, die an einer fortgeschrittenen Demenz leiden, aus dem Bild eines normalen, sinnvollen menschlichen Lebens heraus; das volle Personsein und die Würde werden ihnen abgesprochen und dadurch fallen sie logischerweise auch «immer weiter aus dem Schutzkonzept der Menschenwürde heraus», wovor die beiden Ethiker Eberhard SCHOCKENHOFF und Verena WETZSTEIN mit gutem Grund warnen.[27]

Mir scheint, wir stehen gesamtgesellschaftlich vor der entscheidenden Aufgabe, gerade im Blick auf das hohe Alter ein Menschenbild wiederzugewinnen, das damit ernst macht, dass «das Einbeziehen von Traurigkeit, Leid und Grenzerfahrungen in jene Reife geglückten Lebens gehört, die auch mit den Beschränkungen des Unglücks umgehen kann»[28], und dass es zu einer humanen Lebenskunst gehört, Erfüllung im Leben durch die Integraton von Lust *und* Schmerz zu suchen.[29] Dabei wäre viel gewonnen, wenn «die Einsicht in die Verschränktheit von Endlichkeit und Sinn, von Negativität und Erfüllung mit der Idee der untilgbaren Würde der menschlichen Person zusammenfände»[30]. Denn die Würde des Menschen bezieht sich auf das ganze Menschsein in all

---

26   G. SCHNEIDER-FLUME (2004), 85–88.
27   E. SCHOCKENHOFF & V. WETZSTEIN (2005), 264.
28   So im Vorwort zu dem von ihm herausgegebenen Band: S. J. LEDERHILGER (2005), 7.
29   W. SCHMID (2000), 51–61.
30   T. RENTSCH (1994), 303.

seinen positiven *und* negativen Erfahrungen.[31] Oder mit den Worten von Wolfgang THIERSE, dem ehem. Präsidenten des Deutschen Bundestages: «Zu Würde und Wert des menschlichen Lebens gehören auch Begrenztheit und Fehlerhaftigkeit, Verletzbarkeit und Endlichkeit.»[32]

Nur wenn wir unser reduktionistisches Menschenbild und die aus ihm sich ergebenden Empfindungen und Wertungen überwinden, werden wir wieder ein neues Verständnis der jedem Menschen inhärenten Würde mit ihrem Anspruch auf Schutz und Respekt gewinnen. Und nur mit einer solchermassen zurechtgerückten Anthropologie besteht die Chance, dass moderne ‹Gesellschaften des langen Lebens› der zunehmenden Zahl auf Fremdpflege und Betreuung angewiesener älterer (und auch weniger alter) Menschen gerecht zu werden vermögen. Denn «die Qualität einer Gesellschaft wird sich auch an ihrer Fähigkeit messen lassen müssen, wie sie mit dieser tiefen Herausforderung umgeht, die ihrer dominanten Logik sehr widerspricht: mit dem hohen Alter und dem Tod».[33]

2.5 Konkretisierungen des Ernstnehmens der Würde von alten Menschen

Ob wir diese Verantwortung ernst nehmen, zeigt sich v. a. in zwei Bereichen, in denen es besonders entscheidend ist, die Menschenwürde älterer Menschen sorgfältig zu respektieren: bei der Frage der Autonomie und bei derjenigen der Diskriminierung aus Altersgründen.

---

31 In diesem Sinne ist die Aussage des Vierten deutschen Altenberichts zentral: «Würde ist lebensphasisch unteilbar» (Bundesministerium für Familie, Senioren, Frauen und Jugend [2002], 355).

32 Zit. in S. J. LEDERHILGER (2005), 9.

33 J. KOCKA (2008), 233.

2.5.1 Bleibender Autonomie-Anspruch auch bei abnehmenden Autonomie-Fähigkeiten

Die unverlierbare Würde eines Menschen äussert sich inhaltlich zentral im Anspruch auf Respekt vor seiner Autonomie.[34] Gerade in medizinischen Behandlungs- und pflegerisch-sozialen Betreuungsverhältnissen ist die Gefahr besonders gross, aufgrund des Machtgefälles, das nun einmal zwischen Helfenden und auf Hilfe Angewiesenen besteht, in gut gemeinter Fürsorglichkeit über andere zu verfügen. Diese Versuchung besteht umso mehr, je weniger die auf Hilfe angewiesene Person noch in der Lage ist, selbstständig zu entscheiden und ihre Autonomie zur Geltung zu bringen. Kann das Autonomie-Prinzip überhaupt noch handlungsleitend sein, wenn eine Person z. B. in hohem Grade dement oder sonst wie urteilsunfähig geworden ist? Ist es da nicht unumgänglich, dass nun andere über sie entscheiden und verfügen?

Ruth BAUMANN-HÖLZLE hat in dieser Frage die Unterscheidung zwischen normativem Autonomie-*Anspruch* und empirischen Autonomie-*Fähigkeiten* eingeführt,[35] die inzwischen auch von der Schweizerischen Akademie der Medizinischen Wissenschaften (SAMW) übernommen worden ist. Sie geht davon aus, dass Autonomie zuerst einmal einen Anspruch darstellt, der mit der Menschenwürde unverlierbar gegeben ist: den Anspruch, dass niemand über mich fremdverfügen darf, dass nur ich selbst im Blick auf mich und mein Leben entscheiden darf. Dieser Anspruch auf Selbstbestimmung und Selbstverantwortung erlischt grundsätzlich nie.

Nun ist allerdings unübersehbar, dass es immer wieder Situationen gibt, in denen jemand nur noch begrenzt, im Extremfall gar nicht mehr in der Lage ist, selbst für sich zu

---

34 Vgl. zum Folgenden auch Kap. 4 in diesem Buch.
35 R. BAUMANN-HÖLZLE (2003).

entscheiden. Ein bewusstloser Patient oder eine Patientin im Wachkoma, aber auch Menschen im fortgeschrittenen Stadium eines demenziellen Prozesses sind Beispiele dafür. Sie haben die Autonomie-Fähigkeit graduell oder ganz verloren. In dieser Situation verlangt nun der unverändert gültige Autonomie-*Anspruch*, dass das behandelnde oder betreuende Umfeld dieser Personen alles daran setzt, deren *mutmasslichen Willen* zu eruieren und diesen als behandlungsbestimmend zu respektieren. Wer also auch seinen aktuellen, autonomen Willen nicht mehr äussern kann, hat Anspruch darauf, in seiner Würde und Autonomie als Behandlungs-Subjekt ernst genommen zu werden und nicht zum Behandlungs-Objekt nach eigenem Gutdünken verfahrender Ärzte, Pflegender oder Angehöriger gemacht zu werden.

Die medizinisch-ethischen Richtlinien der SAMW zur Behandlung und Betreuung von älteren, pflegebedürftigen Menschen (2004) halten verbindlich fest: «Der Anspruch auf Respektierung der Menschenwürde und Autonomie gilt uneingeschränkt für alle Menschen. [...] Eingeschränkte Autonomiefähigkeiten, welche mit zunehmendem Alter häufiger werden und das Gleichgewicht zwischen den abhängigen und unabhängigen Seiten bei einem Menschen stören, heben den *Anspruch* auf Respektierung seiner Würde und Autonomie nicht auf.»[36] Dem in der Praxis nachzuleben, ist ein hoher Anspruch. Es ist aber ein entscheidender Prüfstein dafür, ob die Würde alter Menschen wirklich respektiert wird oder nicht.

Aber nicht nur bei schwerwiegenden sozialen oder medizinischen Entscheidungen z. B. im Blick auf Massnahmen der Lebensverlängerung steht das Ernstnehmen der Autonomie betroffener Menschen auf dem Spiel. George J. AGICH hat darauf hingewiesen[37], dass etwa im Bereich von Institutionen

---

36   SAMW (2004b), Punkt 3.1.
37   G. J. AGICH (2003).

der Langzeitpflege Respekt vor der Autonomie der dort leben-
den Bewohner und Bewohnerinnen sich in viel kleineren, all-
täglicheren Dingen erweist: ob Menschen zum Beispiel Unterstützung und Ermutigung bekommen im Bestreben, sich
selber zu sein und sich in ihrer Identität weiter zu entwickeln;
ob auf ihre Lebensgewohnheiten, auf ihren Lebensstil in der
Alltagsgestaltung Rücksicht genommen wird; ob sie innerhalb eines sozialen Netzes von Beziehungen als Gegenüber
mit Rechten und Pflichten, mit Fähigkeiten und Bedürfnissen ernst genommen werden und ihnen das Teilnehmen am
sozialen Leben ermöglicht wird.[38]

In all diesen Fragen bleibt der Gesichtspunkt wegleitend,
dass der Anspruch, das Recht auf Respekt vor der eigenen Autonomie einem Menschen auch dann noch zusteht, wenn er
selber nicht mehr fähig ist, diese Autonomie durch eigenes
Handeln und Entscheiden zu realisieren. Wo die Autonomie-
Fähigkeiten abnehmen, verlangt der Respekt vor der Menschenwürde, dass sich das betreuende Umfeld umso sensibler
darum bemüht, den mutmasslichen Willen einer abhängigen
Person zu eruieren und ihr Leben und ihre Betreuung in dessen Licht zu gestalten.

2.5.2 Schutz vor Diskriminierung aus Altersgründen

Das Menschenwürde-Konzept geht davon aus, dass «alle
Menschen gleich an Würde und Rechten geboren» sind (Allgemeine Erklärung der Menschenrechte). Darum folgt aus

---

38 Wenn in Art. 25 der Charta der Grundrechte der Europäischen Union
    vom 7.12.2000 festgehalten wird, «die Union anerkenne und achte das
    Recht älterer Menschen auf ein würdiges und unabhängiges Leben und
    auf Teilnahme am sozialen und kulturellen Leben», so zeigt sich auch hier
    die doppelte Stossrichtung des Würde-Anspruchs: einerseits im Blick auf
    Unabhängigkeit und Selbstbestimmung (das ist der Aspekt der negativen
    Freiheit), andererseits im Blick auf Teilhabe am Leben der Gemeinschaft
    (das ist der Aspekt der positiven Freiheit).

der Menschenwürde das Verbot der Diskriminierung, das die Bundesverfassung der Eidgenossenschaft in Art. 8 Abs. 2 explizit auch auf das Alter bezieht: «Niemand darf diskriminiert werden, namentlich nicht [...] wegen des Alters [...]»[39] Das bedeutet, dass alte Menschen nicht wegen ihres Alters ungerechtfertigterweise anders behandelt werden dürfen als jüngere.

In dem Masse, in dem alte Menschen Macht und Autonomiefähigkeit verlieren, sind sie besonders darauf angewiesen, dass andere sie nicht diskriminieren – weder handfest institutionell resp. materiell noch in den subtileren Formen einer gesellschaftlich hingenommenen Mentalität des *ageism*[40] – und ihren Anspruch auf Rechtsgleichheit respektieren.

Dabei geht es etwa um das Problem von oberen Altersgrenzen in Kommissionen und anderen Gremien, durch die ältere Menschen in ihrer Möglichkeit der aktiven Teilnahme am gesellschaftlichen Leben benachteiligt werden.

Oder es geht um die Frage allfälliger Vorenthaltung bestimmter indizierter medizinischer Massnahmen allein aus

---

39 Einen ähnlichen Nichtdiskriminierungsartikel mit Verweis auf den Gesichtspunkt des Alters enthält die Charta der Grundrechte der Europäischen Union vom 7.12.2000 in Art. 21 Abs 1. Hingegen enthält das Benachteiligungs-Verbot, wie es im deutschen Grundgesetz Art. 3 Abs. 3 enthalten ist, keinen expliziten Hinweis auf das Phänomen der Diskriminierung aus Altersgründen.

40 Der Begriff «*ageism*» wurde von R. Butler (1969) eingeführt, um eine verallgemeinernd negative Sichtweise des Alternsprozesses und alter Menschen zu bezeichnen. Während *ageism* eine allgemeine, stereotypisierende Annahme der Minderwertigkeit des Alters beinhaltet (analog zu *sexism*, der eine generelle Minderwertigkeit des weiblichen Geschlechts annimmt), meint Altersdiskriminierung eine konkrete gesellschaftliche Benachteiligung alter Menschen aufgrund ihres Altseins. F. Schirrmacher (2004) 54 hebt hervor: «Die Jungen töten die Alten, indem sie die Identität der Alten zerstören. Das geschieht fast ausschliesslich mit den Mitteln der Sprache und der Bilder.» Schirrmacher spricht von einer «rassistischen Diskriminierung der Älteren» (ebd., 63).

Gründen des kalendarischen Alters. In der Schweiz halten die Richtlinien der Schweizerischen Akademie der Medizinischen Wissenschaften zur Behandlung und Betreuung von älteren pflegebedürftigen Menschen als Grundsatz angemessener Betreuung fest: «Ältere pflegebedürftige Menschen haben bis an ihr Lebensende Anspruch auf eine angemessene medizinische und pflegerische Betreuung. Alter und Pflegebedürftigkeit einer betreuten Person dürfen nicht zu einer Vorenthaltung indizierter Massnahmen führen.»[41] Und der Vierte Deutsche Altersbericht urteilt: «Das Alter eines Menschen kann für sich genommen nicht als Kriterium für Leistungsbegrenzungen im Krankenversicherungssystem in Betracht kommen. Jede Bestimmung einer Altersgrenze müsste mangels eindeutiger biologischer Kriterien willkürlich festgelegt werden [...]. Alters- oder prognosebezogene Leistungsbegrenzungen mit ihren Effekten einer sozialen Euthanasie sind daher solidaritätsfremd: Sie verletzen die Menschenwürde.»[42]

Es bestehen gute Gründe, diesen Grundsatz explizit zu erwähnen, denn Studien zeigen, dass bei der Behandlung alter Menschen oft «nicht zu viel, sondern zu wenig gemacht und auf indizierte Massnahmen verzichtet wird. Gemäss internationalen Statistiken ist bei einer grossen Zahl von alten Menschen, die in Heimen betreut werden, die Schmerzbehandlung ungenügend, die Rehabilitation unzureichend und die Medikation inadäquat.»[43] Ähnliches gilt im Blick auf eine angemessene Ernährung.

---

41 SAMW (2004b), Punkt 1.1.
42 Bundesministerium für Familie (2002), 348.
43 A. STUCK (2003), 2. Die Heimärztin R. SCHMITT-MANNHART bestätigt diese Einschätzung: «Alte, pflegebedürftige Menschen werden finanziell und personell benachteiligt, wenn es um Palliation und Betreuung in der letzten Lebensphase geht» ([2000], 264). Sie gibt zu bedenken, wie sehr die konkrete ärztliche und pflegerische Behandlung von (unreflektierten) gesellschaftlichen Bildern und Wertvorstellungen im Blick auf alte, pflegeabhängige

Zur Nicht-Diskriminierung alter Menschen gehört über das rechtlich Einforderbare hinaus aber auch dies, das Alter als spezifische Lebensphase nicht pauschal abzuwerten und Menschen fortgeschrittenen Alters nicht durch stereotype Altersbilder auf bestimmte Rollen und Verhaltensweisen festzulegen, die ihren Handlungs- und Entfaltungsspielraum einschränken. In einer ganz am Jugendlichkeitsideal orientierten Gesellschaft ist es allerdings fast unumgänglich, dass negative Altersstereotypen vorhanden sind, und die Gefahr besteht, in die Haltung des *Ageismus* zu verfallen, den alte Menschen oft selbst internalisiert haben. Jedenfalls führen die dominanten «Jugendlichkeitsideale in der Gesellschaft (leicht) zu einer Stigmatisierung des Alters. Ein würdiger Altersstil ist in der postmodernen Spassgesellschaft schwer zu entwickeln.» Manfred PRISCHING weist darauf hin, dass «die Stigmatisierung des Alters einem *Jung-dynamisch-lustig-Syndrom* korrespondiert, das zum gesellschaftlichen Idealbild geworden ist. Alte werden deshalb höflich aufgefordert, so zu tun, als ob sie noch jung wären. [...] Aber die blondgefärbte Aufgedonnertheit amerikanischer Touristinnen, die schlichte Leugnung von Jahren, stellt eine Attacke auf die Würde des Alters dar. Es ist eine optische Rücknahme von Lebenserfahrung, die sich nun auch einmal in den Runen des Gesichts eingegraben hat.»[44] Ihr gilt es mutig und offensiv entgegenzuwirken.

Menschen bestimmt wird. Sie fragt: «Warum wird so oft bei einem Menschen eine kurative Behandlung, eine Abklärung nicht in Betracht gezogen, aus dem einfachen Grunde, weil er in einem Pflegeheim lebt; ein solches Leben scheint offenbar für viele von vornherein kein würdiges Leben mehr zu sein. Wie schnell wird doch ein von andern abhängiges Leben, ein Leben, dessen Nutzen nicht sichtbar ist, ein Leben, das Aussenstehenden sinnlos erscheint, als unwert, eine baldige Beendigung deshalb als würdevolles Sterben erklärt. Diese Meinung ist in unserer Gesellschaft immer mehr verbreitet» (ebd., 260f.).

44 M. PRISCHING (2003), 256.

Dabei gilt es auch zu bedenken, worauf Jürg WILLI aus psychotherapeutischer Sicht hingewiesen hat, dass sich nämlich alte Menschen häufig nicht ernst genommen fühlen, weil «von ihnen nichts Ernstzunehmendes erwartet wird [...] Die Alten sind dispensiert und freigestellt, damit aber auch ‹entgesellschaftet›». Ältere Menschen brauchen aber wie jüngere «eine Umwelt, die noch etwas von einem will. *Wenn [...] niemand mehr etwas von einem erwartet, ist man im sozialen Sinne tot.*»[45]

Aus diesen Gründen ist im Lichte der Nichtdiskriminierungsforderung die kritische Auseinandersetzung mit negativen Altersstereotypen für eine Gesellschaft, die durch einen immer grösseren Prozentsatz älterer Menschen mit immer höherer Lebenserwartung geprägt ist, eine zentrale ethische Herausforderung, bei der nicht weniger als das Ernstnehmen der Würde alter Menschen auf dem Prüfstand steht.

2.6 Das Alter würdigen
Den Prozess des Alterns ernst nehmen als Beitrag zu einer neuen Lebenskunst

2.6.1 Zur Unterscheidung einer normativen und einer eudämonistischen Perspektive der Ethik

In der Ethik unterscheidet man zwei grundsätzlich unterschiedliche Ansätze:

– Bei der *normativen* Ethik geht es um die Ansprüche des unbedingten Sollens, um Normen und allgemeine Verbindlichkeiten des moralisch Guten, Richtigen, Gerechten im Unterschied zum moralisch Verwerflichen,

---

45 J. WILLI (2003), 91, 98.

Falschen, Ungerechten. Es geht um das, was wir andern (und uns selbst) schulden, worauf jemand Anspruch und Anrecht hat. Das Konzept der Menschenwürde als unverlierbarer Wert und die aus ihr abgeleiteten Menschenrechte sind ein klassisches Beispiel solcher normativer Ethik. Dieser Strang ethischen Denkens dient auch als Grundlage für die Entwicklung von Recht.

– Bei der *eudämonistischen* Ethik geht es nicht um die Frage nach Rechten und Pflichten, sondern um die Frage nach dem Gelingen des Lebens, nach dem Erlangen von Glück (gr. *eudaimonia*). Hier ist das Denken nicht normativforderd, sondern mehr optativ, Optionen und Möglichkeiten eröffnend, Empfehlungen formulierend im Sinne einer Lebenskunst.[46] So hat etwa die Philosophie der Stoa in der Antike die Würde des Menschen in diesem eudämonistischen Sinne darin gesehen, dass es ihm gelingt, in Übereinstimmung mit der Natur und in Verwirklichung seines Wesens und seiner Fähigkeiten sein Leben anzunehmen und zu gestalten und so sein Glück zu finden.[47]

Greift man den in unseren bisherigen Ausführungen streng normativ behandelten Sinn der menschlichen Würde in der Perspektive einer eudämonistischen Ethik auf, geht es um die Frage, wie man das menschliche Alter(n) in seinen spezifischen Chancen und Herausforderungen würdigen, d. h. es ernst nehmen und ihm seinen besonderen Wert (nun im Sinne von *honor* oder ‹Ansehnlichkeit› resp. im Sinne einer *kontingenten* Handlungs- oder Situations-Würde) geben kann. Was das heissen könnte, für den alten Menschen selbst wie für das soziale und gesellschaftliche Umfeld, von dem er abhängt,

---

46   W. Schmid (2000), 8.
47   A. Kruse (2005b), 274.

soll in fünf Punkten skizziert werden, die zugleich Anfragen an unser Menschenbild darstellen.[48]

2.6.2 Das Alter(n) bejahen – Kritik am Megatrend des Anti-Aging

Zu einer humanen Lebenskunst gehört das Ernstmachen damit, dass Alter(n) fundamental zum Leben in seiner Lebendigkeit und Fülle gehört.[49] Das hört sich banal an, widerspricht aber einer Grundhaltung vieler Zeitgenossen.[50] Diese Grundhaltung hat v. a. in der zweiten Hälfte des letzten Jahrhunderts zu einer globalen Anti-Aging-Strömung geführt, die sich durch das Zusammenwirken von Biologie, Medizin, Pharmazie, Kosmetikindustrie, Ernährungsindustrie und Wellness-Branche zu einem weltweiten Megatrend entwickelt hat. Sie beruht auf der Überzeugung, dass Altern als solches etwas Pathologisches, also nach Möglichkeit zu verhinderndes ist. So meinte Alexander RÖMMLER als Präsident der Deutschen Gesellschaft für Anti-Aging-Medizin:

---

48   Vgl. dazu auch H. RÜEGGER (2007), v. a. Kap. 4.4.

49   G. SCHNEIDER-FLUME (2008), 42 insistiert zu Recht, dass «Altern ein lebenslanger Prozess [ist], der nicht vom Leben wegzudenken ist und als Lebensphase nicht aus dem Leben ausgegliedert weden kann.» Diese Ansicht teilt auch der Vierte deutsche Altenbericht: «Grundlage einer humanen Ethik ist die grundsätzliche Gleichrangigkeit aller Lebensphasen im Sinne eines biologischen, psychologischen und sozialen Konzeptes einer einheitlichen Lebenslaufentwicklung, aus welcher keine einzelne Lebensphase wegzudenken ist. Dies schliesst eine Abwertung des Alters und der Hochaltrigkeit aus» (Bundesministerium für Familie, Senioren, Frauen und Jugend [2002], 355).

50   H. STECKELER (2004), 15 gibt zu bedenken: «Das Verhalten zu unserem Altern ist dergestalt, dass wir zwar darum wissen, aber eben so, dass wir zugleich davon nichts wissen wollen. Das aber bedeutet: Unser Verhalten zu unserem Altern ist für gewöhnlich kein aufgeschlossenes Verhalten. Es scheint vielmehr so zu sein, dass wir uns gemeinhin gegenüber dem Phänomen des Alterns verschliessen. Dadurch aber kommt eine merkwürdige Spannung in uns auf. Ist da, so müssen wir uns fragen, nicht eine Art von Unwahrhaftigkeit mit im Spiel?»

«Altern ist unnormal.»[51] In ihren extremsten, unseriösesten, aber offensichtlich auf einem internationalen Markt sehr erfolgreichen Exponenten tritt die Anti-Aging-Bewegung mit dem Slogan «Forever Young» auf,[52] ein Programmwort, das Bernd KLEINE-GUNK zufolge «zum Motto eines ganzen Zeitalters zu werden scheint».[53] Gewisse Autoren dieser Richtung versprechen dabei in geradezu religiös-mythologisch anmutender Überhöhung ewige Jugend und Unsterblichkeit, so etwa die Ärztin Margaretha ALRAM mit ihrem Buch «Zehn Schritte zur Unsterblichkeit».[54] Dass es inzwischen auch Literatur zum Thema Anti-Aging für Haustiere gibt[55] und die Klosterbrauerei Neuzelle 2004 das erste Anti-Aging-Bier der Welt lancieren konnte,[56] zeigt, wie populär diese Anti-Aging-Kultur mittlerweile geworden ist.

Ich stelle fest, dass seriöse Wissenschaft – auch die Gerontologie! – sich kaum mit dieser Anti-Aging-Strömung auseinandersetzt. Dabei ist nicht zu unterschätzen, was durch eine solche Bewegung weltweit und erfolgreich als *message* portiert wird: Altern ist krankhaft, ist eines normalen, gesunden, verantwortlichen Menschen nicht würdig. Altern und Altsein ist deshalb zu bekämpfen, zu überwinden, abzuschaffen. Und wer sichtbar alt geworden ist und sich mit den Mühen des Alters auseinandersetzt, ist eine Art Betriebsunfall,

---

51   Zit. in Ch. GREFE (2003), 133.
52   Vgl. etwa das Buch des deutschen Anti-Aging-Pioniers M. KLENTZE, Für immer jung durch Anti-Aging, (2001); dieses Buch hatte bereits im ersten Jahr nach Erscheinen 4 Auflagen! Bezeichnend auch die zahlreichen Bücher von U. Th. STRUNZ, die alle unter dem Obertitel «Forever young» stehen.
53   B. KLEINE-GUNK (2003), 6.
54   M. ALRAM (2001). Der Inhalt dieses Buches hält allerdings überhaupt nicht, was der Titel verspricht, handelt er doch ganz simpel – wie viele Anti-Aging-Publikationen – von Möglichkeiten des gesunden, vitalen Alterns und der Lebensverlängerung!
55   J. M. SIMON & St. DUNO (1998).
56   www.klosterbrauerei.com.

der nicht sein sollte, denn er manifestiert, dass Anti-Aging noch nicht durchgängig Erfolg hatte.[57] Gewiss, es gibt auch seriösere Vertreter eines Anti-Aging, die sich einfach wissenschaftlich mit den Alterungsprozessen auseinandersetzen und nach Wegen suchen, wie Menschen durchaus altern, aber gesünder altern und länger leben können.[58] Dass sie ihre Arbeit unter den Oberbegriff des Anti-Aging stellen, halte ich dennoch für problematisch, in hohem Masse irreführend und philosophisch gesehen unsinnig.

Im Lichte einer eudämonistischen Lebenskunst ist dieses Anti-Aging-Paradigma grundsätzlich zu hinterfragen und abzulehnen. Nicht altern zu wollen, ist Zeichen nicht von menschlicher Reife, sondern von einer pathologischen Lebensverweigerung, die Menschen etwas vorgaukelt, was einem menschenwürdigen, das heisst menschlich erfüllten und realistischen Altern grundsätzlich abträglich ist.

Darum kann Anti-Aging mit seiner Parole «forever young» keine sinnvolle Option sein. Sich dem Prozess des Alterns zu stellen, gehört zu den zentralen Aufgaben des Menschseins, ohne die so etwas wie Reifung und Menschwerdung in einem

---

57 F. SCHIRRMACHER (2004), 102 spricht geradezu von einem «Terror unserer jugendgetriebenen Kultur» gegenüber allen Phänomenen des Alters.

58 Beispiel dafür ist etwa das von B. KLEINE-GUNK in Zusammenarbeit mit zahlreichen anerkannten Medizinern herausgegebene Lehrbuch: *Anti-Aging – moderne medizinische Konzepte* (2003). KLEINE-GUNK präzisiert: «Nicht die Steigerung der Lebenserwartung, sondern der Erhalt von Lebensqualität steht im Vordergrund. Gesundes Altern – ohne Osteoporose, Arteriosklerose und Alzheimer – heisst die Herausforderung. Anti-Aging-Medizin ist die Antwort darauf. Denn all diese Erkrankungen sind – zumindest in Massen – präventiv beeinflussbar.» Insofern kann man seriöse Anti-Aging-Medizin heute einfach und sachgerechter als eine Form von Präventiv- und Altersmedizin bezeichnen. Dass sich diese Medizin heute selbst auf universitärer Stufe den nur negative Konnotationen zum Altern mitführenden Begriff des *Anti-Aging* überstülpt, halte ich für ein Zeichen gerontologischer und sprachlicher Insensibilität, deren negative Auswirkungen nicht zu unterschätzen sind.

ganzheitlich-biographischen Sinn nicht denkbar ist. Sich diesem Prozess zu verweigern, wäre eudämonistisch gesehen eines Menschen unwürdig. Ich stimme Regina AMMICHT-QUINN zu: Statt Anti-Aging bräuchten wir einen Gesundheitsbegriff und eine Medizin, mittels derer «das Älterwerden, Langsamerwerden, die Sterblichkeit nicht als zu bekämpfender Feind eines starren Ideals, sondern als Teil der Würde des Menschen betrachtet werden könnten».[59]

2.6.3 Die menschliche Endlichkeit annehmen – Kritik am Wahn, das Leben immer noch mehr zu verlängern

Menschliches Leben ist endlich, läuft von Anfang an auf den Tod zu. Das hat im letzten Jahrhundert Martin HEIDEGGER besonders eindringlich betont, demzufolge alles Leben ein «Sein zum Tode» resp. ein «Vorlaufen zum Tode» ist.[60] Authentisch lebt nur, wer dieses Ausgerichtetsein auf den Tod als Grundperspektive seines ganzen Lebens anzunehmen vermag. Denn leben können wir nur als Sterbliche. Hans-Joachim HÖHN hat einmal formuliert: «Geboren werden heisst: in eine Welt kommen, in der man sich den Tod holen wird. […] Wir leben nicht erst am Ende des Lebens, sondern zu jeder Zeit in der Nähe des Todes. Das weiss jeder Mensch – und nur wenige glauben es. Die meisten glauben, etwas Besseres als den Tod verdient zu haben.»[61] Man könnte auch sagen, sie finden das Sterben, wie es einfach geschieht, entwürdigend. Ein Teil der neueren Diskussion um aktive Sterbehilfe bezieht ihre emotionale Dynamik gerade aus der Vorstellung, dass – wenn wir schon sterben müssen – eigentlich nur ein selbstbestimmtes und selbstverfügtes Sterben, in

59   R. AMMICHT-QUINN (2005), 87.
60   M. HEIDEGGER (2001), §§ 52f. (255–267).
61   H. J. HÖHN (2004), 9.

dem wir unsere Autonomie noch ein letztes Mal zur Darstellung bringen, ein wirklich «würdiges Sterben» sei.[62]

Dass wir sterben müssen, vielleicht in einem Prozess, der sehr belastend und unangenehm ist, ist gerade keine Entwürdigung, sondern ein Teil der *condition humaine*, der unsere Lebenszeit bedeutsam macht. Denn «der Gedanke an den Tod ist in einer reflektierten Lebenskunst gedacht als Ermutigung zum Leben, als Ansporn zum Auskosten der Fülle des Lebens».[63] Darum gehört zur Würde des Menschen, dass er die Begrenztheit seiner Lebenszeit akzeptiert und so lebt, dass er «lebenssatt» wird und dem Wahn absagen kann, das Leben immer noch mehr verlängern zu wollen. Es ist nämlich sehr zu fragen, ob die quantitative Verlängerung des Lebens auch ein echter Beitrag zur Lebenssättigung darstellt, oder ob sich diese nicht eher, wie eine jahrhundertealte philosophische und theologische Tradition der Lebens- und Sterbenskunst (*ars vivendi*, *ars moriendi*) es nahe legen, aus einer *Intensivierung* des Lebens durch die bewusste Annahme der eigenen Endlichkeit und Sterblichkeit ergibt. Denn «wer den Tod verdrängt, verpasst das Leben!»[64].

Ich sehe darum die grosse Herausforderung unserer Zeit im Blick auf ein erfülltes Leben nicht im Entwickeln und Beanspruchen immer neuer Möglichkeiten der Lebensverlängerung. Ich wage sogar die Vermutung, dass wir uns dadurch mehr Probleme als qualitativen Lebensgewinn einhandeln. Vielmehr geht es um die Entwicklung einer neuen, positiven Einstellung zur Endlichkeit unseres Lebens. Denn gerade sie drängt zum Abwägen des knappen Gutes an Lebensmöglich-

---

62 Das kommt deutlich zum Ausdruck im Diktum von Joseph FLETCHER: «Death control, like birth control, is a matter of human dignity. Without it persons become puppets» ([1969], 69). Zum ganzen Themenkomplex: H. RÜEGGER (2004), 46–58.

63 W. SCHMID (2000), 65.

64 M. LÜTZ (2005), 52.

keiten und lehrt so Weisheit, durch die das irdische Leben gelingen kann. «Die Erinnerung an den Tod nimmt dem Leben die Oberflächlichkeit und auf unbegrenzte Wiederholung angelegte Beliebigkeit. [...] Wissen um den Tod kann dem Leben Tiefe geben und Fülle stiften.»[65] Es ist ein Impuls, zum Wesentlichen vorzudringen, aus diesem Wesentlichen zu leben und das Leben dadurch qualitativ zu intensivieren – ganz im Sinne des gerontologischen Grundsatzes, dass es nicht darum geht, dem Leben mehr Jahre, sondern den Jahren mehr Leben zu geben. Mir scheint, darin liege ein zentraler Aspekt einer Lebenskunst, die der Würde des Menschen (nicht nur im Alter) entspricht.

2.6.4 Bejahung des Fragmentarischen – Kritik an der «Vollendungsillusion»

Zu menschlichem Leben gehört, dass es nie ganz, perfekt, vollendet ist, sondern fragmentarisch, unfertig, imperfekt bleibt. Diese Erkenntnis drängt sich besonders im Alter auf. Sie anzunehmen und sich auch am Fragmentarischen freuen zu können, gehört zu den existenziellen Herausforderungen einer Lebenskunst.

Es gibt ein harmonistisches Idealbild des Lebens, das davon ausgeht, dass sich das Leben vor seinem Ende noch zum vollen Kreis runden und so vollenden sollte, dass es ganz wird und in sich aufgeht. Solches Reifen im Alter, solchen Abschluss der eigenen Biographie mögen sich manche wünschen. In vielen Fällen dürfte sich dieses Bild aber als eine problematische Überforderung erweisen, die auf fragwürdigen anthropologischen Vorstellungen beruht.[66] Sinn und Wert im Leben müssen sich als Orientierungsgrösse jedenfalls gera-

---

65 H. WAGNER (1994), 266.
66 Die rhetorische Frage von G. SCHNEIDER-FLUME (2008), 60, ob nicht «Menschen um der Menschlichkeit willen gerade am Lebensende von allen

de in den Brüchen und Negativitäten, in den Umwegen und im An-Grenzen-Stossen erweisen – und nicht zuletzt im Zulassen- und Annehmenkönnen des Unfertigen, Fragmentarischen. Menschliches Leben ist nicht nur im Unglücksfall, sondern konstitutiv unvollkommen, begrenzt, fragmentarisch. Das wird im Alter wohl besonders deutlich. Gegen alle «Vollendungsillusion» hält der Philosoph Odo MARQUARD fest: «Wir sind alsbald ohne Rücksicht auf Vollendungen am Ende. Wir sind stets mehr unserer Endlichkeit als unserer Vollendungen; unsere Mortalität besiegt unsere Finalität; unser Tod ist stärker als unsere tagtäglichen Teleologien.»[67]

Zur Würde und zum Glück des Alters gehört, dass es imperfekt bleiben darf, weil seine Vollendung nicht seine eigene Sache sein kann.[68] Die Herausforderung liegt darin, das eigene Leben trotz allen Brüchen, trotz allem Scheitern, trotz allem Fragwürdigen, trotz allen unerfüllten Hoffnungen anzunehmen und zu würdigen.

Eindrücklich hat das der im Widerstand gegen die Nazis umgekommene Theologe Dietrich BONHOEFFER einmal formuliert: «Unsere geistige Existenz bleibt ein Torso. Es kommt wohl nur darauf an, ob man dem Fragment unsres Lebens noch ansieht, wie das Ganze eigentlich angelegt und gedacht war und aus welchem Material es besteht. Es gibt schliesslich Fragmente [...], die bedeutsam sind auf Jahrhunderte hinaus, weil ihre Vollendung nur eine göttliche Sache sein kann, also Fragmente, die Fragmente sein müssen – ich denke z. B. an die Kunst der Fuge. Wenn unser Leben auch

---

Vollkommenheitsvorstellungen entlastet werden müssen», ist unbedingt zu bejahen.

67 O. MARQUARD (2002), 51.

68 H.-M. RIEGER (2008), 143 gibt zu bedenken, «dass es uns [...] zu einem krankmachenden Götzen werden könnte, wenn wir selbst unser Leben fertig, vollkommen, ganz – sagen wir es theologisch: heil – bekommen wollten.»

nur ein entferntester Abglanz eines solchen Fragmentes ist, in dem wenigstens eine kurze Zeit lang die sich immer stärker häufenden, verschiedenen Themata zusammenstimmen und in dem der grosse Kontrapunkt vom Anfang bis zum Ende durchgehalten wird, [...] dann wollen wir uns auch über unser fragmentarisches Leben nicht beklagen, sondern daran sogar froh werden.»[69]

So zu leben, dass man die Würde und Anmut des Imperfekten, des Fragmentarischen entdeckt und sich im Alter darüber zu freuen vermag, wäre zweifellos ein entlastender, beglückender Aspekt einer humanen Lebenskunst.

2.6.5 Matureszenz als immer umfassendere Menschwerdung – Kritik an einer einseitigen Ideologie des ‹Erfolgreichen Alterns›

Zu den grossen, spezifischen Aufgaben und zur Würde des Alters gehört nach Leopold ROSENMAYR die Reifung (Matureszenz). Er spricht bewusst nicht von der Reife des alten Menschen. «Reife heisst Reifung, [...] heisst, dass maturity nur in Matureszenz (Attias-Donfut) gelegen sein kann, dass der Prozesscharakter unaufhebbar ist. Niemals ist Reife, immer ist nur Reifung erreichbar. Initiation wäre – im Sinne der Matureszenz – die grosse Aufgabe der späten Jahre.»[70]

Diese Sicht des Alters beeindruckt dadurch, dass sie Entwicklung, Veränderung, Wandlung im Sinne von Matureszenz ganz stark betont, nicht als etwas, das man machen, besitzen oder erreicht haben könnte, nicht als Ausdruck der Vollendung, sondern als unabschliessbarer, immer unfertig bleibender Prozess des Werdens, des sich Veränderns und gerade so Zu-sich-selbst-Werdens.[71] Zu diesem Prozess gehört

---

69   D. BONHOEFFER (1998), 336.
70   L. ROSENMAYR (2004), 23.
71   Th. RENTSCH (1994), 296.

auch die Verarbeitung von Negativ-Erfahrungen des Leidens, des Verlustes, des An-Grenzen-Stossens, des verstärkten An-gewiesenseins auf andere. Insofern ist Matureszenz ein Pro-zess, der mit mir geschieht – vielleicht mehr, als dass ich ihn selber machen und steuern könnte. Wesentlich dafür ist nach ROSENMAYR eine Haltung des Sich-ergreifen-Lassens,[72] eine vertiefte Offenheit für die primäre Passivität des Menschen gegenüber den Kräften und Prozessen des Lebens. Es geht um die Fähigkeit, nicht alles Mögliche zu tun, zu leisten oder erfolgreich abzuschliessen, sondern um die Fähigkeit, zuzu-lassen (auch das Schwierige, Leidvolle!), zu empfangen, ge-schehen zu lassen[73] – als korrigierende Ergänzung zu unserer ganz an der Machbarkeit ausgerichteten modernen Kultur.

Von daher ergeben sich kritische Anfragen an eine einsei-tig auf die gerontologische Maxime des *Successful Aging* (des *erfolgreichen Alterns*) fixierte Vorstellung des Alterns. Reimer GRONEMEYER hat dieses Modell heftig kritisiert und ihm vor-geworfen, es suggeriere, Altern sei als Leistungsakt zu ver-stehen, der erfolgreich gemeistert werden müsse und dessen Würde quasi erst im erreichten Erfolg liege. Ja, GRONEMEYER sieht in der Zielvorstellung erfolgreichen Alterns gar «einen Beitrag zur Infantilisierung der Alten», weil sie so tue, als ob man unberührt von allem Leid, von allem Scheitern und

---

72 L. ROSENMAYR (2004), 23f. entwickelt ein «Paradigma des ergriffenen Er-greifens als eine grundlegende Altershaltung»: «Das Alter könnte ein Weg sein zum Einklang. Das bedeutet mehr als Selbstfindung oder Selbst-übereinstimmung. Findungsprozesse und gefundene Übereinstimmungen sind Voraussetzungen für den Einklang. Einklang ist kein Wissen. Weisheit, wenn es sie gäbe, schafft den Einklang nicht. Einklang vermag sich ein-zustellen durch das Sich-ergreifen-Lassen. Und aus solchem Ergriffen-Sein kann auch eigenes Ergreifen hervorgehen.» Solches Ergriffen-Sein kommt letztlich nur auf dem Weg der Initiation zustande.

73 M. PETERS (2008), 49 spricht in diesem Zusammenhang von der Fähigkeit zur Hinnahme: «etwas akzeptieren, ohne dabei zu resignieren, das ist die eigentliche Kunst des Alterns».

Elend unangefochten das Altwerden meistern könne und müsse. Sollte hier ein Idealbild der neuen Alten zur Norm werden, die finanziell abgesichert, aktiv, fit und erfolgreich alt werden und eines Tages gesund und schmerzlos sterben? Wäre das ein erstrebenswertes Ziel? In polemischer Schärfe gibt GRONEMEYER zu bedenken: «Dieses Bild vom erfolgreich Alternden muss natürlich dazu führen, dass Pflegebedürftigkeit zum Inbegriff des Altersschreckens wird. Je länger die Alten sich erfolgreich am Riemen reissen, je verbissener sie den Rüstigkeitswettlauf durchhalten, desto furchtbarer ist der Sturz in die Hinfälligkeit.»[74]

Gewiss, GRONEMEYER schiesst in seiner Polemik über das Ziel hinaus und übersieht die kritischen Differenzierungen, die in der gerontologischen Diskussion rund um das Thema *Successful Aging* vorgenommen worden sind.[75] Aber die Stossrichtung seines Arguments scheint mir doch bedenkenswert. Sollte nicht alles vermieden werden, was das eh schon vorherrschende Menschenbild stützt, demzufolge das Erleiden von Schmerz und Verlust, das Aushalten von Krisen, von Hilflosigkeit und Abhängigkeit eigentlich menschenunwürdig und darum nach Möglichkeit zu vermeiden ist – zur Not halt durch ein selbstbestimmtes, ‹sozialverträgliches Frühableben› mittels aktiver Sterbehilfe, um so den Rest der eigenen Würde noch zu retten?

Gunda SCHNEIDER-FLUMEs Kritik an der Vorstellung eines gelingenden Lebens weist in eine ähnliche Richtung: «Die Forderung nach gelingendem Leben [und Altern, H. R.] verkennt Leben und zerstört Lebenschancen, weil sie Leben [und

---

74 R. GRONEMEYER (1989), 113f., 116. In ähnliche Richtung geht der Hinweis von G. SCHNEIDER-FLUME (2008), 60, «dass gerade die Vorstellungen vom ‹erfolgreichen Altern› die negative Beurteilung der vierten Lebensphase verstärkt».

75 Vgl. M. M. BALTES (1989).

Altern, H. R.] auf den Bereich der Machbarkeit einschränkt und unter Bedingungen stellt.»[76] Dass diese Anfragen an das als Leistungsforderung missverstehbare Modell des Erfolgreichen Alterns nicht nur rein professorale Einwände sind, wird etwa deutlich, wenn man im Internet eine vom deutschen Seniorentreff angebotene Chatrunde von Senioren verfolgt, in der eine Frau mit Namen Ursula die Frage stellt: «Ab wann bin ich so alt, dass ich in Würde altern muss?»[77] Wenn die Rede vom Altern in Würde oder vom erfolgreichen Altern in diesem Sinne als Leistungsforderung und als gesellschaftliche Bedingung – zum Beispiel für die Zuerkennung von Würde – missverstanden wird, ist sie nicht nur kontraproduktiv, sondern schädlich.

Demgegenüber spricht Leopold Rosenmayr von dem nie abschliessbaren, deshalb auch nie eindeutig als erfolgreich oder nicht erfolgreich bestimmbaren Prozess des Reifens, des Sich-Entwickelns, des Sich-Wandelns, in dem es nicht so sehr auf das Tun im Sinne von Leistung ankommt, sondern auf das Zulassen, auf das Mit-sich-geschehen-Lassen, auf die immer umfassendere Menschwerdung unter bewusstem Einschluss der leidvollen Erfahrungen des Lebens. Würde (im eudämonistischen Sinn kontingenter Handlungswürde) kann sich dann nicht nur in dem äussern, was wir aktiv steuernd tun und gestalten, sondern auch in der Art und Weise, wie wir für das offen sind, was uns ergreift und mit uns geschieht. So kann Reifung jenseits alles krampfhaft Machbaren Ausdruck einer immer umfassenderen, aber nie vollendbaren Menschwerdung sein, die nicht zu einem «erfolgreichen», wohl aber zu einem «erfüllten Altern» beiträgt. Ich ziehe es

76   G. Schneider-Flume (2004), 11.
77   http://www.seniorentreff.de/diskussion/threads8/thread439.php
     (15.10.2008)

mit Pasqualina PERRIG-CHIELLO[78] vor, von «erfülltem» statt von «erfolgreichem Altern» zu sprechen. Mit diesem Begriff beschreibt auch Wilhelm SCHMID in der Tradition eudämonistischer Philosophie das Ziel aller Lebenskunst: «Lebenskunst kann [...] heissen, sich ein schönes Leben zu machen, im Sinne von: Das Leben bejahenswerter zu machen. [...] Dieses Leben besteht nicht nur aus Glücksmomenten, die Widersprüche sind aus ihm nicht ausgeschlossen [...]; es handelt sich nicht unbedingt um das, was man ein leichtes Leben nennt, eher um eines, das voller Schwierigkeiten ist, die zu bewältigen [...] sind, voller Widerstände, Komplikationen, Entbehrungen, Konflikte, die ausgefochten oder ausgehalten werden – all das, was gemeinhin nicht zum guten Leben und zum Glücklichsein zählt. Erst in der Bedrängnis leuchtet das Schöne.»[79] Und erst im Zulassen des Lebens mit seiner Lust und seiner Last vollziehen sich die Reifungsprozesse, die das Alter erfüllt – und in diesem eudämonistischen Sinne: würdig – sein lassen.

2.7 Würde als Paradigma einer humanen Alterskultur

Dem Würde-Argument ergeht es eigenartig in der gegenwärtigen Diskussion. Auf der einen Seite berufen sich viele – gerade etwa in emotionalen politischen Debatten – mit Nachdruck auf die Würde: die des Menschen, des Embryos, des Sterbenden usf. Vor einiger Zeit hat der WWF-Forstexperte Michael EVERS sogar die ökologische Forderung aufgestellt, die europäischen Wälder müssten «in Würde alt werden dürfen»![80] Und ein Artikel in der NZZ am Sonntag über neue

---

78   P. PERRIG-CHIELLO (2005), 9.
79   W. SCHMID (2000), 179f.
80   So in einer WWF-Pressemitteilung vom 25.10.04 (http://www.wwf.de/presse/details/news/waelder_sollen_in_wuerde_altern/).

Automodelle pries vor einiger Zeit den neuen Citroën C6 mit den Worten: «Ein Wagen wie ein Bordeaux-Wein: Der C6 wird, so viel ist bereits vor seinem Début auf unseren Strassen klar, in Würde altern.»[81] Angesichts dieses inflationären, oft schlagwortartig-unreflektierten Gebrauchs des Würde-arguments haben andere die Meinung vertreten, das Argument mit der Würde tauge überhaupt nichts, weil der Begriff der Würde, insbesondere der der Menschenwürde, nicht klar definierbar sei und viele Fragen sowieso nicht lösen könne. Vielmehr verunmögliche der schnelle Rückzug auf diese Letzt-kategorie der Menschenwürde ein weiteres Ausdiskutieren der anstehenden Fragen und breche die ethische Auseinander-setzung vorzeitig ab.

Diese Kritik ist ernst zu nehmen. Dennoch sollte man das Kind nicht mit dem Bade ausschütten und die Rede von der menschlichen Würde im normativen, inhärenten Sinn von Menschenwürde, im kontingenten Sinn des menschenwür-digen Umgangs miteinander oder im eudämonistischen Sinne als Ausdruck einer Kunst des guten Lebens nicht einfach der argumentativen Beliebigkeit anheimgeben. Es scheint mir evi-dent, dass sich an der Art, wie wir über die Würde des Men-schen sprechen, denken und im Blick auf sie fühlen sehr viel abzeichnet und entscheidet. Hier kommen grundlegende Fra-gen unseres Menschenverständnisses aufs Tapet und wir tun gut daran, uns ernsthaft darüber Klarheit zu verschaffen, wie wir es denn mit der Würde des Menschen, insbesondere des alten, hochbetagten, kranken und sterbenden Menschen hal-ten. Zu viel steht dabei auf dem Spiel, geht es doch um nichts weniger als die Frage, wie wir auch in Zukunft eine Kultur des intergenerationellen Miteinanders und des Umgangs mit der wachsenden Zahl von alten, hochbetagten Menschen le-

---

81   NZZ am Sonntag vom 20.03.05, 113.

bendig erhalten können, die die Bezeichnung ‹human› verdient. Darum kann die Besinnung auf die menschliche Würde durchaus ein Fundament oder einen Rahmen hergeben für eine aktuelle, humane Alterskultur.

Der grundlegende Ansatz: Anti-Aging oder Pro-Aging?

Zum Umgang mit dem Phänomen Langlebigkeit

3.1 Das Problem des Alterns

Eines der fundamentalen Probleme, die uns die wissenschaft-
lich-kulturelle Entwicklung unserer westlichen Gesellschaften
gebracht hat, besteht darin, ein sinnvolles *Verständnis* des Alterns und ein lebensdienliches *Verhältnis* zum Altern zu gewinnen. Dem ersten Aspekt widmet sich die gerontologische
Forschung. Der zweite Aspekt betrifft eine mehr existenzielle,
philosophische und sozial-politische Aufgabe, mit der wir uns
angesichts der vorherrschenden Mentalität, die ganz von den
Idealen der Leistung, des Erfolgs, der Autonomie und Machbarkeit einerseits, der Gesundheit und Jugendlichkeit andererseits geprägt ist, eher schwer tun.

Die Situation ist paradox: Unsere durchschnittliche Lebenserwartung nimmt ständig zu, wir werden immer älter
und gehören zu den Ersten, für die der Menschheitstraum der
Langlebigkeit anfängt, empirische Wirklichkeit zu werden –
und während wir das als grossartige kulturelle Errungenschaft
feiern, entwerten wir das Alter gleichzeitig und lehnen es ab.[1]

---

*   Eine stark gekürzte Fassung dieses Kapitels erschien unter dem Titel: «Anti-
Aging oder Pro-Aging? Zur Frage des Umgangs mit dem Phänomen der
Langlebigkeit» in: Wege zum Menschen 59 (2007) 476–490.

1   Ch. Grefe (2003), 133 hält fest: «Jeder will alt werden, niemand will alt
sein: Der Satz, gern Oswald Kolle zugeschrieben, umfasst das ganze span-
nungsgeladene, in den Medien vielfältig geschürte Potential der Angst vor
Unvollkommenheit und Einsamkeit, für das ‹alt aussehen› das Symbol ist.

James HILLMANN hat es auf den Punkt gebracht: «Je länger wir leben, desto weniger sind wir wert.»[2] Wenn Lucian BOIA feststellt, dass das Streben nach Langlebigkeit zu einer «véritable obsession» und zu einem Kennzeichen unserer Zeit geworden ist[3], so wäre das allerdings dahingehend zu präzisieren, dass diese Obsession nicht einer Verlängerung des Alters gilt, sondern einer Verlängerung der Jugend gemäss dem Slogan der Anti-Aging-Bewegung: «Forever young!»[4] Es ergibt sich ein eigenartiges Bild: immer mehr ältere Menschen, die immer noch älter werden und zugleich den Wunsch haben nach immer mehr Jugendlichkeit![5] Dabei dürfte mit Jugend(lichkeit) weniger die Lebensphase der Adoleszenz oder des Anfangs des Erwachsenenalters gemeint sein, als vielmehr die Zeit der Blüte des Erwachsenenalters, da man sich bereits eine gewisse gesellschaftliche Position errungen, aber noch viele offene Optionen vor sich hat und sich im Vollbe-

---

Ihrer Bekämpfung hat sich ein täglich wachsender medizinischer und pharmazeutischer Klerus aus Anti-Aging-Päpsten und -Vikaren mit neuer Rigorosität geweiht.»

2   J. HILLMANN (2001), 52. HILLMANN ist sogar der Auffassung, «ein unterschwelliges Motiv in der Erforschung des Alters [sei] der Drang, es loszuwerden, als wäre es ein Krebs» (ebd., 13). Wenn die Anti-Aging-Bewegung in weiten Teilen Altern als eine Krankheit versteht, die es zu bekämpfen gilt, ist die von HILLMANN geäusserte Einschätzung der Lage mindestens für einen grossen Teilbereich der sich heutzutage mit dem Alter beschäftigenden Akteure nicht von der Hand zu weisen. Auch F. SCHIRRMACHER (2004), 134 bringt diese eigenartig schizophrene Einstellung in unserer Gesellschaft auf den Punkt: «Altern ist, in den Augen der Gesellschaft, teuer und unproduktiv, aber wir tun alles, um noch länger zu altern. Altern ist das künftige Problem der ganzen Welt. Längere Lebenserwartung verschärft das Problem. Und wir lesen, wie Wissenschaftler täglich von neuen Erfolgen bei der [...] Ausdehnung der Lebensspanne berichten.»

3   L. BOIA (1998), 9.

4   Vgl. etwa das Buch des deutschen Anti-Aging-Pioniers M. KLENTZE, *Für immer jung durch Anti-Aging* (2001). Nach B. KLEINE-GUNK (2003), 6 scheint diese Parole zu nichts weniger als zum Motto eines ganzen Zeitalters zu werden.

5   H. STOFF (2004), 505.

sitz seiner Kräfte fühlt. Die Schriftstellerin Monika MARON hat diese Sehnsucht wohl treffend zum Ausdruck gebracht: «Natürlich will ich, was alle wollen: Ich will lange leben; und natürlich will ich nicht, was alle nicht wollen: Ich will nicht alt werden. […] Ich würde […] auf das Alter lieber verzichten. Einmal bis fünfundvierzig und ab dann pendeln zwischen Mitte Dreissig […] und Mitte Vierzig, bis die Jahre abgelaufen sind; so hätte ich die mir zustehende Zeit gerne in Anspruch genommen.»[6]

Lange leben zu können, ohne alt werden zu müssen, das ist das Programm, mit dem sich seit letztem Jahrhundert eine globale Anti-Aging-Bewegung formiert und zu einem riesigen, boomenden Markt entwickelt hat. Ihr Erfolg liegt sicher darin, dass sie mit ihrer Botschaft einerseits an eine uralte, in uns verwurzelte Gerontophobie, also einer Angst vor dem Altern appelliert, die Frank SCHIRRMACHER als «ein tief sitzendes biologisches Programm» charakterisiert,[7] und dass sie andrerseits an archetypische Sehnsüchte der Menschheit nach Unsterblichkeit anknüpft. Eine Erinnerung an ein paar historische Wegmarken mag nützlich sein, um die historische, psychologische und religiöse Tiefendimension der aktuellen Debatte um Langlebigkeit und Anti-Aging ermessen zu können.

---

6   M. MARON (2002), 22, 26. Es handelt sich hierbei um die am wenigsten realistische der fünf Varianten von Lebensverlängerung, die A. W. MÜLLER (2004) beschreibt, nämlich um die «Noch-einmal-Variante», die historisch an die Vorstellung vom Jungbrunnen anknüpft, in den man hineinsteigt, um verjüngt wieder aus ihm herauszusteigen (163). Dass dieses Wunschbild einem Archetypus entspricht, mag an einer Erzählung des Historikers Diodorus SICULUS aus der griechischen Antike greifbar werden. Ihm zufolge soll ein griechischer Reisender auf einer Insel im indischen Ozean Menschen angetroffen haben, die erst mit 150 Jahren starben und bis kurz vor ihrem Tod eine gute Gesundheit und Jugendlichkeit bewahrt hatten (L. BOIA [1998], 21). Es spricht darum einiges für die Ansicht des Mediziners G. JACOBI (2005b), 4, «der Wunsch, immer älter zu werden und sich dabei jung zu fühlen, [sei] menschimmanent.»

7   F. SCHIRRMACHER (2004), 162.

3.2 Langlebigkeit – Unsterblichkeit: vom religiösen Mythos zum wissenschaftlichen Programm der Biogerontologie

Dass menschliches Leben endlich ist, dass es wie alle anderen Kreaturen auch die Signatur der Sterblichkeit an sich trägt – und zwar so sehr, dass die alten Griechen den Menschen als «Sterblichen» schlechthin bezeichnen konnten – das war den Menschen zwar immer schon bewusst, aber zugleich Gegenstand einer Irritation, die sie zuweilen gerne verdrängen.[8] Offenbar gehört zum Menschsein eine tiefsitzende Unzufriedenheit mit von der Natur vorgegebenen Grenzen und ein brennendes Verlangen, solche Grenzen zu überschreiten.[9] Jedenfalls stellen S. Jay OLSHANSKY & Bruce A. CARNES fest, dass «das Streben nach Unsterblichkeit, der Kampf gegen Krankheit und die Angst vor dem Tod die Menschheit schon seit Jahrtausenden beschäftigen. [...] Die immer während Frage nach der Unsterblichkeit stellt sich über alle geografischen, kulturellen und zeitlichen Grenzen hinweg.»[10] Ein paar geschichtliche Hinweise zur Verdeutlichung müssen genügen.[11]

---

8   S. FREUD (1981), 341 sah in der Moderne eine Tendenz, «den Tod beiseite zu schieben, ihn aus dem Leben zu eliminieren. [...] Im Grunde glaubt niemand an seinen eigenen Tod».

9   *Beyond Therapy* (2003), 10f. So stellt denn der Bericht auch im Blick auf das Altern einen «nearly universal desire to defy or to stop it» fest (ebd., 160).

10   S. J. OLSHANSKY & B. A. CARNES (2002), 12, 20.

11   Für einen Überblick von den Anfängen der Zivilisation bis 1800 n. Chr. vgl. G. J. GRUMAN (1966). Für die Zeit vom späten 19. bis Mitte 20. Jahrhundert vgl. H. STOFF (2004). Als neuster Überblick über Anti-Aging von der Antike bis zur Moderne empfiehlt sich R. M. TRÜEB (2006).

3.2.1 Der Traum von Langlebigkeit und Unsterblichkeit in der Geschichte

Bereits das babylonische Gilgamesch-Epos, eines der ältesten literarischen Dokumente der Menschheit, berichtet von der vergeblichen Suche von König Gilgamesch, der um 3000 v. Chr. über das südliche Mesopotamien regiert haben soll, nach Unsterblichkeit. Und ein ägyptischer Papyrus von ca. 1600 v. Chr. gibt Anweisungen zur Herstellung einer Verjüngungssalbe, mittels der aus einem alten Mann wieder ein junger von 20 Jahren gemacht werden könne[12] – das wohl älteste Dokument eines Anti-Aging-Rezeptes! In China entwickelten die Anhänger des Taoismus im 3. Jahrhundert v. Chr. ein systematisches Programm der Lebensverlängerung.[13] Viel später vertraten im Abendland die Alchemisten[14] ihre Vision eines Jungbrunnens, die Lukas CRANACH d. Ä. 1546 – selbst schon 74-jährig – in seinem berühmt gewordenen Gemälde «Bad der Frauen im Jungbrunnen» darstellte.[15] Diese Vision war es denn auch, die den Konquistador PONCE DE LEÓN 1513 nach Florida brachte, wo er zwar keinen Jungbrunnen entdeckte, wohl aber die Gegend, die im 20. Jahrhundert zum bevorzugten Alterssitz betuchter Amerikaner werden sollte![16]

Handelte es sich in all diesen Texten und Versuchen noch weitgehend um mythisch-magisch-alchemistische Ausdrucksformen des urmenschlichen Wunsches nach Lebensverlängerung, so führen Überlegungen aus dem 13. Jahrhundert wie die des englischen Franziskaners Roger BACON, genannt *doctor admirabilis*, bereits an die Schwelle zu einer wissenschaft-

---

12   R. H. BINSTOCK & St. G. POST (2004), 1.
13   S. J. OLSHANSKY & B. A. CARNES (2002), 27–30; G. J. GRUMAN (1966), 28–49.
14   G. J. GRUMAN (1966), 49–68.
15   B. MAHR (2003), 83.
16   H. STOFF (2004), 11; W. M. BERTLING (2006), 9.

lichen Beschäftigung mit der Frage der Lebensverlängerung.[17] Bei René DESCARTES im 17. Jahrhundert schliesslich stossen wir auf ein Verständnis von Wissenschaft, das die Bekämpfung der Seneszenz, also des Alterungsprozesses, neben der Therapie von Krankheiten zu einem eigenen Ziel der Medizin erhebt.[18] Auf diesem Fundament konnte dann Ende des 18., Anfang des 19. Jahrhunderts der königlich-preussische Hofarzt Christoph Wilhelm HUFELAND seine «Makrobiotik, oder die Kunst, das menschliche Leben zu verlängern» entfalten.[19]

3.2.2 Langlebigkeit als Gegenstand biogerontologischer Forschung

Manche Theorien und Methoden zur angeblichen Lebensverlängerung etwa im 19. Jahrhundert entbehrten nicht einer gewissen Spektakularität[20] und vermochten durchaus einen Kreis einschlägig Interessierter um sich zu scharen. Das Thema der Lebensverlängerung blieb aber bis in die jüngste Zeit aufs Ganze gesehen ein Gebiet, das aus der Perspektive etablierter Wissenschaft nicht wirklich ernst genommen wurde und mit dem Nimbus des Romanhaft-Utopischen oder der Quacksalberei behaftet war. Das änderte sich erst mit der zweiten Hälfte des letzten Jahrhunderts, als die biogerontologische Forschung beachtliche Fortschritte erzielte. So gelang es in Laborversuchen, die Lebenszeit von Tieren durch Techniken etwa der Kalorienreduktion oder der genetischen Manipulation drastisch zu verlängern. Hatte es die Biogerontologie anfänglich noch schwer, als seriöser Zweig am vielfältig verästelten Baum der Wissenschaften anerkannt zu werden,

---

17 L. BOIA (1998), 40f. BACON verfasste zwei Studien über «Die Behandlung des Alters» und über «Die Bewahrung der Jugendlichkeit».

18 R. DESCARTES (1902), 60–65.

19 L. BOIA, (1998), 62–65. HUFELAND gilt als der berühmteste Vorreiter einer modernen Anti-Aging-Medizin.

20 Vgl. die umfangreiche Studie von H. STOFF (2004).

konnte sie sich vor allem in den USA zunehmend als ernst zu nehmende Disziplin etablieren, wobei mit der Gründung des *National Institute on Aging* 1974 ein Meilenstein gesetzt war. Nun galt die biogerontologische Erforschung des Alternsprozesses und der Möglichkeiten seiner Modifizierung im Sinne einer gesteigerten Langlebigkeit offiziell als zum *mainstream* naturwissenschaftlicher Forschungsgebiete gehörig und konnte von grosszügiger finanzieller Unterstützung durch öffentliche und private Gelder profitieren.

Der Historiker Gerald J. GRUMAN prägte 1955 für dieses Streben nach ausgeprägter Langlebigkeit den Begriff der *«prolongevity»* bzw. des *«prolongevitism»*,[21] der sich inzwischen durchgesetzt hat. Versucht man, die grundlegenden Vorstellungen solcher *prolongevity* in der heutigen Biogerontologie zu erfassen, kann man grob drei verschiedene Ansätze unterscheiden:[22]

1. Der Ansatz der *verdichteten Morbidität (compressed morbidity)*: Er geht auf den Stanforder Mediziner James F. FRIES zurück, der erstmals 1980 in einem Artikel[23] darlegte, dass es darum geht, die Zeitspanne von Krankheit und Pflegeabhängigkeit im Alter zu reduzieren und die Zahl der gesunden Jahre zu vermehren[24], was eine Erhöhung der durch-

---

21 G. J. GRUMAN (1966), 3, 6–9. GRUMAN definiert *longevity* als «the belief that it is possible and desirable to extend significantly the length of life by human action» und fügt bei: «A concept like prolongevity reflects almost equally the influence of philosophy, religion, science, and medicine» (3). Er unterscheidet zwischen einem *radical prolongevitism,* dessen Ziel im «attainment of virtual immortality and eternal youth» besteht, und einem *moderate prolongevitism,* der sich mit dem Ziel einer beschränkten Lebensverlängerung begnügt, die aber immer noch die Grenze von 100 Jahren für die durchschnittliche Lebenserwartung übersteigt (7f.).

22 Zum Folgenden vgl. R. H. BINSTOCK (2006), 436f.; R. H. Binstock & St. G. POST (2004), 2–4; C. AU (2006), 8.

23 J. F. FRIES (1980).

24 Diese Entwicklung ist bereits Realität. So schreiben F. HÖPFLINGER & V. HUGENTOBLER (2003), 12: «Frauen und Männer leben heute nicht nur

schnittlichen Lebenserwartung, nicht aber der maximalen Lebensspanne einschliesst.[25]

2. Der Ansatz des *verlangsamten Alterns (decelerated aging):* Hier geht es darum, den Alternsprozess generell zu verlangsamen, so dass 90-Jährige möglicherweise einmal gesundheitlich und von ihrer Vitalität her wie heutige 50-Jährige sein werden. Die Phase der Hochaltrigkeit mit ihren vermehrten Krankheitsrisiken würde dadurch nicht verringert, sondern einfach hinausgeschoben, was zu einer Verlängerung der durchschnittlichen Lebensdauer und möglicherweise auch der maximalen Lebensspanne führen dürfte.

3. Der Ansatz des *aufgehaltenen* oder *umgekehrten Alterns (arrested* oder *reversed aging):* Hier wird angenommen, es werde möglich sein, den Alternsprozess zu stoppen, ja sogar rückgängig zu machen im Sinne einer Verjüngung alter Menschen, die – so die radikalsten Vertreter dieses Ansatzes – zu einer «negligible senescence» (Aubrey D. N. J. DE GREY), mithin zu einer faktischen Unsterblichkeit führen könnte.[26]

---

länger, sondern sie bleiben auch länger behinderungsfrei als frühere Generationen. Zwischen 1981/82 und 1997/99 erhöhten sich die behinderungsfreien Lebensjahre bei Frauen um gut fünf Jahre, während sich die Lebensjahre mit Behinderungen um zwei Jahre reduzierten. Bei den Männern erhöhten sich die behinderungsfreien Lebensjahre in der gleichen Periode um mehr als vier Jahre, wogegen sich die behinderten Lebensjahre um ein halbes Jahr reduzierten.»

25 Die maximale Lebensspanne wird derzeit oft mit rund 120 Jahren angenommen. Das entspricht in etwa dem, was man nach gesicherten Daten als längste je erreichte Lebensspanne von Menschen kennt: Die Frau mit dem höchsten bisherigen Lebensalter war mit 122,5 Jahren die Französin Jeanne CALMENT (21.02.1875–04.08.1977); bei den Männern liegt der Rekord bei den 120,5 Jahren des Japaners Shigechiyo IZUMI (29.06.1865–21.02.1986) (Wikipedia, «Ältester Mensch», 3f.).

26 DE GREY geht davon aus, dass das Altern beliebig hinausgezögert oder rückgängig gemacht werden könnte, was faktisch zu so etwas wie Unsterblichkeit führen würde. Für die nächste Zukunft erwartet DE GREY allerdings erst einmal eine Ausdehnung der Lebenserwartung auf etwa 150 Jah-

Darin scheinen sich die meisten Vertreter heutiger Bio-gerontologie zwar einig zu sein, «dass es zur Zeit nach aktu-ellem Kenntnisstand keinerlei Verfahren oder Therapien gibt, die wissenschaftlich fundiert den biologischen Alterungs-prozess beim Menschen hinauszögern, aufhalten oder gar umkehren könnten».[27] Gleichzeitig wird aber angesichts der bereits erfolgreich in Tierversuchen durchgeführten Mass-nahmen zur Lebensverlängerung auch von eher zurück-haltenden Wissenschaftern damit gerechnet, dass in den nächsten Jahrzehnten auch im Blick auf Anwendungen am Menschen ein eigentlicher Durchbruch in der Langlebig-keitsforschung erzielt werden könnte. So verweist etwa Ro-bert ARKING auf «scientific evidence that strongly suggests that longevity extension is presently a real if somewhat limited phenomenon in the laboratory but one that will move out into the larger society over the next generation»[28] – eine Gesell-schaft notabene, die auf die Auswirkungen, die die Möglich-keit einer solchen Lebensverängerung hätte, noch überhaupt nicht vorbereitet ist. Denn so viel scheint klar: Es würde kaum einen gesellschaftlichen Lebensbereich geben, in dem sich nicht grundlegende Veränderungen abzeichnen würden.[29]

---

re, in späteren Schritten könnte sie dann bis zu 1000 Jahren (!) ausgeweitet werden (R. H. BINSTOCK & ST. G. POST (2004), 3f.).

27 C. AU (2006), 8.

28 R. ARKING (2004), 177. In ähnlichem Sinn ist W. M. BERTLING (2006), 195 überzeugt, dass «wir länger leben werden: 100 Jahre ohne neue For-schungsergebnisse in der Biotechnologie, 115 und bald auch 130 Jahre mit-hilfe neuer Erkenntnisse in den Lebenswissenschaften. Und dies bei besse-rer Gesundheit und höherer Lebensqualität. [...] 130 Lebensjahre sind eine realistische Vorhersage – nicht nur eine schöne Zukunftsvision.»

29 Chr. OVERALL (2004), 290 ist der Meinung, grössere Langlebigkeit als weit verbreitetes soziales Phänomen würde eine Neudefinition zahlreicher zen-traler Konzepte wie: Familienpflichten, Paarbeziehung, Generationenbezie-hungen, gesellschaftliche Solidarität etc. verlangen und geradezu die Ent-wicklung eines neuen Moralsystems nötig machen. Und der amerikanische Bericht des President's Council on Bioethics gibt zu bedenken: «Scientists

Dabei ist zwischen zwei «Langlebigkeits-Revolutionen» unterschieden worden[30]: Die erste besteht in dem Prozess, der durch verbesserte sozio-kulturelle Rahmenbedingungen und eine hochentwickelte medizinische Versorgung zu der stetigen Zunahme der Langlebigkeit geführt hat, wie wir sie heute kennen. Im Rahmen dieses primär reparativen und präventiven Modells funktioniert auch der Ansatz der Morbiditäts-Kompression. Die zweite Langlebigkeits-Revolution wird auf der Grundlage von wissenschaftlichen Einsichten erfolgen, die im Sinne einer *Enhancement*-Medizin gestatten, Eingriffe in die genetische Konstitution des Menschen vorzunehmen und den Alterungsprozess, die menschliche Seneszenz, zu modifizieren. In diesem Horizont arbeiten die Ansätze des verlangsamten und v. a. des aufgehaltenen bzw. umgekehrten Alterns.

3.2.3 Langlebigkeit oder Unsterblichkeit?

Angesichts dieser Perspektiven stellt sich die Frage, welches Mass an Langlebigkeit eigentlich wünschbar wäre. Erst 115, dann 130 Jahre, wie Wolf M. BERTLING meint[31]? Oder zuerst 120, dann bis zu 600 Jahren, wie der Nuklearphysiker und Spezialist für Fragen der Lebensverlängerung an der Universität Bordeaux, Gabriel SIMONOFF, denkt[32]? Darüber gibt es inzwischen eine breite, kontroverse Diskussion. Einleuchtend begründbare Antworten sind nicht leicht zu finden. Wenn es besser ist, erst mit 70, mit 80 oder 90 zu sterben als schon mit 40 oder 50, warum sollte es dann nicht ebenso wünsch-

---

may indeed in the future be able to retard the human aging process and extend both the maximum and average human lifespan. Even if the prospect is not imminent, it may not be too early to begin considering its potential implications» (*Beyond Therapy* [2003], 181).

30 S. J. OLSHANSKY & B. A. CARNES (2002), 113f.

31 W. M. BERTLING (2006), 195.

32 L. BOIA (1998), 149f.

bar sein, das Leben noch weiter zu verlängern bis 100, 110 oder 130?[33]

Zu bedenken ist, dass die Frage, um welche Zeitspanne eine weitere Lebensverlängerung noch wünschbar wäre, letztlich gar nicht beantwortbar ist, weil sie logisch keinen denkbaren Endpunkt kennt. Der amerikanische President's Council on Bioethics schreibt in seinem Bericht zu Recht: «There is no obvious end-point to the quest for ageless bodies: after all, why should any lifespan, however long, be long enough? In principle, the quest for any age-retardation suggests no inherent stopping point, and therefore, in the extreme case, it is difficult to distinguish it from a quest for endless life.»[34] Denn der Wunsch nach Lebensverlängerung wird mit jeder Erfüllung, die er erfährt, erneut generiert. «Wenn nämlich Lebensverlängerung *als solche gut und wünschenswert* ist, so werde ich tendenziell in dem wunschgemäss verlängerten Leben jeweils weitere Verlängerung wünschen. *Derselbe* Wunsch wird also jeweils mit-‹verlängert›. Er wird niemals *weniger unerfüllt* sein als zuvor.»[35] Letztlich verbirgt sich hinter dem Wunsch nach Lebensverlängerung immer eine Sehnsucht, die alles Irdisch-Begrenzte grundsätzlich transzendiert: der Wunsch nach Unsterblichkeit und nach einem ewigen Leben.[36] Damit verbunden ist das unausgesprochene Empfin-

---

33   Chr. OVERALL (2003), 12.
34   *Beyond Therapy* (2003), 162. L. R. KASS, der Moderater des Presdient's Council on Bioethics, doppelt in einem eigenen Artikel nach: «For most of us, especially under modern secular conditions in which more and more people believe that this is the only life they have, the desire to prolong the life span (even modestly) must be seen as expressing a desire *never* to grow old and die» (L. R. KASS [2004], 310).
35   A. W. MÜLLER (2004), 178.
36   L. BOIA (1998), 10: «La signification d'une vie prolongée dépasse la simple accumulation des années. [...] La longévité, au sens mythique du mot, se présente comme l'antichambre de l'immortalité.»

den, man habe als Mensch mehr und Besseres verdient als den Tod![37]

3.2.4 Der religiöse Hintergrund der modernen Frage nach Lebensverlängerung

Man kann das Pathos der heutigen Debatte um Lebensverlängerung, ja die «hektische wissenschaftliche Suche nach den biochemischen Schlüsseln [der Unsterblichkeit]»[38] kaum verstehen, ohne sich ihre ursprünglich religiösen Wurzeln bewusst zu machen. Stephen G. Post hat unter Bezugnahme auf einen Artikel von Gerald J. Gruman darauf hingewiesen, wie sehr das moderne Bestreben nach Lebensverlängerung in der alten religiösen Hoffnung auf eine Erlösung vom Tod wurzelt, den man als Strafe für den Sündenfall Adams und als Erzfeind verstand und der nicht als zum natürlichen Leben gehörig akzeptiert werden konnte, sondern einmal von Gott selbst bekämpft und überwältigt werden muss.[39] Mit dem Aufkommen moderner Wissenschaft in der Renaissance wurde diese religiöse Erwartung säkularisiert, der Mensch übernahm die früher Gott zugedachte Rolle und machte sich daran, Altern und Tod mit wissenschaftlichen Mitteln zu überwinden und Unsterblichkeit nicht erst im Himmel, sondern bereits

---

37 H.-J. Höhn (2004), 9 sagt es pointiert: «Jeder Mensch wird nicht erst in der Todesstunde zum Sterblichen, sondern ist es von Geburt an schon. [...] Das weiss jeder Mensch – und nur wenige glauben es. Die meisten glauben, etwas Besseres als den Tod verdient zu haben.» Klassisch beweist das die kanadische Philosophin Chr. Overall (2003), 5, eine explizite Befürworterin von biologisch-sozialpolitischen Massnahmen zur Lebensverlängerung, wenn sie bekennt: «In general, I say that human beings do not deserve to die.»
38 S. J. Olshansky & B. A. Carnes (2002), 144.
39 Zur Problematik und zur Unhaltbarkeit dieses theologischen Todesverständnisses vgl. K.-P. Jörns (2006), 266–285; H. Rüegger (2006), 42–47, 59–67.

auf Erden zu suchen.[40] «Die vertikale Bewegung der Auferstehung im Jenseits wird in die Horizontale des Diesseits verlegt. Ewige Schönheit, ewige Gesundheit und ewige Jugend sollen schon hier [...] erreicht werden. Den Naturwissenschaften und der Medizin werden diese Ziele übergeben, sie gewinnen aus ihnen ihre [...] grenzenlose Dynamik.»[41]

3.3 Konkurrenz: die Anti-Aging-Bewegung

Während sich die Biogerontologie als hochkomplexe wissenschaftliche Grundlagenforschung entwickelte und eher eine Sache für eingeweihte Fachleute blieb, erwuchs ihr, ausgehend von den USA, eine Konkurrenz, die für mancherlei Irritationen sorgte: die Anti-Aging-Bewegung.[42]

3.3.1 Heterogene Bewegung und medizinisch-industrieller Komplex

Anti-Aging ist zu einem ebenso diffusen wie erfolgreichen Modebegriff geworden, den sich alle möglichen Akteure auf die Fahne schreiben, weil er seit einiger Zeit *en vogue* ist.[43] Unter dem Oberbegriff Anti-Aging situieren sich so unterschiedliche Phänomene wie Schönheitschirurgie, pharmazeutisch-kosmetische Produkte insbesondere im dermatologischen Bereich, Ernährungs- und Life-style-Beratung, Angebote im Fitness- und Wellnesssektor sowie mehr oder weniger obskure

---

40   St. G. Post (2004), 82–84.
41   D. v. Engelhardt (2006), 243. Entsprechend wurde das goldene Zeitalter der Langlebigkeit aus der mythisch-fernen Vergangenheit in die wissenschaftlich zu gestaltende Zukunft verlegt: «L'age d'or se trouve simplement projeté dans l'avenir et l'homme prend la place du Créateur, tandis que le noyau dur du mythe reste invariable: longévité, immortalité, jeunesse [...]» (L. Boia [1998], 166).
42   Vgl. hierzu H. Rüegger (2007), v. a. Kap. 4.2.
43   C. Au (2006), 8.

Mittelchen östlicher oder esoterischer Provenienz, die eine lebensverlängernde Wirkung zu haben beanspruchen und u. a. per Internet eine interessierte Kundschaft finden. Was sich als ein stark wachsender globaler Markt darstellt, trägt Züge sowohl einer heterogenen Zeitgeist-Bewegung als auch eines medizinisch-industriellen Komplexes.[44] Dass es inzwischen auch Literatur zum Thema Anti-Aging für Haustiere gibt,[45] zeigt die Popularität dieser Anti-Aging-Kultur. Wenn das medizinische «Kursbuch Anti-Aging» von Günther JACOBI et al. sich allerdings genötigt sieht, bereits im Vorwort darauf hinzuweisen, dass unter dem Label Anti-Aging «durch schonungslose Profitgier eine Branche prosperiert, die sich antreibt von schönen, unbegründeten Versprechungen»[46], so wird deutlich, dass sich auf diesem Feld Akteure mit sehr unterschiedlichen Interessen tummeln.[47] Gemeinsam ist ihnen die Grundüberzeugung, dass Altern etwas Negatives, etwas Pathologisches ist, gegen das man durch Prävention und Therapie ankämpfen muss (darum das programmatische «Anti-»!).

Anti-Aging in seinen verschiedensten Formen, insbesondere im medizinischen und paramedizinischen Bereich, hat sich in den letzten Jahren nicht nur in den USA, sondern auch im deutschsprachigen Raum ausgebreitet und nach Mone SPINDLER «vergleichsweise unbemerkt institutionalisiert».[48] Gründe für den erstaunlichen Boom der Anti-Aging-Kultur gibt es viele: etwa der in unserer Gesellschaft vorherrschende

---

44 G. JACOBI (2005c), vi.
45 J. M. SIMON & ST. DUNO (1998).
46 G. JACOBI (2005c).
47 M. PETERS (2008), 16–25 unterscheidet zwischen einem sehr fragwürdigen, Illusionen erzeugenden ideologischen Erscheinungsbild von Anti-Aging und einem berechtigten sachlichen Kern, der im Aufweis von Möglichkeiten der Prävention altersbedingter Gesundheitsprobleme besteht.
48 M. SPINDLER (2006), 11.

Juvenilitätskult oder Jugendlichkeitswahn[49]; die Tatsache, dass mit der Baby-Boomer-Generation[50] in den kommenden Jahren zum erstenmal eine Generation in den Ruhestand tritt, die ihre Identität in einer ausgeprägten Jugendkultur gefunden hat und es deshalb schwer haben dürfte, sich mit der Situation des Altwerdens abzufinden. Ein weiterer Grund könnte in den zunehmend ins gesellschaftliche Bewusstsein tretenden ökonomischen Problemen liegen, die die Sozialversicherungen in den kommenden Jahren haben werden, wenn immer weniger Erwerbstätige immer mehr möglicherweise pflegeabhängige Rentnerinnen und Rentner materiell absichern sollen. Schliesslich erleben heutige und künftige Rentnergenerationen bereits die Realität einer ansehnlichen Langlebigkeit in unserer Gesellschaft, verbunden mit einer sozio-kulturellen Verjüngung des Alters – sollte da Anti-Aging nicht so etwas wie die verstärkte Fortsetzung einer positiven Dynamik sein, deren Erfolg die vergangenen Jahrzehnte bereits erwiesen haben? Natürlich haben auch die Berichte über neuere wissenschaftliche Entdeckungen im Blick auf Möglichkeiten der Lebensverlängerung das Interesse an der Anti-Aging-Thematik geweckt.

3.3.2 Anti-Aging-Medizin

Besondere Beachtung verdient die Entwicklung einer medizinischen Subdisziplin, die sich etwa seit den 1990er Jahren als Anti-Aging-Medizin etabliert hat. Die Vertreter dieser neuen medizinischen Sparte wird man in ihrer Seriosität

---

49 Psychiater haben dem Krankheitsbild eines solchen Jugendlichkeitswahns die Bezeichnung *Dorian-Gray-Syndrom* gegeben – nach dem Namen des Titelhelden in Oscar Wildes Roman, der dem Teufel seine Seele verkauft, um den Alterungsprozess nicht erleben zu müssen (B. Brosig [2006]).

50 Unter Baby-Boomern versteht man die zahlenmässig relativ starke Alterskohorte, die zwischen 1946 und 1964 geboren wurde und ab den kommenden Jahren in den Ruhestand zu treten beginnt.

sehr unterschiedlich bewerten müssen. Auf der einen Seite stehen Leute wie die Ärztin Margaretha ALRAM, die ein Buch mit einfachen Tipps darüber, wie man im Alter möglichst gesund bleiben kann, unter dem Obertitel publizierte: «Zehn Schritte zur Unsterblichkeit.»[51] Hier liegen die «schönen, unbegründeten Versprechungen» einer profitgierigen, die Sehnsucht gutgläubiger Leute ausnützenden Branche, von der Günther JACOBI et al. in ihrem Kursbuch Anti-Aging sprechen, auf der Hand. Auf der anderen Seite gibt es Vertreter einer Alters- und Präventivmedizin, die zwar unter dem Label der Anti-Aging-Medizin auftreten, sich aber weitgehend auf dem Boden traditioneller Geriatrie bewegen. Den meisten Anti-Aging-Positionen gemeinsam ist, dass sie von einem negativen, biologisch-medizinischen Verständnis des Alterns, also der Seneszenz, ausgehen[52] und Altern vornehmlich als Degenerationsprozess mit zunehmender körperlicher Disfunktionalität verstehen.[53] Altern ist – vom Ansatz einer Anti-Aging-Position her – im Prinzip eine Krankheit.[54]

Damit gewinnt eine Diskussion neue Relevanz, die schon eine lange Tradition hat. Bereits ARISTOTELES sah eine Ana-

---

51 M. ALRAM (2001).

52 H. B. STÄHELIN & G. STOPPE (2004), 88 stellen kritisch fest: «Gerade in der Medizin hält sich eine besonders negative Alterssicht.»

53 So definiert D. O. SCHACHTSCHABEL (2004), 167, 178 das Alter in human-biologischer Sicht als «gekennzeichnet durch stetig fortschreitende, nicht-umkehrbare Veränderungen (im Allgemeinen: Einschränkungen) der Funktionen und Strukturen von Organen des Organismus. Dieser Prozess geht einher mit einer zunehmenden Anfälligkeit für insbesondere chronische Krankheiten [...] und führt unausweichlich zum Tod.» Entsprechend sind «physiologische (biologische) und pathologische Prozesse im Alternsgang eng verwoben.»

54 M. ALRAM (2001) 427 weist in ihrem Buch darauf hin, woran man einen guten Anti-Aging-Arzt erkennen kann. Sie schreibt: «Die Ärztin oder der Arzt Ihres Vertrauens muss die Überzeugung ausstrahlen, dass ‹das Altern eine vermeidbare Krankheit ist›.»

logie zwischen Alter und Krankheit.[55] Und im alten Rom galt der Satz: *senectus ipsa est morbus* (das Alter selbst ist eine Krankheit). Heute vertritt etwa Arthur L. CAPLAN die Auffassung, Altern als biologischer Prozess besitze alle Kennzeichen einer Krankheit,[56] so dass er zur Schlussfolgerung gelangt, dass «there is nothing natural about aging and [...] aging is not a natural attribute of being human».[57] Wenn Altern, wie es die American Academy of Anti-Aging Medicine (A4M) behauptet, eine Krankheit ist, ist es auch zurecht Gegenstand eines präventiven und therapeutischen Intervenierens der Medizin. Wenn Altern nicht pathologisch ist, sondern ein integraler Bestandteil normalen Lebens, so ist es nicht Aufgabe der Medizin, dagegen anzukämpfen.

Anti-Aging-Medizin zeichnet die Überzeugung aus, dass man schon heute viel gegen das Altern – bzw. für das sog. Unaltern[58] – tun kann, wobei sich die Interventionen v. a. auf vier Bereiche konzentrieren[59]: 1. Lifestyle-Ratschläge zu gesunder Lebensführung (Essen, Bewegung, Schlaf etc.), 2. ästhetische Massnahmen (dermatologische Kosmetik und Schönheitschirurgie), 3. Nahrungsmittelergänzungen und 4. Hormonbehandlungen.

Auf die z. T. geradezu marktschreierisch erscheinenden Erfolgsverheissungen, mit denen kommerziell auftretende Anti-Aging-Vertreter ihre Produkte oder Interventionen anpreisen oder künftige Entwicklungen voraussagen,[60] reagierte die

---

55 ARISTOTELES verstand Krankheit als erworbenes bzw. künstliches Alter und Alter als natürliche Krankheit (M. FUCHS [2006], 360).

56 A. L. CAPLAN (2004), 281.

57 Ebd., 279, 283.

58 Von ‹Unaltern› wird gesprochen, wenn sich bei jemandem trotz zunehmendem kalendarischem Altern die Symptome des biologischen Alterns nicht zeigen (B. MAHR [2003], 84–86).

59 M. SPINDLER (2006), 11.

60 M. ALRAM spricht von heute schon möglichen Schritten zur Unsterblichkeit, während A. D. N. J. DE GREY von in Zukunft zu erwartender vernachläs-

eben erst in den Kreis der anerkannten Wissenschaftszweige aufgenommene Biogerontologie in den USA mit heftiger Kritik und Abgrenzung[61], weil sie negative Auswirkungen auf die Reputation ihrer eigenen Forschungsaktivitäten im Bereich der Langlebigkeit befürchtete. So kam es zu dem, was man zuweilen als «Krieg» der etablierten Biogerontologie gegen die Anti-Aging-Medizin bezeichnet.

Dieser Krieg ist allerdings durch zweierlei zu relativieren: Zum einen sind die Ziele der Anti-Aging-Medizin und diejenigen von Biogerontologen, die auf das Ziel hinarbeiten, das Alter aufzuhalten oder umzukehren (*arrested* bzw. *reversed aging*) gar nicht so verschieden.[62] Zum andern ist auch im Bereich der Anti-Aging-Medizin durchaus eine Bemühung zu seriöser, nüchterner Wissenschaftlichkeit und Distanzierung von extremen Erfolgsverheissungen zu beobachten. Beispiel dafür ist etwa das ‹Kursbuch Anti-Aging›, das sich (selbst) kritisch für ein «Anti-Aging in seiner ehrlichen Variante» (!) einsetzt, nämlich «in seiner wohlverstandenen medizinischen Präventivvariante». Hier geht es um nichts anderes als um präventive Verhaltensmedizin, die nicht das Altern als solches bekämpft, sondern altersassoziierten Beschwerden und Krankheiten vorbeugen will, und der ein «Zugewinn von Lebensqualität (= Vitalität, Leistungsfähigkeit) und nicht Lebensverlängerung *per se* als oberstes Gebot» gilt.[63] Letztlich

---

sigbarer Seneszenz spricht, die praktisch einer Unsterblichkeit gleichkommt und ein Alter erlaubt, das in die Tausende geht (A. D. N. J. DE GREY [2004], 265).

61 So z. B. mit dem Vorschlag, die auf dem *mainstream* biogerontologischer Forschung basierende Medizin im Unterschied zur Anti-Aging-Medizin als *Longevity-Medizin* zu bezeichnen.

62 H. R. BINSTOCK et al. (2006), 443 geben zu bedenken: «Even as they are attacking anti-aging medicine, many biogerontologists […] are attempting to achieve anti-aging effects that parallel and exceed those espoused by the anti-aging medicine movement.»

63 G. JACOBI (2005b), 8. Sie folgt damit dem Slogan: «Trying to add life to

geht es dieser Spielform von Präventivmedizin eigentlich gar nicht um ein wirkliches *Anti*-Aging, sondern um ein «gesundes Altern», um «Good Aging» oder «Pro-Aging»[64] – wobei man die Frage nicht unterdrücken kann, warum sich solche Medizin trotzdem den eindeutig negativ konnotierten Begriff des *Anti*-Aging auf die Fahnen schreibt.

3.4 Kritik am Anti-Aging-Paradigma

3.4.1 Juvenilitätskult und Altersverdrängung

Entgegen der Meinung, Altern sei als pathologisches Phänomen zu verstehen und zu behandeln, scheint mir wichtig daran festzuhalten, dass Altern (wie das Sterben auch) in einem fundamentalen biologischen *und* existenziellen Sinn grundsätzlich zum Menschsein gehört. Man kann das Altern hinauszögern und das Leben verlängern; aber das Ziel eines aufgehaltenen oder umgekehrten Alterns (*arrested* oder *reversed aging*) scheint mir unsinnig. S. Jay OLSHANSKY & Bruce A. CARNES ist zuzustimmen: «Die biologischen Uhren laufen immer nur in einer Richtung – vorwärts. […] Wer immer gegen das Älterwerden kämpft, wird stets unglücklich sein, denn es geschieht sowieso.»[65] Und selbst wenn es möglich wäre,

---

years, not years to life», den die American Gerontological Society 1946 im ersten Heft des neu gegründeten *Journal of Gerontology* propagierte. Dass sich eine so ‹moderate› Anti-Aging-Medizin auch nicht von einer präventiv ausgerichteten Geriatrie abzugrenzen braucht, liegt auf der Hand (ebd., 12).

64 G. JACOBI (2005c), vi; B. KLEINE-GUNK (2003), 6f., 75. KLEINE-GUNK definiert die Ziele der Anti-Aging-Medizin, wie er sie vertritt, so: «- die Verlängerung der Lebenszeit (*give life more years*) / - die Verbesserung der Lebensqualität (*give years more life*) / - die Prävention altersassoziierter Erkrankungen (*compression of morbidity*)» (ebd., 95).

65 S. J. OLSHANSKY & B. A. CARNES (2002), 193, 227. In gleichem Sinn gibt M. PETERS (2008) zu bedenken: «Schon die Wortwahl («Anti-Aging», H. R.) lässt erkennen, dass es hier um eine Gegnerschaft geht, wir aufge-

das Altern aufzuhalten, schiene es mir nicht wünschenswert. Denn das Alter ist kein Defekt, sondern kann dem Leben im Gegenteil gerade eine besondere Qualität verleihen.[66] Ja, man kann geradezu sagen: Leben heisst altern, und ein ganzes Leben besteht aus unterschiedlichen biographischen Phasen (*life cycles*), die je ihre eigene Bedeutung und ihre besonderen Herausforderungen haben. Dies gibt dem Lebenslauf erst seine Spannung. So gesehen ist es gerade der Anti-Aging-Wunsch, nicht zu altern, sondern «ewig jung» zu bleiben, der als pathologisch, als Verweigerung einer zum Menschsein gehörenden Entwicklung anzusehen ist. In neuerer Zeit ist dieser regressive Wunsch, ewig jung zu bleiben und nicht zum alten Menschen reifen zu müssen, als psychiatrisches Syndrom identifiziert worden (das sog. Dorian-Gray-Syndrom), das aus einer «narzisstischen Trias [von] körperdysmorpher Störung, selbstbezogener Abwehr der Reife und damit des Todes, und der Schaffung von Neorealitäten in Form der Inanspruchnahme von Lifestyle-Medizin» besteht.[67]

Giovanni Maio hat darauf hingewiesen, dass Anti-Aging einer Glorifizierung und Ideologisierung der mittleren Lebensphase gleichkommt, indem es diese zur Norm und zum Leitmotiv für das ganze Leben macht.[68] Maio sieht darin eine

---

fordert werden, uns gegen etwas zu stellen, das früher oder später ohnehin kommt und dem niemand entgehen kann. Welchen Sinn kann es haben, einen Kampf anzutreten, der letztlich nicht zu gewinnen ist?» (11) Nach Peters wird Anti-Aging, indem es sich gegen etwas nicht zu Verhinderndes richtet, «zur Sisyphusarbeit. Der Versuch, etwas beseitigen zu wollen, das fundamental zu unserer Existenz gehört, mündet in eine innere Entfremdung» (50). F. Schirrmacher (2004), 139 zitiert eine gegen die Anti-Aging-Bewegung gerichtete Kampfschrift amerikanischer Biogerontologen und Mediziner, die festhält: «Wir können die Zeichen des Alters ausradieren, nicht aber das Altern selbst.»

66 A. W. Müller (2004), 177.
67 B. Brosig (2006), 121.
68 G. Maio (2006), 349 schreibt: «Indem ältere Menschen von der Medizin äusserlich wie innerlich fit gemacht werden, werden diese alten Menschen

implizite «Komplizenschaft der Medizin mit den Ideologien einer leistungsorientierten Konsumgesellschaft.»[69] Diese aber wäre ein Ausdruck von «*ageism*», der Diskriminierung alter Menschen aufgrund ihres Altseins.[70] Demgegenüber ist mit Nachdruck daran festzuhalten, dass keine Lebensphase zur massgebenden «Vollform» stilisiert werden darf, der gegenüber nachfolgende Phasen wie etwa das Alter nur noch als «Schwundform» zu stehen kämen.[71]

3.4.2 Leben im Zeichen der quantitativen Unersättlichkeit

Anti-Aging beinhaltet den Wunsch, nicht alt zu werden, und in dessen Verlängerung oft mehr oder weniger ausgesprochen auch den Wunsch, länger zu leben und nicht sterben zu müssen. Nun ist der Wunsch nach Lebensverlängerung vorerst einmal einfach eine Gestalt des Wunsches, weiterzuleben, am Leben zu bleiben. Der aber gehört, wie Anselm W. MÜLLER richtig sieht, «zum Urgestein dessen, was wir sind. Der Wunsch, am Leben zu bleiben, ist sozusagen der mentale Niederschlag einer organismischen Tendenz oder Finalität, die uns als Lebewesen kennzeichnet».[72] Nur gehört es ebenfalls zu einem reifen Leben, dass der Mensch – als einziges Lebewesen – sein Leben lang um seine Sterblichkeit weiss, also darum, dass sein ganzes Leben letztlich ein «Sein zum Tode» oder ein «Vorlaufen zum Tode» ist, wie Martin

---

gerade nicht in ihrem Altsein respektiert, sondern nur insofern sie noch so geblieben sind wie die Menschen in der mittleren Lebensphase. Mit allen Mitteln nicht alt aussehen und nicht gebrechlich sein wollen, ist somit Ausdruck einer Ideologisierung der mittleren Lebensphase.»

69   Ebd., 347.
70   C. AU (2006), 10; R. H. BINSTOCK (2006), 439.
71   H.-M. RIEGER (2008), 61.
72   A. W. MÜLLER (2004), 168.

HEIDEGGER meinte.[73] Diese Begrenztheit menschlichen Lebens gehört sinnstiftend zur *condition humaine,* gibt jedem Augenblick seinen Ernst und einer bewussten Lebensführung oder Lebenskunst ihre Bedeutung. Anti-Aging ist der Versuch, dem Leben durch quantitative Lebensverlängerung ein Mehr an Sinn und Gehalt zu geben. Das hat sein begrenztes Recht. Primär geht es heute aber – jedenfalls in der mit Wohlstand gesegneten westlichen Hemisphäre – nicht um eine quantitative Zunahme der Lebensjahre (*adding years to life*), sondern um eine qualitative Vertiefung des Lebens (*adding life to years*), damit man so intensiv und mit hoher Lebensqualität leben kann, dass man irgendwann auch einmal ‹lebenssatt› wird. Ein solches Leben angesichts des Todes bringt eine Lebensintensivierung mit sich,[74] lehrt gerade angesichts des *memento mori* das *carpe diem,* so dass der Lebenshunger irgendwann einmal gestillt sein dürfte und eine markante Verlängerung der Lebenszeit kein erstrebenswertes Ziel mehr sein muss.

Im Übrigen weiss die christlich-jüdische Tradition, dass menschliches Leben auf ein qualitativ noch ganz anderes, «ewiges Leben» angelegt ist, das nicht die endlose Fortsetzung dieses irdischen Lebens meint, sondern ein Sein von anderer Qualität und Intensität in Gemeinschaft mit Gott und im Licht seiner Wahrheit. Lebenshunger, der sich auf diese schon irdisch beginnende und sich in der Transzendenz Gottes vollendende Qualität von Leben bezieht, wird seine Erfüllung erst jenseits des Todes finden.[75]

Ob und wann jemand «alt und lebenssatt» wird, wie es in der Bibel von den alten Patriarchen heisst, hängt weniger mit der Länge des Lebens zusammen, sondern damit, wie jemand sein Leben gelebt hat. Eine objektive Altersgrenze, über die

---

73   M. HEIDEGGER (2001), §§ 52f.
74   H. RÜEGGER (2006), 68–77.
75   A. DIOGENES (2004), 388f.

hinaus Lebensverlängerung nicht mehr wünschbar ist, gibt es nicht. Wichtig scheint mir nur die Stossrichtung zu sein: sich um qualitative Intensivierung des Lebens zu bemühen und nicht um dessen möglichst markante quantitative Verlängerung, wie es der Stossrichtung des Anti-Aging-Ansatzes entspricht.

3.4.3 Biomedikalisierung des Alters

Anti-Aging-Medizin führt zu einer Medikalisierung des Alters, indem das früher als normal betrachtete Altern pathologisiert und damit der sich immer mehr ausweitenden Zuständigkeit der Medizin unterstellt wird. Giovanni MAIO hat darauf hingewiesen, dass «die Medikalisierung des Alterns gleichsam eine Pathologisierung von Alterserscheinungen mit all ihren pejorisierenden Auswirkungen auf die Wahrnehmung des Alternsprozesses zur Folge hat», und dass «allein durch die Angebote der Anti-Aging-Medizin möglicherweise ein Konformitätsdruck auf ältere Menschen ausgeübt wird mit entsprechenden Auswirkungen auf die Autonomie älterer Personen».[76] Dem ist entgegenzuwirken u. a. durch ein Verständnis von Medizin, das dieser die Aufgabe zuweist, im Sinne einer präventiven, therapeutischen, rehabilitativen und palliativen Geriatrie die Gesundheit älterer Menschen zu fördern und altersassoziierte Krankheiten zu bekämpfen, nicht aber im Sinne des Anti-Aging oder radikaler biogerontologischer Bestrebungen durch Eingriffe in den Alternsprozess diesen selbst zu stoppen oder gar umzukehren. Eine über das heute in westlichen Ländern schon erreichte Mass an Langlebigkeit markant hinaus gehende Verlängerung der durchschnittlichen Lebenserwartung scheint mir nicht wünschbar und nicht Aufgabe der Medizin zu sein.

---

76   G. MAIO (2006), 346.

Wichtig ist ein medizinisches Verständnis von Altern, das Alternsprozesse als normale, d. h. nicht krankhafte Prozesse versteht, die mit der Geburt beginnen bzw. nach Abschluss der körperlichen Entwicklung und Reifung einsetzen und bis zum Lebensende fortschreiten.[77] Darum ist es ein Zeichen philosophischer Gedankenlosigkeit, wenn Medizin, insbesondere Geriatrie, sich heute als Anti-Aging-Medizin verstehen will;[78] und ich halte es für unseriös, wenn sie – wie das etwa in den beiden medizinischen Lehrbüchern von Bernd KLEINE-GUNK[79] und von Günther JACOBI et al.[80] geschieht, zwar inhaltlich einfach eine seriöse Präventionsmedizin im Sinne eines «Good Aging» oder «Pro-Aging» vertritt, dies aber unter der völlig irreführenden Bezeichnung des *Anti*-Aging tut.

Es gehört m. E. also nicht zu den Aufgaben der Medizin, direkt und mit Absicht auf die Verlängerung des menschlichen Lebens hinzuwirken. Ihre Aufgabe besteht nur darin, im Sinne des Ansatzes der Morbiditäts-Kompression die Gesundheit im Alter zu fördern. Wenn sich dadurch eine Lebensverlängerung oder einer Erhöhung der durchschnittlichen Lebenserwartung ergibt (womit zu rechnen ist!), so wäre dies nur eine indirekte Auswirkung dessen, was zum eigentlichen medizinisch-geriatrischen Aufgabengebiet gehört.[81] Im Übrigen gibt Audrey R. CHAPMAN zu bedenken, dass es einer Fehlinvestition und moralischem Zynismus gleichkäme,

77   Ch. DING-GREINER & E. LANG (2004), 182f. Zur Unterscheidung von Alterns- und Krankheitsprozessen vgl. ebd. 195f.
78   Bedenkenswert ist allerdings der Hinweis von D. CALLAHAN (1992), 145, dass die heutige Medizin «is a medicine reluctant to accept our common fate, which is aging, decline, and death. Anti-ageism and high-technology medicine make ideal partners, each confirming the bias of the other».
79   B. KLEINE-GUNK (2003).
80   G. JACOBI (2005).
81   A. W. MÜLLER (2004), 170.

gross in teure medizinische Forschungen und Technologien einer markanten Lebensverlängerung zu investieren, während weltweit noch Millionen von Menschen sterben, weil ihnen elementarste medizinische Versorgung fehlt.[82] Es wäre jedenfalls wünschbar, wenn sich Vertreter heutiger Geriatrie explizit mit dem Ansatz des Anti-Aging auseinandersetzen und sich ihm gegenüber klar abgrenzend positionieren würden.

Das würde zugleich bedeuten, dass sich die Medizin stärker über ihr Verhältnis zu Sterben und Tod klarwerden müsste, um sie nicht einfach nur als Feinde zu bekämpfen, sondern sie zu gegebener Zeit auch zuzulassen und Menschen dabei hilfreich zu unterstützen.[83] Daniel CALLAHAN, dem Altmeister amerikanischer Medizinethik, ist zuzustimmen: «Unsere erste Aufgabe ist es gegenwärtig, unsere Sterblichkeit wieder anzunehmen, ihr mit unserem Leben wieder einen Sinnzusammenhang zu geben. Der Tod muss wieder an die Oberfläche gebracht werden, seinen berechtigten Platz einnehmen, er muss in die Mitte des Lebens zurückgeholt werden. Die Tatsache seines unabwendbaren Sieges – seiner letzten Notwendigkeit – muss wieder in das eigene Selbstverständnis der Medizin aufgenommen werden, muss ein Teil ihrer Aufgabe werden, eine Begrenzung ihrer Kunst, die aber gleichzeitig die Natur dieser Kunst definiert. [...] Eine Medizin, die sich eine Akzeptanz des Todes ganz zu Eigen gemacht hätte, wäre eine große Veränderung im Vergleich zu ihrem gegenwärtigen Konzept; sie könnte dann den Raum schaffen, in dem die Sorge für die Sterbenden nicht ein nachträglicher Einfall wäre, wenn alles andere versagt hat, sondern dies für

---

82 «Investing in new and very expensive high technologies for enhancement interventions while people [...] lack access to basic health care and millions of people die prematurely of preventable diseases in poor countries would be yet another step toward moral bankruptcy» (A. R. CHAPMAN [2004], 353).

83 H. RÜEGGER (2006), 48–53, 104–106.

sich selbst als eines ihrer Ziele sehen. Diese Sorge um einen friedlichen Tod sollte genauso Ziel der Medizin sein wie die Förderung der Gesundheit.»[84]

3.4.4 Gesellschaftliche und ökologische Belastungen

Ein Argument, das besonders gegen eine massive Ausdehnung menschlicher Langlebigkeit spricht, sind die gesellschaftlichen, also die sozialen, ökonomischen und ökologischen Konsequenzen, die eine drastisch erhöhte Langlebigkeit nach sich zöge. Nicht nur würde sie das Verhältnis zwischen den Generationen negativ verändern und die Position der Jungen angesichts eines immer grösser werdenden Heeres von Alten schwächen;[85] die Folgen radikaler Langlebigkeit und eines dadurch erfolgenden Bevölkerungswachstums wären auch im Blick auf die ökologische Belastung fatal. Dieses Argument ist sogar für Christine Overall, eine dezidierte Vertreterin der Wünschbarkeit ausgeweiteter Langlebigkeit, so gewichtig, dass sie mindestens die Möglichkeit *unbegrenzter* Lebensverlängerung als unerwünscht ablehnt: «The resource limits of the planet provide a definitive argument against making immortality a tenable social goal.»[86]

Von vielen Kritikern radikaler Langlebigkeits- und Anti-Aging-Positionen wird auch das evolutionstheoretische Argument angeführt, Sterben diene der Generationenfolge, indem es Platz mache für nachrückende Generationen.[87] Das scheint

---

84 D. Callahan (1998), 150f., 282.
85 A. R. Chapman (2004), 356.
86 Chr. Overall (2003), 153, 182.
87 So schreibt der Psychiater L. Compi (2006), 2219: «Evolutionär gesehen gilt der Tod als überaus sinnvolle und geradezu geniale Erfindung: Erst das Verschwinden des Alten ermöglicht, bei aller genetischen Fortdauer des Bewährten, die Anpassung eines immer wieder jungen Lebens an eine ständig sich verändernde Umwelt. [...] Wie wir die Sache auch drehen und wenden: Es ist sehr gut, dass wir alle sterben können.»

mir ein starkes Argument gegen beliebige Lebensverlängerung zu sein, zugleich eines von tiefer menschlicher Weisheit,
wie das der jüdische Biochemiker, Ethiker und Philosoph
Leon R. Kass sehr schön deutlich macht: «Simply to covet
a prolonged life span for ourselves is both a sign and a cause of our failure to open ourselves to procreation and to any
higher purpose. It is probably no accident that it is a generation whose intelligentsia proclaim the death of God and the
meaninglessness of life that embarks on life's indefinite prolongation and that seeks to cure the emptiness of life by extending it forever. [...] It is in principle hostile to children, be-
cause children, those who come after, are those who will take
one's place; *they* are life's answer to mortality.»[88]

3.5 Pro-Aging: Altern als Aufgabe einer Lebenskunst

Angesichts der zunehmenden Dominanz der weltanschaulich-
mentalen Konzepte der Lebensverlängerung und des Anti-
Aging mit ihren implizit negativen Altersbildern scheint es
mir dringlich – schon gar auf dem Hintergrund der sich real
vollziehenden Alterung unserer westlichen Gesellschaften! –,
einen Gegenakzent zu setzen und an einer Kultur zu arbeiten,
die den Prozess des Alterns als fundamentalen Aspekt des
ganzen Lebens ernst nimmt und die biographische Phase des
Alters als in sich bedeutungsvoll zu würdigen versteht.[89]

---

88 L. R. Kass (2004), 317. Ähnlich St. G. Post (2004), 77: «There is arguably
a tone of solipsism in grasping at extended life rather than accepting old age
and celebrating rejuvenation in the lives of our offspring. [...] There is wisdom in simply accepting the fact that we evolved for reproductive success
rather than for long lives.»
89 Zum Folgenden vgl. Kap. 2.6 in diesem Buch.

3.5.1 Altern als Lebensprozess und Alter als Lebensphase ernst nehmen

Das Altern als Lebensprozess ernst zu nehmen bedeutet, es als Chance der Reifung[90] zu verstehen, als eine Möglichkeit, immer mehr der oder die zu werden, der oder die man authentisch sein kann. Das setzt allerdings voraus, dass man das Leben als eine Abfolge unterschiedlicher Lebensphasen (*life cycles*) mit je unterschiedlichen Chancen und Möglichkeiten, Aufgaben und Herausforderungen begreift, die in ihrem Mit- und Nacheinander den spezifischen Charakter eines Lebenslaufs darstellen. Es kann darum nicht sinnvoll sein, den Wunsch zu hegen, in einer Lebensphase für immer stecken zu bleiben (etwa nach dem Motto: Forever young!). Und es kann genauso wenig sinnvoll sein, das, was für eine bestimmte Lebensphase charakteristisch ist, zur Norm für Wert, Sinn und Würde aller anderen Lebensphasen zu machen und sich etwa im Alter an Massstäben der mittleren Lebensphase des berufstätigen Erwachsenenlebens zu orientieren. Sinnvoll ist ein Leben nur, wenn es ihm gelingt, sich ganz den jeweils Phasen-typischen Herausforderungen zu stellen, dadurch möglich werdende Erfahrungen und Einsichten zu gewinnen und auf der Basis so erreichter Kompetenz und Lebensweisheit auf die nächste Phase zuzugehen.[91] So gesehen zeugt es von fehlender Reife und Authentizität, wenn ältere Menschen krampfhaft versuchen, mit allen möglichen Mitteln des Anti-Aging jün-

---

90 Reifung wird hier verstanden im Sinne der von Leopold ROSENMAYR (2004), 23 beschriebenen *Matureszenz* mit ihrem unaufhebbaren Prozesscharakter: «Niemals ist Reife, immer ist nur Reifung erreichbar. Initiation wäre – im Sinne der Matureszenz – die grosse Aufgabe der späten Jahre.»

91 In Aufnahme von Gedanken von Romano GUARDINI weist H.-M. RIEGER (2008), 78–80 darauf hin, dass das Anerkennen und Annehmen des Alters grundlegende Bedingung dafür ist, das Alter verantwortlich und kreativ zu gestalten.

ger zu wirken, als sie sind, weil sie damit einen Teil ihres gelebten Lebens verleugnen und kaschieren.[92] Man mag sich an Hermann HESSES Aussage erinnern: «Alter ist nicht schlechter als Jugend [...] Blau ist nicht schlechter als Rot. Alter wird nur gering, wenn es Jugend spielen will.»[93]

Anselm W. MÜLLER weist zu Recht darauf hin, dass der Wunsch nach Lebensverlängerung oder nach ewiger Jugend nicht nur nicht sinnvoll ist, sondern sogar insofern schädlich sein kann, als er ein Hindernis darstellt, sich rechtzeitig und mit ganzem Ernst mit den besonderen Aufgaben auseinanderzusetzen, vor die das Alter den Menschen stellt. Nach MÜLLER gehört zur Sinnfindung im Alter «die Konzentration auf Dinge, die unter altersspezifischen Verlustbedingungen ihren Sinn behalten oder gar jetzt erst so recht entfalten. Im Zusammenhang einer solchen Orientierung dürften die expliziten Bemühungen um Lebensverlängerung [...] wohl eher Störfaktoren bilden.»[94]

3.5.2 Sich mit der unvollendbaren Begrenztheit des Lebens anfreunden

Zu einer reflektierten Lebenskunst (*ars vivendi*) ganz allgemein und zu einer Kunst des Alterns (*ars senescendi*) im Besonderen gehört es, sich mit der eigenen Sterblichkeit zu befreunden, sich in das sterbliche Leben einzuüben (*ars moriendi*). Alle drei hängen aufs Engste zusammen, keines kann auf die anderen beiden verzichten: Lebenskunst ist ganz we-

---

92 M. PRISCHING (2003), 256 weist darauf hin, dass der Jugendlichkeitskult das Alter stigmatisiert und in seiner Würde verletzt: «Alte werden [...] höflich aufgefordert, so zu tun, als ob sie noch jung wären. [...] Aber die [...] schlichte Leugnung von Jahren stellt eine Attacke auf die Würde des Alters dar. Es ist eine optische Rücknahme von Lebenserfahrung, die sich nun auch einmal in den Runen des Gesichts eingegraben hat.»

93 H. HESSE (1990), 51.

94 A. W. MÜLLER (2004), 178f. Ähnlich sieht es L. R. KASS (2004), 316.

sentlich Kunst des Alterns, und eine Kunst des Alterns ist ohne eine Kultur im Umgang mit der eigenen Sterblichkeit nicht denkbar. Entgegen einem oberflächlichen Empfinden werden durch die bewusste Auseinandersetzung mit der eigenen Sterblichkeit die Intensität des Lebens und die Freude am Leben nicht geschmälert, sondern intensiviert. Wilhelm SCHMID, der Philosoph einer zeitgenössischen Lebenskunst, sieht die lebensdienliche Bedeutung des Todes gerade darin, Grenze zu sein, «und zwar so sehr, dass das Selbst die Grenze, würde sie zum Verschwinden gebracht, wohl selbst zu ziehen hätte.»[95] Denn das Wissen um die Begrenztheit der Lebenszeit lehrt, diese bewusst, d. h. sinnvoll zu nutzen und das einem vergönnte Leben dankbar auszukosten. Ja, man kann mit dem Psychiater Manfred LÜTZ geradezu sagen: «Wer den Tod verdrängt, verpasst das Leben!»[96]

Zum Sich-Anfreunden mit der Endlichkeit des Lebens gehört auch, zu akzeptieren, dass unser Leben immer unvollkommen, unvollendet, fragmentarisch bleibt. Dass sein Sinn gerade nicht in einer quantitativ möglichst umfassenden, durch Lebensverlängerung immer mehr ausgeweiteten Ausschöpfung aller Lebensmöglichkeiten und -erfahrungen besteht. Das Entscheidende ist, *wie* wir das fragmentarische, nie zu einem vollkommenen Ganzen abrundbare Leben leben, in welcher Intensität, mit welcher Bewusstheit und Achtsamkeit. Dann kann man auch im Bruchstück einen Verweis auf jene Vollendung sehen, die nach christlicher Überzeugung nicht mehr unsere Sache sein kann und muss. Eine solche Perspektive in unseren Lebensenetwurf zu integrieren wäre ein Gegenakzent zu dem quantitativen Immer-noch-mehr-Wollen, das als treibende Kraft hinter vielen Bemühungen des Anti-

---

95   W. SCHMID (2006), 11.
96   M. LÜTZ (2005), 52.

Aging und der biogerontologischen Forschung im Bereich der Lebensverlängerung steht.

Nachdem das Thema «ewiges Leben» und «Leben nach dem Tod» in der Theologie lange Zeit eher diskret verdrängt wurde, um nur ja nicht in den Verdacht zu geraten, man befördere billige Weltflucht und Jenseitsvertröstung, dürfte die Zeit gekommen sein, angesichts der uns von Biogerontologie und Anti-Aging-Bewegung in Aussicht gestellten Möglichkeiten dramatischer Lebensverlängerung (und deren möglicherweise gar nicht nur lebensdienlichen Konsequenzen) wieder davon zu reden, dass das unstillbare Bedürfnis nach einem Mehr an Leben auf ein qualitativ anderes, transzendentes Leben zielt, das die Bibel mit dem Hinweis auf das «ewige Leben» meint. Wer davon etwas entdeckt hat, wird den Verlockungen des Anti-Aging und der Lebensverlängerer vielleicht weniger unkritisch ausgeliefert sein. Darauf weisen jedenfalls die Worte des jüdischen Biochemikers und Philosophen Leon R. KASS hin: «Humanity longs not so much for deathlessness as for wholeness, wisdom, goodness, and godliness – longings that cannot be satisfied fully in our embodied earthly life. [...] Mere continuance will not buy fullfillment. Worse, its pursuit threatens [...] human happiness by distracting us from the goals toward which our souls naturally point."[97]

3.5.3 Eine Kultur des Pro-Aging entwickeln

Lange hat sich die etablierte Gerontologie im europäischen Kontext nicht ernsthaft mit der Anti-Aging-Bewegung auseinandergesetzt. Vielleicht ändert sich das etwas. Darauf weist jedenfalls die Beobachtung hin, dass in letzter Zeit ein Gegenbegriff, der des *Pro-Aging*, zunehmend aufgegriffen wird. Der Heidelberger Gerontologe Andreas KRUSE versteht darunter

---

97   L. R. KASS (2004), 316.

«das Bemühen des Menschen, das körperliche und seelisch-geistige Altern durch eigenes Handeln positiv zu beeinflussen. Dabei ist die Erkenntnis grundlegend, dass körperliche und seelisch-geistige Prozesse bis in das hohe Alter ein hohes Mass an Veränderungskapazität (‹Plastizität›) aufweisen. Dadurch bieten sich dem Menschen Handlungsspielräume, deren Verwirklichung als ein Merkmal des selbstverantwortlichen Lebens anzusehen ist.» Zu Pro-Aging zählt Kruse ferner noch drei weitere Aspekte hinzu: «Erstens die differenzierte Wahrnehmung der eigenen Entwicklungsmöglichkeiten und Entwicklungsgrenzen. Zweitens die Akzeptanz von Entwicklungsgrenzen, in der sich auch die Bewusstwerdung der eigenen Begrenztheit, Verletzlichkeit und Endlichkeit sowie der Integration dieser Seiten des Lebens in den eigenen Lebensentwurf widerspiegelt. Und drittens die differenzierte Sicht unserer Gesellschaft auf die Stärken und Schwächen im Alter und die in unserer Gesellschaft bestehende Bereitschaft, die Stärken des Alters zu nutzen und gleichzeitig Menschen bei der Bewältigung der Schwächen zu unterstützen.»[98]

Hier wird eine andere Sicht auf das Alter erkennbar als beim Ansatz des Anti-Aging: eine, die Altern als körperlichen und als seelisch-geistigen Prozess mit Entwicklungsmöglichkeiten und -grenzen versteht und als zu menschlichem Leben gehörend bejaht (*Pro*-Aging); eine, die die Eigenverantwortung des Menschen in der Gestaltung (nicht Bekämpfung oder Überwindung!) seines Alters ins Zentrum stellt; eine, die nicht auf beliebig ausweitbare Langlebigkeit setzt, sondern im Sinne einer Lebenskunst des Alters die menschliche Begrenztheit, Verletzlichkeit und Sterblichkeit akzeptiert und in den eigenen Lebensentwurf integriert; eine schliesslich, die die Verantwortung der Gesellschaft weder in einer Verdrängung

---

98   A. Kruse (2006b), 4.

des Alters (Anti-Aging, *ageism*) noch in einer Verlängerung der Lebenserwartung ihrer Glieder (*prolongevity*) sieht, sondern darin, alte Menschen in ihren Möglichkeiten als vollwertige Glieder der Gesellschaft ernst zu nehmen und ihnen dort solidarisch Unterstützung zu bieten, wo sie es brauchen, um mit spürbar werdenden Grenzen möglichst gut leben – und irgendeinmal auch sterben! – zu können.

Angesichts der zunehmenden Zahl alter Menschen in unserer Gesellschaft scheint es mir dringlich, sich für einen Paradigmenwechsel von einer Ablehnung des Alterns (Anti-Aging) hin zu einer neuen Kultur des expliziten Pro-Aging einzusetzen.

Zum Stellenwert der Selbstbestimmung am Lebensende

4

Autonomie im Blick auf pflegebedürftige Hochbetagte und Sterbende

Der Anspruch des Individuums auf Selbstbestimmung, auf eine autonome Lebensgestaltung ohne verpflichtende Bindung an traditionelle Vorgaben ist zu einem Kennzeichen moderner westlicher Gesellschaften geworden. Erweist sich dieser Anspruch in allen Lebensbereichen als zentral, so wird er am Lebensende besonders prekär: einerseits in der Phase der Hochaltrigkeit, wenn die physische und psychische Fragilität oft zu chronischen Krankheiten und zu Polymorbidität führt, die mit Pflegebedürftigkeit einhergehen; andrerseits im Prozess des Sterbens, in dem Menschen sich aus der Hand geben und der Begleitung anderer anvertrauen müssen. In beiden Situationen besteht die Angst und die Gefahr, der Selbstbestimmung verlustig zu gehen. Entsprechend wichtig ist es deshalb, sich darauf zu besinnen, was Selbstbestimmung meint und wie sie auch am Lebensende gewahrt werden kann.

Die folgenden Überlegungen gehen in drei Schritten vor: In einem ersten Teil geht es darum, das Verständnis von Autonomie unter verschiedenen Aspekten zu beleuchten. Daran schliessen sich zwei Teile an, die danach fragen, was Selbstbestimmung am Lebensende bedeutet und wie sie gewahrt

---

∗ Eine gekürzte Fassung dieses Kapitels erschien unter dem Titel: Selbstbestimmung am Lebensende. Zur Bedeutung der Autonomie im Blick auf pflegebedürftige Hochbetagte und Sterbende, in: Wege zum Menschen 60 (2008) 529–545.

werden kann: einerseits im Kontext von Pflegebedürftigkeit Hochaltriger, andrerseits im Blick auf den Prozess des Sterbens.

4.1 Selbstbestimmung als Leitmaxime

4.1.1 Das dominant gewordene liberale Autonomieverständnis

Markus Zimmermann-Acklin sieht in der Autonomie im Sinne von Selbstorientierung und Selbstbestimmung den «Dreh- und Angelpunkt ethischer Orientierung in der Spätmoderne»,[1] die den aus konventionellen Bindungen befreiten Menschen auf sich selbst zurückwirft und ihm zugleich ermöglicht und zumutet, seine Identität und Lebensgestalt selbst zu entwerfen.[2] «Der Anspruch auf Selbstbestimmung der Person, aber auch als Kehrseite die Zumutung von Selbstbestimmung prägen das Ethos moderner Lebensführung. Menschen können und müssen selbst entscheiden, wie sie leben wollen.»[3] Dabei kann man Selbstbestimmung mit Martin Seel als die Fähigkeit von Menschen verstehen, «das eigene

---

1   M. Zimmermann-Acklin (2003), 65. Hier und im Folgenden wird nicht zwischen Autonomie und Selbstbestimmung unterschieden, sondern beide werden gleichbedeutend verwendet. Wenn J. P. Beckmann (1998) etwa zwischen Autonomie als fundamentaler Verfasstheit des Menschen (also als *proprium*) und Selbstbestimmung als konkrete Manifestation derselben (also als *accidens*) unterscheidet, so nehme ich diese Unterscheidung weiter unten in der Differenzierung zwischen normativem Autonomie-Anspruch und empirischer Autonomie-Fähigkeit auf (s. u. Kap. 4.3.4).

2   Dabei gilt es zu beachten, dass die philosophische Tradition im Gefolge Kants betont, dass Autonomie nicht mit Willkür und Beliebigkeit zu tun hat, sondern mit freiwillig eingegangener Selbstbindung des Individuums an das als allgemein verbindlich wahrgenommene Sittengesetz, das sich im kategorischen Imperativ äussert (J. P. Beckmann [1998], 145f.).

3   Nationaler Ethikrat (2006), 18.

Leben so zu führen, wie sie es unter den gegebenen Umständen nach eigener Einschätzung wollen.»[4]

Dieses heute gängig gewordene Autonomieverständnis hat verschiedene Facetten. Es trägt zum einen das Erbe der Aufklärung in sich mit ihrer Forderung nach dem Ausgang des Menschen aus seiner selbst verschuldeten Unmündigkeit. Diese emanzipatorische Facette wird ergänzt durch die postmodernen Aspekte der Individualisierung und der Pluralisierung: Aus der Fülle möglicher Optionen, die gesellschaftlich gleichwertig nebeneinander existieren, kann und muss sich das Individuum möglichst autonom für eine entscheiden und sich so individuell profilieren. Im Kontext einer Leistungsgesellschaft gewinnt Selbstbestimmung dabei den Charakter einer identitätsstiftenden Eigenleistung des *homo faber*: Ich bin, was ich aus mir mache. Wahrhaft freies, menschliches Leben erscheint weitgehend als «Machsal» (O. MARQUARD).

Dieses liberale Autonomie-Verständnis beruht auf einem Konzept negativer Freiheit: Selbstbestimmung meint vor allem die Freiheit des Individuums *von* fremden Vorgaben und Einflüssen, seine Freiheit, sich unabhängig von anderen zu entscheiden (*non-interference*). Dazu gehört heute für viele auch der Aspekt der Selbstständigkeit: Selbstbestimmung als Selbstständigkeit beinhaltet, nicht von anderen abhängig sein zu müssen und sein Leben selbst kontrollieren zu können.[5]

So wurde im Verlauf der neueren geistesgeschichtlichen Entwicklung westlicher Kultur die freie Selbstverfügung des Einzelnen über sein Leben, seine Freiheit zu aufgeklärt-mündiger Entscheidung in allen Fragen, die ihn betreffen, und seine Unabhängigkeit von anderen zum höchsten Gut.

---

4   M. SEEL (2006), 131.

5   G. J. AGICH (2003), 13ff. AGICH sieht den zentralen Aspekt des liberalen Autonomieverständnisses im «concept of independence or what has been termed *negative freedom*, the freedom to be left alone» (14).

Ja, nach Daniel CALLAHAN hat das Streben nach Autonomie und Kontrolle in unserem kulturellen Kontext «fast die Qualität einer Besessenheit angenommen».[6] Sie ist, wie Markus ZIMMERMANN-ACKLIN in Aufnahme einer These von Ulrich BECK konstatiert, bereits zu einem neuen «Zwang zur Freiheit und zur Selbstbestimmung» geworden.[7]

4.1.2 Patientenautonomie als medizinethisches Grundprinzip

Das Prinzip des Respekts vor der Autonomie jedes Menschen hat seit der Mitte des letzten Jahrhunderts wohl in kaum einem anderen Bereich eine so zentrale Rolle gespielt wie in der neueren Medizinethik. Hier war es vor allem die Erschütterung durch die Verbrechen der NS-Medizin im Dritten Reich, die dazu geführt hat, dem Respekt vor der Selbstbestimmung jedes Patienten und jeder Patientin bzw. aller an einer wissenschaftlichen Untersuchung teilnehmenden Probanden hohe Bedeutung zuzuschreiben,[8] und zwar im Sinne eines Abwehrprinzips: Jeder urteilsfähige Mensch soll grundsätzlich jederzeit das Recht haben,

---

6 D. CALLAHAN (1998), 18. Diese Einschätzung teilt G. J. AGICH (2003), 29: «Autonomy thus becomes more an obsession than a moral principle»; und H. R. MOODY (1998), 121 beschreibt unsere gegenwärtige westliche Kultur dahingehend, dass sie Unabhängigkeit und Autonomie geradezu vergöttere.

7 M. ZIMMERMANN-ACKLIN (2003), 66. Von der zu einem neuen Zwang gewordenen Autonomie spricht in sozialpädagogischer Hinsicht auch B. PICHLER (2007), 76.

8 Massgebend wurde das Konzept der freiwilligen, informierten Zustimmung (*informed consent*) bei Forschungsvorhaben an Menschen, wie es etwa durch die Erklärungen des Nürnberger Kodex von 1947 oder durch die Deklaration von Helsinki des Weltärztebundes von 1964 formuliert wurde. In neuerer Zeit wurde auch die Bioethik-Konvention des Europarates von 1997 wichtig, die in Art. 5 festhält: «Eine Intervention im Gesundheitsbereich darf erst erfolgen, nachdem die betroffene Person über sie aufgeklärt worden ist und frei eingewilligt hat» (zit. nach: C. WIESEMANN & N. BILLER-ANDORNO [2005], 146).

jede von ihm nicht gewollte Behandlung abzulehnen,[9] und zwar selbst dann, wenn eine Behandlung an und für sich medizinisch klar indiziert wäre; denn erst in diesem letztgenannten Fall erweist sich, ob mit dem Prinzip des Respekts vor der Patientenautonomie wirklich ernst gemacht wird![10] Die Zulässigkeit einer medizinischen Intervention ist demnach erst gegeben, wenn eine medizinische *und* eine «individuelle», den autonomen Willen einer Patientin berücksichtigende Indikation vorliegt.[11] Dadurch soll sichergestellt werden, dass Patientinnen und Patienten nicht medizinisch fremdbestimmt und instrumentalisiert werden. Denn «‹Autonomie› als normative Begrifflichkeit erhebt für den Menschen den Anspruch, als Subjekt und nicht als Objekt behandelt zu werden. Danach darf ein Mensch nicht zum Mittel von irgendwelchen [ihm fremden, H. R.] Zwecken gemacht werden. Insofern ist ‹Autonomie› ein Abwehrbegriff, der den Menschen vor Übergriffen und vor Vereinnahmungen schützen

---

9   B. SCHÖNE-SEIFERT (1996), 567 beschreibt «das Paradigma der neueren Medizinethik [als] ‹Recht auf Zustimmung oder Ablehnung› durch die Patienten und Probanden gegenüber diagnostischen, therapeutischen oder der reinen Forschung dienenden Eingriffen aller Art. Und dieses Recht wurde in erster Linie mit dem Recht auf Autonomie, d. h. auf Selbstbestimmung begründet».

10 So halten etwa die Grundsätze der Bundesärztekammer zur ärztlichen Sterbebegleitung (1998), A-2367 fest: «Bei einwilligungsfähigen Patienten hat der Arzt den aktuell geäußerten Willen des angemessen aufgeklärten Patienten zu beachten, selbst wenn sich dieser Wille nicht mit den aus ärztlicher Sicht gebotenen Diagnose- und Therapiemassnahmen deckt.» Und die medizinisch-ethischen Grundsätze der Schweizerischen Akademie der Medizinischen Wissenschaften zum Recht der Patientinnen und Patienten auf Selbstbestimmung halten fest: «Die Respektierung des Willens des urteilsfähigen Patienten ist zentral für die Behandlung und Betreuung. Demzufolge ist das Handeln gegen den erklärten Willen des urteilsfähigen Patienten unzulässig. Dies gilt auch dann, wenn dieser Wille den wohlverstandenen Interessen des Patienten zuwiderzulaufen scheint» (SAMW [2006], 103).

11 SAMW (2006), 108.

115

soll».[12] Dieses normative, von allen empirischen Faktoren des Gesundheitszustandes, der Urteilsfähigkeit, institutioneller Rahmenbedingungen etc. unabhängige Verständnis von Autonomie als einem unbedingten Anspruch leitet sich direkt aus dem entsprechenden Verständnis von Menschenwürde ab, dessen zentraler Gehalt eben in der Unverfügbarkeit und dem Recht auf Selbstbestimmung und Selbstverantwortung jedes Menschen besteht.

Menschenwürdige Behandlung, Betreuung und Pflege ist darum immer unterstützende Begleitung eines Menschen, die dessen Autonomie, also sein Recht auf Selbstverfügung, respektiert und sich weder aus gut gemeintem fürsorglichem Engagement noch aus rein fachlicher, z.B. medizinischer oder pflegerischer Einsicht über den Willen der betroffenen Person hinwegsetzt.

Dieses Prinzip der Patientenautonomie in der Medizinethik ruht weitgehend auf dem liberalen, aufklärerischen Autonomieverständnis, das von einem mündigen, von allen Umfeld-Einflüssen unabhängigen, sich souverän entscheidenden, isolierten Individuum ausgeht, das seine Freiheitsrechte wahrnimmt und im Akt autonomen Entscheidens seine Unabhängigkeit manifestiert.[13] Vor allem in seiner vulgären, das breite Volksempfinden prägenden Form versteht sich dieses Konzept von Selbstbestimmung weitgehend als Selbstständigkeit im Sinne von Unabhängigkeit von anderen.

So unaufgebbar wichtig dieses Verständnis von Autonomie als Anspruch auf Selbstverfügung und Selbstverantwortung mit seinem emanzipatorischen Potenzial – gerade im klini-

---

12   R. BAUMANN-HÖLZLE (2003), 230.

13   Es wird gemeinhin angenommen, dass eine medizinische Entscheidung «drei notwendige (und gemeinsam hinreichende) Bedingungen erfüllen muss, um ausreichend autonom zu sein: Sie muss von einem Patienten, der (1.) versteht, worum es geht, (2.) bewusst und (3.) ohne steuernde Einflussnahme Dritter getroffen werden» (B. SCHÖNE-SEIFERT [1996], 568).

schen Bereich – auch ist, so unübersehbar sind seine Einseitigkeiten. Markus Zimmermann-Acklin ist zuzustimmen, «dass die Betonung der Patientenautonomie in der Tradition der negativen Freiheit [...] einem bestimmten gesellschaftspolitischen und klinischen Umfeld entspringt, das überwunden werden muss, um Raum für ein angemessenes und realisierbares Konzept der Selbstbestimmung von Patientinnen und Patienten im klinischen Alltag zu schaffen.»[14]

4.1.3 Das post-liberale Autonomieverständnis: Autonomie in Abhängigkeit

Die Hauptstossrichtung der Kritik am liberalen Autonomieverständnis, wie sie insbesondere von Vertreterinnen und Vertretern des Kommunitarismus und des Feminismus formuliert wurde, weist darauf hin, dass ein einseitig akzentuiertes Verständnis von negativer Freiheit im Sinne von Unabhängigkeit von Einflüssen anderer eine Abstraktion darstellt und der realen Situation menschlichen Lebens nicht entspricht, weil «völlige Autonomie dem menschlichen Wesen nach gar nicht möglich ist».[15] Aufgrund des durchweg sozialen Charakters des Phänomens menschlicher Selbstbestimmung muss vielmehr damit ernst gemacht werden, dass es Selbstbestimmung nur zusammen mit Abhängigkeit gibt, weil gegenseitige Abhängigkeit im Sinne gegenseitiger Verwiesenheit ein konstitutives Kennzeichen menschlicher Existenz ist.[16]

---

14 M. Zimmermann-Acklin (2003), 64f. Für den Bereich der Langzeitpflege hochbetagter Menschen nimmt G. J. Agich (2003) diese Forderung auf und entwickelt ein erweitertes Konzept von praktischer Autonomie unter den Bedingungen eines Lebens in krankheitsbedingter Abhängigkeit von der Pflege und Unterstützung anderer.

15 B. Pichler (2007), 78.

16 R. J. Martin & St. G. Post (1992), 56 unterstreichen gerade im Blick auf die Situation von an Demenz erkrankten Menschen, dass Abhängigkeit «a universal element of the human condition» ist und dass unsere inhärente

George J. Agich fasst die Kritik am liberalen Autonomie-verständnis prägnant zusammen: «Dependence is an essential feature of human existence and autonomy must be reinterpreted to accommodate social arrangements such as family, friendship, and community associations that make possible autonomous human existence in the first place. Dependence is therefore problematic not in itself, but in juxtaposition to an abstract ideal of autonomy as negative freedom. Viewed positively, however, autonomy involves a *dialectic of independence and dependence* that takes place within a social space characterized by *interdependence*. Dependence consequently ceases to be a universal problem to be erased or resolved.»[17]

Wird also ernst genommen, dass es konkretes Mensch-sein nur in Gestalt des In-Beziehung-Seins und im Rahmen eines Geflechts gegenseitiger Abhängigkeiten oder Verwiesenheit gibt, wird man Autonomie als «relationale Selbstbestimmung»[18] oder als «Autonomie in Abhängigkeit»[19] verstehen müssen. Selbstbestimmung kann dann nicht bedeuten, «über das Selbst und sein Leben vollständig verfügen zu

---

gegenseitige Abhängigkeit als menschliche Wesen deshalb als «a ‹premorbid› condition» anzusehen ist.

17 G. J. Agich (2003), 96 (Hervorhebungen H. R.). Ähnlich urteilt H. R. Moody (1998), 121: «A superficial reading of dependency risks making us oblivious to our common human fate: we were all once dependent, we will be so again, and we are so in manifold ways even at this moment. The blindness of adulthood is an intoxication with the illusion of independence. [...] Perpetuating narcissistic illusions of independence – including non-interference – carries tremendous moral risks for a culture that idolizes independence and autonomy in every sphere of life, as ours does.»

18 T. L. Beauchamp & J. F. Childress (2001), 61. H.-M. Rieger (2008), 69 spricht von einer grundlegenden «Angewiesenheitsstruktur», die im Alter besonders konkret erfahrbar wird, aber grundsätzlich zu jeder Lebensphase gehört und die menschliches Leben nicht nur beschränkt, sondern – positiv verstanden – auszeichnet. Zur theologischen Deutung dieser Angewiesenheitsstruktur vgl. ebd. 118–133.

19 B. Pichler (2007), 78.

wollen. [...] Ein *souveränes Selbst* ist keineswegs dasjenige, das überall und jederzeit vollkommen frei über sich selbst bestimmen kann, sondern dasjenige, das relative Klarheit darüber gewinnt, wo Selbstbestimmung möglich ist und wo nicht. Souverän ist es darin, das eine vom anderen unterscheiden zu können und *sich auch bestimmen zu lassen, statt immer nur selbst bestimmen zu wollen.* Denn Selbstbestimmung ist ein aktiver ebenso wie ein passiver Prozess, ein Tun ebenso wie ein Hinnehmen und Lassen, ein eigenes Gestalten wie auch ein Sich-Gestaltenlassen von anderen, von Umständen und Situationen».[20]

Die Korrektur und Ausweitung, die dieses post-liberale Autonomieverständnis am klassisch gewordenen aufklärerisch-liberalen Verständnis von Freiheit und Selbstbestimmung vornimmt, ist wesentlich und erweist sich gerade im Blick auf die Situation von pflegebedürftigen Hochaltrigen und von Sterbenden als entscheidend. Denn in solchen Situationen, wo die Erfahrung von Abhängigkeit und Passivität markant wird, kommt ein rein negatives Freiheitsverständnis im Sinne von Unabhängigkeit von anderen und von souveräner kognitiver Entscheidungsfähigkeit an seine Grenzen.[21] Hier ist ein anthropologisches Grundverständnis und ein Autonomiekonzept gefragt, das damit ernst macht, dass «Abhängigkeit und Passivität ein ebenso fundamentalanthropologisches Element sind wie das Streben nach Souve-

---

20 W. Schmid (2004b), 119 (Hervorhebung H. R.). Auch M. Seel (2006), 133 versteht Selbstbestimmung als eine «Fähigkeit, sich zu bestimmen und doch zugleich sich bestimmen zu lassen.»

21 H. Schott (2008), 219: „Die Fiktion einer rationalen, selbstbewussten, aufgeklärten Person, die mit sich identisch ist, erscheint gerade in deren krankhaften Zuständen brüchig: Schwäche und Hilflosigkeit, Übelkeit und Schmerz, Bewusstlosigkeit und Wahn lassen den Menschen alles andere als autonom erscheinen, ja, bedeuten oftmals eine kaum überbietbare Fremdbestimmung.“

ränität und Autonomie».[22] Insofern ist Freiheit nicht als Gegensatz zu Abhängigkeit zu verstehen, sondern vielmehr als selbstverantwortliche Souveränität im Umgang mit Abhängigkeiten, die ernst zu nehmen sind.[23]

Zu einem Verständnis von ‹Autonomie in Abhängigkeit› gehört die Einsicht, dass Selbstbestimmung sich nicht einfach von selbst versteht, dass sie keine jederzeit funktionsbereite Entscheidungsfähigkeit meint. Konkrete Autonomie stellt sich häufig erst ein in einem Prozess des Dialogs mit Menschen, die einem wichtig sind, in dessen Verlauf sich durch Phasen von Ambivalenz hindurch herausstellen muss, was jemandem wichtig ist, womit er sich identifizieren kann und wofür er sich entscheiden will.[24] Es ist darum wichtig, wie

---

22 J.-P. Wils (2004), 55. Wils spitzt diese Perspektive noch zu: «Was zuerst kommt, ist nicht unsere Autonomie und die des anderen, sondern die geteilte Erfahrung der Abhängigkeit. Was wir benötigen, ist die ‹Anerkennung der Abhängigkeit› (MacIntyre)» (53). Die Pflegeethikerin R. Schwerdt (2007), 31 plädiert ebenfalls für eine Sicht, die Abhängigkeit nicht als Kennzeichen bestimmter Entwicklungsphasen in der Lebensspanne versteht, sondern als konstitutives Merkmal menschlichen Lebens schlechthin. Sie gibt zu bedenken, dass ein auf solcher Grundlage entwickeltes «Verständnis von Autonomie, das nur unterschiedliche Grade an Abhängigkeit einzelner Gesellschaftsmitglieder von Solidarität und Sorge kennt und Autonomie und Abhängigkeit nicht als Antagonismus begreift, *integrierend statt diskriminierend* wirkt.»

23 R. Baumann-Hölzle (2003), 240 sagt es so: «Die Abhängigkeit ist das Primärphänomen gegenüber der Unabhängigkeit. Erst wenn die Abhängigkeit und die Unabhängigkeit miteinander in Einklang stehen, ist ein Mensch frei, seinen Autonomieanspruch zu leben. Seine Freiheit beruht darauf, dass er gegenüber seinen existenziellen Abhängigkeiten Verantwortung übernehmen kann. [...] Freiheit ist nichts anderes als das bewusste Gestalten von Abhängigkeiten und Unabhängigkeiten.»

24 Es macht darum Sinn, wenn G. J. Agich (2003), 90 «informed consent as a process rather than an event» bezeichnet. Und ein solcher Prozess gelingt nach Agich nur, wenn er durch ein soziales Netz gestützt wird: «Human beings attain autonomy only through human relationships and the exercise of autonomy requires supportive relationships throughout one's life» (50). In die gleiche Richtung weist die Stellungnahme des deutschen Nationalen Ethikrats, derzufolge «Selbstbestimmung der Stützung durch Solidarität

Monika BOBBERT im Blick auf pflegerisches Handeln betont, «*prozessuale Rahmenbedingungen* zu schaffen, die den Patienten darin fördern, in seinem wohlüberlegten Eigeninteresse zu entscheiden».[25]

Das Ernstnehmen des normativen Autonomie-Anspruchs, der mit der Menschenwürde gegeben ist, beinhaltet deshalb auch die Forderung, andern Menschen als integraler Teil der Fürsorge dazu zu verhelfen, dass sie angesichts empirisch meist nur mehr oder weniger gegebener Autonomiefähigkeit[26] in die Lage versetzt werden, so umfassend wie in einer konkreten Situation nur möglich ihre Selbstbestimmung wahrzunehmen.[27] «Im Zentrum patientenorientierter Qualität steht [deshalb] die Förderung der Autonomie der PatientInnen.»[28] Und das bedeutet im Blick auf die Medizin-Ethik zugleich, dass Patientenautonomie nicht einfach in Spannung zu ärztlicher oder pflegerischer Fürsorge steht, sondern dass die Fürsorge anderer vielmehr zu den Voraussetzungen eigener Selbstbestimmung gehört.[29]

4.1.4 Autonomie als Lebenskunst

Wenn wir oben darauf hingewiesen haben, dass das liberale Verständnis von Selbstbestimmung im Sinne von negativer

---

bedarf, durch die sie in bestimmten Fällen überhaupt erst möglich wird» ([2006], 18).

25 M. BOBBERT (2003), 80.

26 Zur Unterscheidung zwischen unbedingtem, normativem Autonomie-Anspruch und empirisch bedingten Autonomie-Fähigkeiten vgl. R. BAUMANN-HÖLZLE (2003), 230.

27 T. L. BEAUCHAMP & J. F. CHILDRESS (2001), 63 ist zuzustimmen: «Respect (for autonomy) […] involves […] enabling persons to act autonomously.»

28 K. HEIMERL & E. SEIDL (2007), 507.

29 J. FISCHER (2006). F. J. ILLHARDT (2008), 13 unterstreicht: «Autonomie ist das Ziel, ihre Voraussetzung Hilfestellung; man darf […] Ziel und Voraussetzung nicht verwechseln.» Und weiter: «Ohne Hilfe keine Autonomie. (Noch-)nicht-autonom-Sein ist der forschungsethische Normalfall.»

Freiheit ergänzt werden muss durch ein In-Rechnung-Stellen des unumgänglichen Eingebundenseins des Menschen in ein Geflecht vielfältiger gegenseitiger Abhängigkeiten und Verwiesenheit, so ist dem hier noch eine weitere Facette beizufügen: Autonomie ist – in der Tradition einer eudämonistischen Ethik des guten Lebens – auch unter dem Aspekt von Lebenskunst, also von positiver Freiheit zu bedenken. Wilhelm Schmid weist in seinem Entwurf einer Lebenskunst darauf hin, dass «selbstbestimmt, ‹autonom›, nicht schon das Selbst ist, das sich befreit [das wäre der Aspekt der negativen Freiheit *von* etwas, H. R.], sondern erst dasjenige, das zur Formgebung aus Freiheit [das wäre der Aspekt der positiven Freiheit *zu* etwas, H. R.], zur ‹Selbstgesetzgebung› in der Lage ist. [...] Die Autonomie besteht darin, die Gestaltung von Selbst und Leben selbst in die Hand zu nehmen».[30] Und eben darin besteht die Lebenskunst als bewusste, überlegte, selbstverantwortete Lebensführung.

Lebenskunst basiert auf Selbstmächtigkeit, auf der Fähigkeit eines Selbst, seine Möglichkeiten und Grenzen, seine Freiheitsspielräume und seine Prägungen, seine Selbstständigkeit und seine Abhängigkeiten wahrzunehmen und sein Leben nach eigenen Vorstellungen, nach dem eigenen Mass und in eigener Verantwortung zu gestalten – mitsamt und trotz all seinen nicht veränderbaren, vorgegebenen Aspekten, die zum Lebensende hin besonders schmerzlich bewusst werden können.[31] Es geht darum, dem Leben diejenige Gestalt und Ausrichtung zu geben, mit der sich das Selbst identifizieren kann.

---

30 W. Schmid (2004b), 115f.
31 Dabei handelt es sich bei der durch Selbstmächtigkeit ermöglichten Selbstgestaltung immer um eine «Mischung aus aktiver Gestaltung und passivem Gestaltetwerden» (ebd., 100f.).

Insofern ist Lebenskunst Arbeit an der eigenen Autonomie im Sinne positiver Freiheit.[32]

4.1.5 Gefährdungen der Selbstbestimmung am Lebensende

Selbstbestimmtes Leben versteht sich allerdings nicht von selbst, sonst müsste es nicht als ein Aspekt von Lebenskunst bedacht werden. Es ist vielmehr durch mancherlei Faktoren gefährdet, innere und äussere. Zu den *inneren* zählen körperliche und kognitive Einschränkungen, etwa durch altersassoziierte Krankheiten bedingt, die die Selbstmächtigkeit eines Individuums, also seine Fähigkeit, Selbstbestimmung wahrzunehmen, beeinträchtigen können. Dazu kann auch das gewohnheitsmässige Verharren in unselbstständigen, fremdbestimmten Lebensmustern gehören, die sich jemand angeeignet hat.[33]

Zu den *äusseren* Faktoren können gesellschaftliche, soziale oder institutionelle Rahmenbedingungen gehören, die autonomes Leben erschweren oder gefährden. Manche Leute befürchten eine solche Gefährdung der Selbstbestimmung vor allem im Blick auf das hohe Alter, wenn durch Multimorbidität verursachte Pflegebedürftigkeit das Leben in einem Pflegeheim notwendig machen sollte. Pflegeheime haben in unserer Gesellschaft – in vielen Fällen wohl zu Unrecht! – ein eher fragwürdiges Image, was unter anderem damit zusammenhängt, dass sie als Inbegriff «Totaler Institutionen» (E. GOFFMANN) gelten, in denen Bewohnerinnen und Bewohner institutioneller Fremdbestimmung unterworfen werden und in ihrer Selbstbestimmung gefährdet sind. Weil das Lebensende – das hohe Alter mit seinen Erscheinungen körperlicher und zuweilen auch geistiger Gebrechlichkeit einerseits

---

32 W. SCHMID (2000), 7.
33 K. HEIMERL & E. SEIDL (2007), 509f.

und der Prozess des Sterbens andrerseits – eine Phase grosser Fragilität und Verletzlichkeit mit potenziellen Erfahrungen von Abhängigkeit und Ohnmacht darstellt, ist es nicht verwunderlich, dass seit längerer Zeit ein dezidierter Ruf nach einem autonomen Alter[34] und nach einem selbstbestimmten Sterben[35] ergeht. Was Selbstbestimmung im Kontext der Pflegebedürftigkeit Hochaltriger bedeutet, soll deshalb das nächste, was Selbstbestimmung im Blick auf das Sterben bedeutet, das übernächste Kapitel erörtern.

4.2 Selbstbestimmung im Kontext der Pflegebedürftigkeit Hochaltriger

4.2.1 Die unumgängliche Problematik

Es liegt in der Natur der Sache, dass der Prozess des Alterns in der vierten Lebensphase (so etwa ab 80 Jahren) mit einer verstärkten körperlichen und geistigen Fragilität einhergeht und oft mit chronischen, altersbedingten Krankheiten verbunden ist. Multimorbidität wiederum führt zu einem erhöhten Bedarf an Unterstützung und hat zuweilen zur Konsequenz, dass der hochbetagte Mensch in eine spezialisierte Institution der Langzeitpflege eintritt. Für die meisten Zeitgenossen ist dies ein einschneidender, schmerzlicher Schritt, macht er doch unübersehbar deutlich, wie es um einen steht: dass man nicht mehr selbstständig leben kann, sondern im letzten Lebensabschnitt in zunehmendem Mass von der Unterstützung anderer abhängig ist – was beides auf dem Hintergrund des heute dominanten Lebensgefühls als beschämend empfunden werden kann. Sieht man die Literatur zum The-

---

34 B. PICHLER (2007), 67 weist darauf hin, dass das autonome Alter bereits zu einer Leitkategorie der Sozialpolitik geworden ist.

35 H. RÜEGGER (2004), 46–54.

ma Selbstbestimmung am Lebensende durch, fällt auf, dass unter diesem Thema fast immer nur von den schwierigen medizin-ethischen Fragen des Umgangs mit Sterbehilfe in Form von Therapieverzicht bzw. -abbruch (passive Sterbehilfe), Suizid-Beihilfe oder Tötung auf Verlangen (aktive Sterbehilfe) die Rede ist. Also von der Frage, ob und wie weit Menschen selbst über Zeitpunkt, Ort und Art ihres Sterbens bestimmen dürfen. Darob tritt – zu Unrecht! – die quantitativ viel häufigere und m. E. auch dringlichere Frage in den Hintergrund, welche Bedeutung Selbstbestimmung dort hat, wo Menschen ihre letzte Lebensphase in starker Abhängigkeit von der Unterstützung anderer z. B. in einem Pflegeheim verbringen müssen. Wir wenden uns in diesem Kapitel darum bewusst zuerst dieser Frage zu, bevor im dritten Kapitel dann Fragen der Selbstbestimmung im Prozess des Sterbens zur Sprache kommen.

Es ist unumgänglich, dass Pflegeheime Institutionen sind, in denen die Professionellen über ein hohes Mass an Experten-, Definitions- und Handlungsmacht verfügen. Und weil Heime in der Regel professionell und zweckrational geführte Institutionen sind, die den Grossteil des Lebens und Alltags der dort Wohnenden bestimmen, ist die Gefahr, zu einer «Totalen Institution» zu werden, nicht von der Hand zu weisen.[36] Der Hinweis von Ursula KOCH-STRAUBE ist jedenfalls

---

36 In seiner sozialwissenschaftlichen Dissertation: Das Altenheim – immer noch eine «Totale Institution»? (2004) kommt M. HEINZELMANN zur Schlussfolgerung, «dass die gegenwärtigen Altenheime […] als Pseudo-Totale Institutionen zu bezeichnen sind: Sie wirken ihrem Erscheinungsbild nach wie ‹Totale Institutionen› des traditionellen Modells, ihren Auswirkungen auf den Lebensalltag nach sind sie es im Wesentlichen nicht. Die ‹Lebenswelt› Altenheim wird massgeblich durch andere Ursachen geprägt als durch die Zwänge einer ‹Totalen Institution›. Diese Einschätzung gilt in noch stärkerem Masse für die Pflegeheime, die ebenfalls als Pseudo-Totale Institutionen anzusehen sind» (248). Kritischer fällt demgegenüber das Urteil von U. KOCH-STRAUBE (2003), 345f. aus, die die Auffassung vertritt,

ernst zu nehmen, dass «mit wachsender Definitions- und Entscheidungsfülle der MitarbeiterInnen die Ohnmacht der BewohnerInnen, das Gefühl von Hilflosigkeit und die Überzeugung, keine Kontrolle mehr über die eigenen Belange zu haben, wächst.»[37] Denn es lässt sich nicht verhindern, dass zwischen den auf Unterstützung angewiesenen alten Menschen und den professionellen Helfern, gar schon in Heimen, eine asymmetrische Beziehung besteht: Die Professionellen haben einen fachlichen Wissensvorsprung, sie kennen sich in der Institution aus und können in ihrer professionellen Rolle über deren Ressourcen verfügen; zudem sind sie selber gesund und fähig, anderen Hilfe zu leisten. Weil dies so ist, haben professionell Helfende die besondere Pflicht, diese Problematik selbstkritisch-sensibel wahrzunehmen und sich bewusst dafür einzusetzen, dass die Voraussetzungen für die Fähigkeit der auf Hilfe Angewiesenen, konkrete Selbstbestimmung wahrzunehmen, gefördert werden.[38]

Dem steht nach Monika BOBBERT nun allerdings entgegen, dass in der pflegeethischen Diskussion das Thema Patientenautonomie zwar grundsätzlich als wichtig anerkannt, aber wenig systematisch behandelt wurde, weil bei Pflegenden das Prinzip der Fürsorge stärker im Vordergrund steht. Daraus ergibt sich das Problem, dass es «aus der Perspektive der Fürsorge heraus nicht immer leicht sein mag, das Recht eines Patienten auf Achtung seiner Autonomie umzusetzen. Denn dies erfordert es doch zeitweise, von persönlich und pflegerisch für gut befundenen Denk- und Handlungsgewohnheiten zu-

---

dass «trotz aller notwendigen Vorsicht, das Konzept der Totalen Institution auf Pflegeheime für alte Menschen anzuwenden, trotz mancher Abweichungen, seine zentralen Aussagen zutreffend sind und die Erfahrungen, die eine intensive [...] Auseinandersetzung mit dem Leben und Arbeiten im Pflegeheim hervorruft, bündeln.»

37 Ebd., 300.
38 M. BOBBERT (2003), 83.

rückzutreten, verständnisvoll zu tolerieren und den anderen manchmal einfach gewähren zu lassen».[39]

Pflegeinstitutionen im Langzeitbereich haben eine Tendenz, das Leben der in ihnen Wohnenden umfassend zu bestimmen, kollektiv zu regeln und der institutionellen Logik eines möglichst effizienten Betriebs zu unterwerfen. Das lässt sich nicht ganz verhindern, entspricht es doch einer den Strukturen inhärenten Dynamik. Was man aber kann, ist, sich diese Tendenz bewusst zu machen und ihr dezidiert und mit gezielten Massnahmen entgegenzuwirken, um eine Pflege- und Betreuungskultur zu entwickeln, die der Selbstbestimmung der Bewohnerinnen und Bewohner förderlich ist. Worum es dabei gehen könnte, kann hier nur in ein paar wenigen Punkten angedeutet werden.

4.2.2 Orientierung am Individuum

Zentral ist, Betreuungsstrukturen immer wieder daraufhin zu prüfen, wie weit sie den individuellen Bedürfnissen derer, die auf sie angewiesen sind, entsprechen. Die Aufgabe besteht darin, institutionelle Strukturen möglichst den Bedürfnissen der Menschen anzupassen und nicht einfach zu erwarten, dass diese sich jenen anpassen.[40] Eine Literaturübersicht zur Frage der Selbstbestimmung älterer, pflegeabhängiger Menschen kommt zur Feststellung, dass «any attempts to ‹deinstitutionalize› the environment through efforts to recognize and meet individual needs could be seen als promoting per-

---

39 Ebd., 71f.
40 Damit soll nicht idealistisch überspielt werden, dass es zur soziologischen Wirklichkeit jeder kollektiven Lebensform mit ihrer Institutionalität gehört, dass sie die ihr zugehörigen Menschen prägt und erwartet, dass sich diese ihr ein Stück weit anpassen und einfügen. Anders wäre Leben in Gemeinschaft angesichts des Ineinanders von Personalität und Sozialität gar nicht möglich.

sonal autonomy.»[41] Dazu gehört auch, die Prioritäten medizinisch-pflegerischen Handelns so zu setzen, wie sie der Sicht der pflegebedürftigen Person entsprechen, nicht einfach so, wie sie sich in der Perspektive der Fachpersonen darstellen. Denn bereits das Formulieren von Pflegeproblemen setzt wertende Vorannahmen voraus, was jemand braucht, was für ihn oder sie gut und wünschenswert ist. Dabei kann das Wohl einer Person im Lichte ihrer subjektiven Wahrnehmung und Prioritätensetzung durchaus in anderem bestehen, «will [sie] vielleicht andere Pflegeprobleme beseitigt wissen, als dies Pflegemodelle, Pflegediagnosen oder andere externe Bezugspunkte nahe legen».[42]

Orientierung am Individuum beinhaltet auch, eigene, vielleicht eigenwillige Gewohnheiten von unterstützungsbedürftigen Menschen zu respektieren, sind sie es doch, durch die ein Selbst sich wie durch weniges sonst charakterisiert. In ihnen drückt sich die Selbstbestimmung des Individuums aus, die Form, die es seinem Leben verleiht.[43]

4.2.3 Einbezug in Entscheidungsprozesse und Ermöglichung von Identifikation

Selbstbestimmung in einer Situation von altersbedingter Betreuungsabhängigkeit wird dadurch gefördert, dass der alte Mensch konsequent in Entscheidungsprozesse, die ihn betreffen, einbezogen wird. Das setzt voraus, dass in allen Belangen angemessen informiert wird und echte Optionen vorgelegt werden, zwischen denen entschieden werden kann. Dies betrifft nicht nur schwerwiegende Entscheidungen etwa über grössere medizinische Eingriffe, sondern ebenso

---

41 S. Davies (1997), 413.
42 M. Bobbert (2003), 90f. Bobbert betont mit gutem Grund das «Recht auf Selbstbestimmung in Bezug auf das Eigenwohl» (77–80).
43 Darauf weist W. Schmid (2000), 33–37 mit Nachdruck hin.

Entscheidungen über die Pflegeziele und die Alltagsgestaltung.[44]

Autonomiefähigkeit kann krankheitsbedingt abnehmen; manche Entscheide übersteigen dann vielleicht die Möglichkeit eines Heimbewohners. Aber selbst dann wird es meist immer noch kleinere oder grössere Entscheidungen im Alltäglichen geben – wie sich jemand kleiden oder was jemand essen will, ob und wann jemand aufstehen oder einen Spaziergang machen möchte –, die zu treffen möglich sind. Nach der oben erwähnten Literaturübersicht gilt: «Even the ability to make quite small decisions about their day-to-day activities can make a significant impact on older people's sense of control.»[45] Menschen in altersbedingten Abhängigkeitsverhältnissen zu ermutigen, eigene Entscheidungen zu treffen, und sie in diesen Entscheidungen dann zu respektieren, ist eine Aufgabe der Ermächtigung (*empowerment*). Sie schliesst auch die Ermutigung ein, sich gegebenenfalls kritisch dazu zu äussern, wie Hilfe und Unterstützung erbracht werden.[46]

Nun hat George J. AGICH darauf hingewiesen, dass sich gerade bei schwer pflegeabhängigen, in ihrer Autonomiefähigkeit eingeschränkten alten Menschen die Frage der Selbstbestimmung oft gar nicht so sehr an der Möglichkeit entscheidet, gewichtige Entscheidungen zu fällen. Denn diese Sicht ist stark vom klassischen liberalen Autonomieverständnis geprägt, wie es in der Diskusson über klinisch-ethische Probleme dominant geworden ist. In der Situation von betagten Menschen in Pflegeeinrichtungen stellt sich AGICH zufolge stärker die Aufgabe, Institutionen und Dienstleistun-

---

44 Auf die Wichtigkeit, Autonomie in der Alltagsgestaltung wahrnehmen zu können, weist A. KRUSE (2007b), 204f. hin.

45 S. DAVIES (1997), 415.

46 S. DAVIES et al. sprechen von einem «empowerment of patients to allow them to be critical» (Ebd., 413).

gen so zu gestalten, dass sich die betroffene Person damit
identifizieren, sie als eine sinnvolle Wirklichkeit akzeptieren
kann. Es geht also eher um die Frage einer Heimkultur, einer Betriebsphilosophie, eines Lebensstils oder einer generel-
len Beziehungsqualität als um irgendwelche weit reichenden
Einzelentscheidungen. Kann sich eine Heimbewohnerin mit
dieser Kultur identifizieren, sie sich zu eigen machen, ist eine
wesentliche Voraussetzung für Selbstbestimmung im Sinne
einer ganz elementaren Lebenskunst gegeben, die sich dann
unweigerlich auch in einer aktiven Teilnahme an Entschei-
dungsprozessen niederschlagen wird. In diesem Sinne postu-
liert AGICH: «identification precedes autonomy.»[47]

4.2.4 Betagte als verantwortliche Menschen ernst nehmen

Jemandes Selbstbestimmung zu respektieren heisst gleichzeitig, die betreffende Person als für sich selbst verantwortlich
anzusehen und von ihr die Wahrnehmung solcher Selbstverantwortung[48] im Rahmen der vorhandenen Fähigkeiten –
die im Verlauf etwa eines demenziellen Prozesses natürlich
abnehmen können – auch zu erwarten. Dieser Aspekt wird
in der Autonomie-Diskussion gerne übersehen, ist aber zen-

---

47 G. J. AGICH (2003), 123. AGICH führt aus: «To be dependent on something
does not in any way diminish one's degree of freedom as long as one tru-
ly identifies with the thing on which one is dependent» (111). Und weiter:
«If the actual exercise of choice is typically only a small part of our lives,
then questions about the style of life and the structure and organization
of long-term care assume importance. In other words, is the style of life
availabel in long-term care meaningful for elders? Is the life available in
long-term care something with which the elder can identify, that is, not
through explicit choice but passively and reflexively? Raising this question
suggests that a radically different metaphor of autonomy in long-term care
is required» (119).

48 A. KRUSE hat immer wieder auf die Bedeutung dieses Verständnisses von
Selbstbestimmung als Selbstverantwortung hingewiesen, so etwa in: A. KRUSE
(2003) und (2004).

tral, weil er Autonomie als Teil einer sozialen Beziehung versteht, die auf Gegenseitigkeit zielt, so dass das Wahrnehmen von Pflichten und Verantwortungen die Selbstbestimmung ebenso stärkt wie das Geltendmachen von Ansprüchen und Rechten.[49] Dieser Gesichtspunkt impliziert, dass es angemessen sein kann, Bewohnerinnen und Bewohner in Langzeitinstitutionen auf Möglichkeiten solcher Wahrnehmung von Verantwortung anzusprechen und mit ihnen danach zu suchen, wie sie etwas für andere sein können. Die Psychogerontologie spricht hier vom Phänomen der *Generativität im Alter* und meint damit eine Lebenshaltung, die sich produktiv in die Gemeinschaft einbringt und Werte realisiert, die für andere von Bedeutung sind. Nach Frieder R. LANG & Margret M. Baltes gehört zur Altersgenerativität unter anderem das Verwirklichen einer Haltung, die durch Selbstbescheidung und Selbstverantwortlichkeit geprägt ist.[50]

Bedeutsam ist man aber nicht nur dadurch, dass man äusserlich aktiv und produktiv ist. Bedeutsamkeit für andere erlangt ein alter Mensch gerade durch die Art, wie er sein Altsein lebt und die ihm durch das Leben in dieser Phase gestellten Herausforderungen annimmt. Man kann darin eine

---

49 G. J. AGICH (2003), 78: «Responsibilities of elders constitute a significant, yet insufficiently recognized, aspect of autonomy.» Unter Aufnahme von Überlegungen von Andrew JAMETON nennt AGICH als Beispiele solcher Verantwortungen unter anderem: «responsibilities to caregivers such as expressing gratitude toward caregivers, complaining appropriately and understandingly to caregivers; basic responsibilities not to hit, insult, or otherwise abuse caregivers; responsibilities to observe or not violate institutional rules or the customs and daily routines in the home of a child caregiver; responsibilities to other patients and residents; personal responsibilities regarding self-care and grooming […] Even elders with limited physical abilities can assume some of these responsibilities, though, like all responsibilities, these naturally conform to changes in capacity and circumstance» (79).

50 F. R. LANG & M. M. BALTES (1997), 173–177.

innere, existenzielle Form von Produktivität und Kreativität sehen.[51]

So weit als möglich Verantwortung für sich selbst zu übernehmen beinhaltet, andere zu entlasten, sich anderen nicht mehr zuzumuten, als dies unumgänglich ist. Das kann z. B. für eine pflegeabhängige Heimbewohnerin heissen, dass sie sich – soweit sie das von ihrer psychisch-mentalen Verfassung her kann – darum bemüht, dem Heimpersonal bei seinen Verrichtungen so zu begegnen, dass es sich wertgeschätzt vorkommt, dass es in seinem persönlichen und beruflichen Selbstbewusstsein wie auch in seiner Arbeitsmotivation gestärkt wird.[52]

4.2.5 Selbstbestimmung als Orientierungsmerkmal einer humanen Sorgekultur

Damit Selbstbestimmung im Sinne von Selbstverantwortung gelebt werden kann, braucht es nicht nur innere Voraussetzungen auf Seiten des alten Menschen, sondern auch äussere Rahmenbedingungen institutioneller, sozialer, kultureller, gesundheits- und sozialpolitischer Art, die der Verwirklichung von Autonomie förderlich sind. Denn Autonomie kann sich erst im Kontext einer entsprechenden respektvoll-solidarischen Sorgekultur entfalten, die sich am Prinzip der Selbstbestimmung orientiert.[53] Sue DAVIES et al. halten fest: «A caring environment is one offering individuals the opportu-

---

51 A. KRUSE (2007b), 219–222 spricht im Blick auf das bewusste Annehmen der eigenen Abhängigkeit im Alter von einer motivationalen oder emotionalen Produktivität, die es ernst zu nehmen und zu würdigen gilt.

52 L. MONTADA (1996), 385–388.

53 R. SCHWERDT (2007) 31. In dieselbe Richtung scheinen mir auch K. HEIMERL & E. SEIDL (2007), 513 zu weisen, wenn sie Autonomie als Eigenschaft eines Systems begreifen möchten. Insgesamt geht es in allem darum, Versorgungssysteme, Entscheidungsprozesse und eine Kultur des sozialen Miteinanders zu gestalten, die darauf hin zielt, Betroffene zu Beteiligten zu machen (K. HEIMERL [2008], 34).

nity to develop their own potential and the freedom to choose their own course of action.»[54]

Dabei ist immer mitzubedenken, dass Selbstbestimmung eine freiwillige Option ist, nicht eine verpflichtende Norm.[55] Es besteht ein Recht auf Autonomie, nicht eine Verpflichtung zur Autonomie.[56] Das Recht, auf eine eigene Entscheidung zu verzichten und sie an andere zu delegieren, ist selbst auch ein Aspekt von Selbstbestimmung.[57]

4.3 Selbstbestimmung im Blick auf das Sterben

4.3.1 Sterben als selbst zu verantwortendes Machsal

Dass der Tod seit einiger Zeit nicht mehr nur als bedrohlicher Feind bekämpft oder als verhängtes Schicksal erduldet wird, sondern dass ihn heute viele unter dem Motto des Rechts auf einen «eigenen Tod», auf ein «würdiges Sterben» oder ein «selbstbestimmtes Sterben» geradezu einfordern, deutet auf einen fundamentalen Wandel in der Einstellung zum Sterben hin. Bereits 1976 fand die erste Weltkonferenz der ‹Right-to-Die-Societies› statt, die eine ‹Tokio-Erklärung› verabschiedete, in der u. a. das Recht auf ein Sterben in Würde[58] betont und die These aufgestellt wurde, dass jeder Mensch selber über Art und Zeitpunkt seines Todes entscheiden können sollte.[59] Das Neue an dieser Entwicklung ist, dass Sterben zunehmend als

---

54   S. Davies et al. (1997), 410.

55   W. Schmid (2004b), 115.

56   T. L. Beauchamp & J. F. Childress (2001), 61, 63.

57   M. Bobbert (2003), 78.

58   Ein Kernsatz lautet: «This brings us to affirm this right to die with dignity, which means in peace and without suffering» (www.worldrtd.net/about/page/?id=690).

59   «Death is unavoidable. But we believe that the manner (and time) of dying should be left to the decision of the individual» (ebd.).

etwas verstanden wird, das der Mensch in eigener Verantwortung zu gestalten und worüber er nach Möglichkeit frei
zu entscheiden hat.[60] Für den modernen *homo faber* tritt der
Tod aus dem Schatten eines verfügten Schicksals ins Licht
eines selber zu verantwortenden «Machsals» (O. MARQUARD),
das im Zeichen menschlicher Autonomie zu kontrollieren ist.
Daniel CALLAHAN formuliert sehr pointiert: «Während der
Tod seiner kollektiven Bedeutung beraubt wurde, wurde das
Recht, die Umstände des Sterbens zu bestimmen, umso mehr
hervorgehoben. Die Forderung nach Kontrolle und die Ablehnung eines Todes, wie er sich ereignet, wenn wir ihn un-
manipuliert geschehen lassen, sind nicht nur stark, sie sind
für viele eine Leidenschaft geworden. Das einzige Übel, das
grösser scheint als der persönliche Tod, wird zunehmend der
Verlust der Kontrolle über diesen Tod.»[61] In den USA gibt es
seit Jahrzehnten ein eigentliches «death control movement».[62]

Bei vielen Vertretern dieser Perspektive bekommt das Sterben gerade dadurch seine Würde, dass es unserer Kontrolle
und unserer autonomen Verfügungsmacht unterworfen wird.
Sterben in Würde heisst dann: selbstbestimmt sterben, nicht
das Sterben als ein Widerfahrnis erdulden und an sich resp.
mit sich geschehen lassen. Diese Haltung ist klassisch zusam-

---

60 R. GRONEMEYER (2007), 177 bringt das entscheidend Neue an dieser Situation auf den Punkt: «Solange der Tod ‹kam›, musste sich keiner recht-
fertigen: Es bedurfte einer solchen Debatte nicht. Das moderne Subjekt, der
homo modernissimus, hat sich in die fatale Lage gebracht, dass er nun selbst
sein Sterben und seinen Tod zu verantworten hat.» P. B. BALTES (2006a), 92
verweist auf empirische Untersuchungen in Deutschland, die ergeben haben,
dass nahezu drei Viertel der Befragten angaben, über das Wie und Wann
ihres Todes selbst bestimmen zu wollen, wobei keine Unterschiede im Blick
auf das Alter der Befragten festzustellen war. «Auch die 70- bis 80-Jährigen,
diejenigen, die näher am Tod stehen, [...] wollen in der Mehrzahl Hand-
lungskontrolle über das Wie und Wann des Sterbens.»
61 D. CALLAHAN (1998), 43.
62 B. J. LOGUE (1993).

mengefasst in dem Diktum von Joseph FLETCHER: «Death control, like birth control, is a matter of human dignity. Without it persons become puppets.»[63]

4.3.2 Die Angst vor der medizinisch-technischen Fremdbestimmung des Sterbens

Dieses Streben nach Autonomie und Kontrolle zeichnet unsere westliche Gesellschaft schon seit längerem aus, hat sich aber in jüngster Zeit noch verschärft und nach Daniel CALLAHAN «fast die Qualität einer Besessenheit angenommen.»[64] Dazu beigetragen hat nicht zuletzt die rasante Entwicklung der modernen High-Tech-Medizin, die zu erstaunlichen Möglichkeiten geführt hat, den Tod immer weiter hinauszuschieben. Die einerseits als Segen empfundenen Errungenschaften der modernen Medizin lösen andrerseits tiefgehende Ängste davor aus, am Ende des Lebens, wenn es Zeit wäre zu sterben, nicht sterben zu können, sondern künstlich am Leben (besser: am rein biologischen Überleben) erhalten zu werden.

Es gehört zu den spezifischen Vergesellschaftungsformen heutigen Sterbens, dass dieses medikalisiert, institutionalisiert, professionalisiert und durchorganisiert worden ist.[65] Der sterbende Körper wird gewissermassen zur Endbehandlung Professionellen in spezialisierten Institutionen übergeben, unter deren fachmännischer Begleitung und Überwachung er dann schmerzkontrolliert sein Leben beschliesst.[66]

---

63 J. FLETCHER (1969), 69. Die dieser Einstellung zugrunde liegende Haltung interpretiert G. SCHNEIDER-FLUME (2008), 122 so: «Um der Verletzung des individuellen Selbstbestimmungsrechtes durch Erleiden des Todes zu entgehen, muss man ihn umdeuten und macht ihn zum letzten Akt des eigenen Lebens, den man selbstverantwortlich ausführt.»
64 D. CALLAHAN (1998), 18.
65 A. NASSEHI (2006), 83f., 89f.
66 R. GRONEMEYER (2007), 198f.

Auf diesem Hintergrund fordert der Ruf nach einem selbstbestimmten Sterben ein Sterben, bei dem der Sterbende nicht zum blossen Objekt einer hochgerüsteten Intensiv-Medizin degradiert wird, sondern als menschliches Subjekt selber bestimmen kann, wann er auf lebensverlängernde Massnahmen verzichten und dem Tod bewusst entgegengehen oder ihn sich allenfalls sogar direkt besorgen will, und welche Begleitung resp. welche äusseren Rahmenbedingungen er auf dieser letzten Wegstrecke beanspruchen möchte.

4.3.3 Die Unumgänglichkeit des von Menschen bestimmten Sterbens

Menschen müssen heute im Blick auf den Tod in einer Weise Entscheidungen darüber treffen, ob sie ihn zulassen oder bekämpfen wollen, wie sie das in früheren Zeiten nicht mussten.[67] In der Mehrzahl der nicht plötzlichen Todesfälle geschieht Sterben heute in Europa nicht mehr ohne solche medizinischen Entscheidungen über Leben und Tod.[68] Wir haben also streng genommen in vielen Fällen gar nicht mehr die Möglichkeit, über Ort, Zeitpunkt und Art des Sterbens *nicht* zu entscheiden – Sterben ist so oder so weithin von Menschen bestimmtes Sterben geworden! Die Frage, die mit der Forderung nach einem selbstbestimmten Sterben gestellt wird, ist vielmehr eine doppelte: zum einen die, *wer* denn über das Sterben bestimmen solle: die Ärztin, oder die gesellschaftliche Meinung, oder die Angehörigen – oder der Sterbende selbst. Zum andern geht es um die Frage, *wie weit* diese Selbstbestimmung gehen dürfe, ob es etwa auch legitim sei, sich den Tod durch einen (begleiteten) Suizid oder durch eine verlangte medizinische Fremdtötung (aktive Sterbehilfe) zu holen.

---

67 J. RÖMELT (2002).
68 *Nationaler Ethikrat*, Selbstbestimmung und Fürsorge am Lebensende, 27.

4.3.4 Der legitime Anspruch der Selbstbestimmung im Blick auf das eigene Sterben

Die Forderung, angesichts der heutigen Ausweitung der medizinischen Möglichkeiten zur Lebensverlängerung dem moralischen Prinzip der Patientenautonomie die ihm gebührende Beachtung zu schenken und Sterbenden zuzugestehen, auf weitere Therapien zu verzichten, ist – zumindest im Grundsätzlichen – kaum bestritten. Passive Sterbehilfe (Verzicht auf oder Abbruch von Therapien), ja selbst indirekte Sterbehilfe, also Schmerzbekämpfung unter Inkaufnahme möglicher lebensverkürzender Konsequenzen, ist heute nicht nur erlaubt, sie gehört zum Standard einer *good clinical practice*. Und geht man davon aus, dass das Leben zwar ein hohes Gut und – theologisch gesehen – eine zu schützende und zu achtende Gabe Gottes ist, nicht aber etwas, zu dem wir unter allen Umständen gezwungen werden, so wird man jedenfalls aus einer liberalen protestantischen Sicht auch der Möglichkeit eines (begleiteten) Suizids als *ultima-ratio*-Lösung in Situationen grossen Leidens die Legitimität nicht grundsätzlich absprechen wollen.

In diesem Sinne besteht zu Recht ein in der Menschenwürde gründender, normativer Anspruch auf Autonomie, auf eine Selbstbestimmung oder besser: Selbstverantwortung im Blick auf Ort, Zeitpunkt und Art des Sterbens, der gerade um der Humanität und Erträglichkeit des Sterbens willen nicht in Frage gestellt werden sollte. Dieser Autonomie-Anspruch behält grundsätzlich auch dann seine uneingeschränkte Gültigkeit, wenn die Fähigkeit eines betagten oder sterbenden Menschen, diese Selbstbestimmung auch empirisch wahrzunehmen, krankheitsbedingt eingeschränkt ist oder – wie bei Wachkoma-Patienten – ausfällt. Die Richtlinien der Schweizerischen Akademie der Medizinischen Wissenschaften halten fest: «Der *Anspruch* auf Respektierung der Menschenwürde und Autonomie gilt uneingeschränkt für alle Menschen. [...] Eingeschränkte Autonomie*fähigkeiten*, welche mit zunehmendem Alter häufiger werden und das Gleichgewicht zwischen den abhängigen und unabhängigen Seiten bei einem Menschen stören, heben den Anspruch auf Respektierung seiner Würde und Autonomie nicht auf.»[69] Das heisst: Bei fehlender empirischer Autonomie-*Fähigkeit* ist das Defizit an Selbstbestimmungsmöglichkeit dadurch auszugleichen, dass der sog. mutmassliche Wille der betroffenen Person eruiert und auf diesem Wege dem bleibenden normativen *Anspruch* auf Selbstbestimmung Genüge getan wird. Dabei ist zu beachten, «dass auch bei vorangeschrittener Demenz auf jeder Stufe der Entwicklung immer noch Kompetenzen des Verstehens, des Bewertens und der Selbstäusserung vorhanden sind, wenn auch auf einem zunehmend eingeengten und instabilen Niveau,» weshalb «das gänzliche Absprechen einer Selbstbestimmungsmöglichkeit in den fortgeschrittenen Phasen der Demenzentwicklung nicht statthaft ist».[70]

Fragen wie die, welche Verbindlichkeit Patientenverfügungen beim Eruieren eines mutmasslichen Willens zukommt, oder inwieweit ein solcher Wille bei Fehlen klarer Vorausbestimmungen im Blick auf die Situation von Komapatienten überhaupt erhoben werden kann, oder ob gegebenenfalls unter gewissen Bedingungen auch aktive Sterbehilfe, also Tötung auf Verlangen, in den Bereich dessen fallen soll, was legitimerweise als Teil der Selbstbestimmung eines Sterbenden angesehen werden kann, sind heute Gegenstand kontroverser internationaler Diskurse und können hier nicht weiter verfolgt werden.

---

69   SAMW (2004b), Pkt. II.3.1 (Hervorhebungen H. R.).
70   M. WUNDER (2008), 22.

4.3.5 Kritische Anfragen an gängige Vorstellungen selbstbestimmten Sterbens

Die heute weit verbreitete Forderung nach einem selbstbestimmten Sterben scheint mir jedoch in dreierlei Hinsicht kritikbedürftig.

Erstens: Für viele Heutige scheint ein «würdiges Sterben» wie selbstverständlich mit einer autonomen Entscheidung des Sterbenden verbunden zu werden, wann und wie er sterben will[71] – als entbehre es der Würde, wenn ein Mensch seinen Tod dann und in der Gestalt annimmt, in der er ihm als Geschick entgegentritt![72] Daniel CALLAHAN ist zuzustimmen: «Es gibt keine zwingende Korrelation zwischen einer Kontrolle über den eigenen Tod und der Würde dieses Sterbens.»[73] Umgekehrt scheint mir die Befürchtung nicht von der Hand zu weisen, dass ein subtiler, aber nachhaltiger Druck auf alte, multimorbide, pflegebedürftige Menschen entsteht, wenn die Gesellschaft zunehmend die Ausübung von Selbstbestimmung hinsichtlich Todesart und -zeitpunkt als Voraussetzung eines würdigen Sterbens versteht. Denn gewinnt die Vorstellung vom autonomen, selbst bestimmten und individuell zu verantwortenden Sterben in unserer Gesellschaft normative

---

71 Chr. HORN (2006), 38 sieht darin einen gegenwartstypischen Wunsch an ein gutes Sterben: Es soll einerseits möglichst sanft und schmerzlos sein, andrerseits möglichst autonom und authentisch, das heisst Gegenstand freier Wahl (besonders bezüglich Todeszeitpunkt und Todesart). Nach HORN könnte man von diesem Standpunkt aus geradezu ein «Menschenrecht auf einen selbstgewählten Tod» postulieren.

72 Dieses heute weit verbreitete Verständnis des Sterbens steht dem der Stoa nahe, die davon ausging, «dass der Mensch das Sterben, den Tod nicht in Passivität erleiden, sondern ihn in eine Tat der Freiheit umgestalten soll, dass das Sterben ihn auf keinen Fall der Freiheit berauben soll. [...] Stoisch gesehen wird das bloße Erleiden des Todes für untermenschlich, entwürdigend und tierisch gehalten» (U. EIBACH [1998], 80).

73 D. CALLAHAN (1998), 155.

Kraft, müssen alle, die ihr Sterben erleiden, damit rechnen, dass ihnen etwas von ihrer Würde abgesprochen wird.

Eine zweite Problematik der Rede vom selbstbestimmten Sterben zeigt sich in der Unfähigkeit, menschliches Leben gerade in ganz elementaren Grundvollzügen als etwas wahrzunehmen, was über alles eigene Planen, Entscheiden, Machen und Kontrollieren hinaus geht. Reimer GRONEMEYER, einer der schärfsten Kritiker dieser Einstellung, gibt zu bedenken: «Das Leben wird heute immer mehr zu einem Planungsprojekt: Besonders Geburt und Tod werden aus dem, was einmal natürliches Geschehen war, explantiert, nichts wird dem Zufall überlassen.» Das heimliche Credo des modernen Menschen besteht darin, «dass er nichts auf sich zukommen lassen kann, sondern – wenn er schon sterben muss – dem Tod dann doch jedenfalls präventiv die Handlungsmacht nehmen will. Wenn ich schon sterben muss, dann will ich sagen wann und wie.» GRONEMEYER hält den Gedanken, Sterben sei planbar, für eine Zwangsidee der modernen Gesellschaft.[74] Unter dieser Zwangsidee geht leicht vergessen, dass menschliches Dasein «vor aller Aktivität, aber nicht minder in allem Tätigsein durch eine eigentümliche Grundpassivität gekennzeichnet [ist]. ‹Es gibt eine Passivität, ohne die der Mensch nicht menschlich wäre. Dazu gehört, dass man geboren wird. Dazu gehört, dass man geliebt wird. Dazu gehört, dass man stirbt›».[75] Diese Passivität gehört zur grundlegenden Struktur des Humanum. Sie gerade bei so etwas Elementarem wie dem Prozess des Sterbens ausschalten zu wollen, könnte fundamentale Erfahrungen des Menschseins verunmöglichen. Wenn man ernst nimmt, dass ein Individuum gerade darin souverän und selbstbestimmt ist, dass es sich auch bestimmen lassen kann, statt immer nur selbst bestimmen zu wollen, dass

---

74   R. GRONEMEYER (2007), 160f., 181.
75   U. H. J. KÖRTNER (1996), 54 (Zitat von Eberhard JÜNGEL).

Selbstbestimmung also ein aktiver ebenso wie ein passiver Prozess, ein Tun ebenso wie ein Hinnehmen und Lassen, ein eigenes Gestalten wie auch ein Sich-Gestaltenlassen von Umständen und Situationen ist,[76] wird man Selbstbestimmung im Prozess des Sterbens eher in der Art und Weise sehen wollen, wie jemand sich auf diese Erfahrung einlässt und sie in sein Leben integriert.

Eine dritte Kritik betrifft den Wunsch nach einem leichten, schmerzfreien und «schönen» Sterben. Reimer GRONEMEYER sieht am Horizont bereits ein «neues Programm: *Happy dying* – Sterben als Event».[77] So sehr die heutigen Möglichkeiten einer Palliative Care zur Linderung von Schmerzen und anderen belastenden Symptomen beim Sterben zu begrüssen und ihre breite Anwendung zu fördern sind, so nüchtern ist anzuerkennen, dass Sterben in vielen Fällen mühsam und belastend ist – nicht anders als die Geburt! Die Fähigkeit und Bereitschaft, Schwieriges auszuhalten und mit Zumutungen des Schicksals konstruktiv umzugehen,[78] ist jedenfalls ein zentraler Aspekt einer Selbstbestimmung im Blick auf das Sterben.

Dieser letzte Aspekt macht nochmals deutlich, wie wichtig ein unterstützendes Umfeld mit einer verlässlichen, empathisch-solidarischen «Sorgekultur» für die Selbstbestimmung am Lebensende ist. Sie wird sich an der Selbstverantwortung der Sterbenden als Leitbild eines menschenwürdigen Sterbebeistandes orientieren[79] und ein gutes, selbstbestimmtes Sterben als Ergebnis eines gemeinsamen Lernprozesses aller Be-

---

76 W. SCHMID (2004b), 119.
77 R. GRONEMEYER (2007), 156.
78 Es geht hier um die pathischen Fähigkeiten des Menschen, auch unter Belastungen das Leben mutig zu erleiden und sinnvoll zu meistern, was ein zentrales Element jeder *ars moriendi* und jeder *ars vivendi* darstellt (H. RÜEGGER [2006], 77–81).
79 A. KRUSE (2007), 201–212.

teiligten verstehen: der Sterbenden, ihrer professionellen Helferinnen und Helfer wie auch ihrer Angehörigen.[80] Darin erweist sich Selbstbestimmung als dialogische, sozial eingebundene Freiheit, angesichts bestehender Abhängigkeiten das Leben bis zuletzt nach dem je eigenen Mass verantwortlich zu führen.

---

80   M. Zimmermann-Acklin (2003), 71.

Ethische Aspekte im Umgang mit demenzkranken Menschen

5.1   Der Preis der Langlebigkeit

Die historische Entwicklung hin zu einer Gesellschaft, in der Langlebigkeit nicht mehr die Ausnahme, sondern die Regel ist, in der also die durchschnittliche Lebenserwartung jedes Neugeborenen – wie es heute der Fall ist – rund acht Jahrzehnte beträgt,[1] ist eine kulturelle Errungenschaft sondergleichen. Ihre Bedeutung kann kaum überschätzt werden. Allerdings lässt sich nicht darüber hinwegsehen, dass diese Errungenschaft ambivalent ist; sie hat nämlich ihren Preis.

Biologisch gesehen ist unser Körper nicht auf Hochaltrigkeit eingestellt. Evolutionsbiologisch betrachtet ist der Mensch genetisch so programmiert, dass es seinem Körper in jüngeren Jahren relativ leicht gelingt, Schädigungen zu beheben oder einzugrenzen, so dass seine Funktionstüchtigkeit erhalten bleibt. Und zu seiner Funktionstüchtigkeit gehört vor allem die Fortpflanzung. Ab dem Alter, in dem die Fortpflanzung im Prinzip erfolgt ist, nimmt die Fähigkeit des Körpers, auftretende Defekte zu reparieren, zunehmend ab. Paul B. Baltes hat das schon vor Jahren auf die lapidare Formulierung

---

1   In der Schweiz stieg die Lebenserwartung von 46,2 bzw. 48,9 Jahren (für Männer bzw. Frauen) im Jahre 1900 auf 79,4 bzw. 84,2 Jahren im Jahre 2007 (Quelle: Bundesamt für Statistik [2008]. Die Daten für 2007 sind noch provisorisch.). Das bedeutet eine Steigerung der durchschnittlichen Lebenserwartung in gut 100 Jahren um 72 %.

gebracht: «Die evolutionär gewachsene Biologie ist keine Freundin des Alters.»[2] Das zeigt sich sehr anschaulich an der exponentiellen Zunahme der Demenzerkrankungen bei zunehmendem Alter. Nach einer Meta-Analyse von 21 Studien, die Anthony F. JORM et al. 1987 veröffentlichten, ist ab 60 Jahren mit einer ungefähren Verdoppelung der Demenz-Prävalenzrate, also der Anzahl demenzieller Störungen pro Hundert Personen einer Altersgruppe, alle fünf Jahre zu rechnen. Eine ähnliche Entwicklung deutet eine Meta-Analyse von Studien aus den 1980er Jahren an, die Albert HOFMAN et al. 1991 veröffentlichten.[3]

Das heisst: Indem wir den Tod immer weiter hinausschieben und dadurch immer älter werden, handeln wir uns – selbst verantwortet! – ein immer höheres Risiko ein, an einer Form von Demenz zu erkranken.[4] Dies wiederum ist einer der Hauptgründe, warum heute die meisten Zeitgenossen

2   P. B. BALTES (2001), 333. Nach BALTES «stand die Evolution dem Alter eher gleichgültig gegenüber, sie selektierte und optimierte vielmehr die Reproduktionsfähigkeit des Menschen im frühen Erwachsenenalter. Deshalb verliert das menschliche Genom seine ‹ordnende Hand› zunehmend, wenn es um die höchste Altersstufe geht – es wird fehlerhaft, büsst an Regulationskraft ein, und die in ihm angelegte biologische Plastizität und Präzision schwinden» ([2003a], 17). Darin manifestiert sich nach BALTES eine «grundlegend altersunfreundliche biogenetische Architektur des Lebensverlaufs» ([2006], 96). Ähnlich F. SCHIRRMACHER (2004), 10: «Zum ersten Mal entsteht etwas, was in der Evolution nicht vorgesehen, ja von ihr mit allen tödlichen Tricks verhindert weren sollte: eine nicht mehr fortpflanzungsfähige Gruppe, die ihren biologischen Zweck längst erfüllt hat, […] bildet die Mehrheit innerhalb einer Gesellschaft.»

3   F. HÖFLINGER & V. HUGENTOBLER (2003), 67. P. B. Baltes (2006), 94 hält im Blick auf die Situation in Deutschland fest: «Bei den 70-Jährigen leiden weniger als fünf Prozent an diagnostizierten Demenzen, bei den 80-Jährigen sind es schon fast 15 Prozent, bei den 90-Jährigen fast die Hälfte.»

4   Auf diesen ganz zentralen Gesichtspunkt, der zwar allgemein bekannt ist, über dessen volle Bedeutung wir uns aber oft nicht wirklich im Klaren sind, hat D. CALLAHAN schon 1992 hingewiesen: «We have yet to take the full measure of what may be an unavoidable outcome of the effort to extend life – that of the generation of increased morbidity and chronic illness. […]

Langlebigkeit als ein sehr ambivalentes Phänomen empfinden, als etwas, das sie zugleich wollen und fürchten.[5] Andreas KRUSE hat zweifellos recht: «An einer Demenz zu erkranken, in deren Folge unselbstständig zu werden und die Fähigkeit zur Kommunikation zu verlieren, ist das wahrscheinlich am meisten gefürchtete Risiko des Alters.»[6] Wie ein Damoklesschwert hängt das Krankheitsbild Demenz über unserer immer weiter alternden Gesellschaft und das Stichwort ‹Alzheimer›, jenes pathologische Syndrom, das auch schon als Jahrhundertkrankheit bezeichnet worden ist,[7] vermag wie wenig Anderes tiefe Ängste auszulösen im Blick auf die je eigene, individuelle Zukunft.[8] Aber auch im Blick auf die Zukunft der Gesellschaft als Ganzes dürfte das quantitativ weiter zunehmende Phänomen Demenz einschneidende Folgen haben. Tom KITWOOD hat in ihm den vielleicht bedeutsamsten epidemiologischen Faktor des beginnenden 21. Jahrhunderts gesehen, der «tiefgreifende und anhaltende Auswirkungen auf das gesamte Gefüge unseres politischen, ökonomischen und sozialen Lebens haben wird».[9] Und niemand weiss im Moment noch, wie wir als Gesellschaft damit umgehen sollen.[10]

It is a necessary, though not sufficient, basis for Alzheimer's that we age long enough to get it; and the more we age, the more likely it becomes» (146).

5   P. B. BALTES hat deshalb die heutige Möglichkeit, sehr alt zu werden, im Zeichen einer «Hoffnung mit Trauerflor» interpretiert (2006b). Während er das sog. dritte Lebensalter (ca. 60–80 Jahre) v. a. als Chance und Gewinn deutete, verstand er das vierte Lebensalter insbesondere wegen seines hohen Demenzrisikos v. a. als eine Belastung (P. B. BALTES [2003a]).

6   A. KRUSE (2007), 5.

7   R. N. BUTLER (1992), ix mit Verweis auf Lewis THOMAS.

8   A. KRUSE (2007), 5. A. WETTSTEIN (2005), 103f. hat allerdings darauf hingewiesen, dass die Angst vor Erkrankung an einer Demenz als Begleiterscheinung hohen Alters bereits seit der homerischen Zeit in unserer Kultur belegt ist.

9   T. KITWOOD (2000), 17.

10   Diesen Aspekt betont zu Recht der Sozialpsychiater K. DÖRNER (2007), 12f., wenn er schreibt: «Heute wachsen wir erstmals in der Menschheits-

Haben Krankheiten, vor allem solche, die mit hoher Wahrscheinlichkeit tödlich enden, schon immer existenzielle Fragen etwa nach dem Sinn des Lebens aufgeworfen, so gehört Demenz in ihren verschiedenen Formen zu jenen Krankheitsphänomenen, die auf besonders grundsätzliche Weise Fragen nach unserem Menschenbild, nach der Bedeutung menschlichen Lebens und eines menschenwürdigen Lebensendes aufwerfen. Denn das, was in einem Demenz-Prozess geschieht, stellt zentrale Aspekte unseres gängigen Menschenbildes fundamental in Frage.

5.2 Demenz als Infragestellung des gängigen Menschenbildes

Wir leben in einer Gesellschaft, die stark durch eine rationalistische, kapitalistische und auf individuelle Freiheit und Unabhängigkeit ausgerichtete Kultur geprägt ist. Diese orientiert sich an drei zentralen Schlüsselwerten, die unser Selbstverständnis und Lebensgefühl bestimmen: diejenigen der Produktivität, der Rationalität und der Autonomie. Wer leistungsfähig ist, über hohe Intelligenz verfügt und sein Leben selbstbestimmt und selbstständig[11] führen kann, fühlt sich gut, ist erfolgreich und wird von Mitmenschen geachtet. Er oder sie ist jemand, insofern er oder sie die Schlüsselwerte von Produktivität, Rationalität und Autonomie verkörpert.

---

geschichte in eine Gesellschaft hinein, in der die Alterspflegebedürftigen und Dementen zahlenmässig so zunehmen und sich dadurch inflationieren, dass sie eine neue und in der Grössenordnung gänzlich unbekannte Bevölkerungsgruppe darstellen. Niemand kann heute wissen, wie wir damit umgehen sollen.»

11 Im populären Sprachgebrauch wird zwischen Selbstbestimmung und Selbstständigkeit kaum unterschieden; beide werden im Begriff der Autonomie undifferenziert zusammengefasst.

Auf dem Hintergrund einer solchen gesellschaftlichen Mentalität und eines derart akzentuierten Menschenbildes muss Demenz als das pure Gegenteil dessen erscheinen, was als gut und erstrebenswert gilt, worin wir Sinn, Wert und Würde unserer Existenz begründet sehen. Demenz stellt den absoluten Gegensatz zu unserem anthropologischen Idealbild dar, ist eine Kränkung aller Bilder, die wir uns von einem guten Leben und gelingenden Altern machen,[12] indem sie nicht nur einen letztlich tödlichen Verlauf nimmt, sondern den innersten Kern unserer geistigen Identität angreift.[13] Sie entfremdet die betroffenen Personen sich selbst, ihrer Geschichte und ihrem sozialen Umfeld und versetzt sie im fortgeschrittenen Stadium auf die geistige Stufe eines kleinen Kindes zurück, das selbst bei den Verrichtungen der Aktivitäten des täglichen Lebens weitgehend auf die Unterstützung von Mitmenschen angewiesen ist. Ja, Demenz in ihren vielfältigen Formen lässt Menschen Verhaltensweisen annehmen, die un-

---

12 Th. KLIE (2006), 68. P. WISSMANN & R. GRONEMEYER (2008), 47 halten fest: «Menschen mit Demenz stellen ein auf Rationalität abgestelltes Welt- und Selbstbild radikal in Frage. Sie sind dessen Gegenbild und vermögen daher bei vielen Menschen Schrecken auszulösen.»

13 P. WISSMANN & R. GRONEMEYER (2008), 52 formulieren in drastischer Sprache: «Demenz macht Angst! Während bei vielen anderen Krankheiten ‹nur› der Körper betroffen zu sein scheint, geht die Demenz an das, was wir gewohnt sind als ‹das Eingemachte› des Menschen zu betrachten: den Geist. [...] Demenz heisst übersetzt soviel wie ‹ohne Geist›. Und dieser ‹geistlose› Seinszustand ist es, der den Menschen so ungeheure Angst macht. Nur noch ein ‹Idiot›, ein lallendes und schwachsinniges Wesen oder ein ‹Toter› zu sein, von dem nur der biologisch noch lebende Körper zurückgeblieben ist – so einige gängige Begriffe und Bilder –, das bedeutet für die meisten Menschen eine unerträgliche Vorstellung.» Und St. G. POST (1996), 3 bringt die fundamentale Herausforderung an unser Menschenbild auf den Punkt: Während das Selbstverständnis des modernen Menschen und seiner «hyperkognitiven Kultur» seine Grundlage im kartesianischen «*Cogito ergo sum*» hat (ich denke, also bin ich), gilt für den an Demenz erkrankten Menschen zunehmend: «Neither *cogito* (I think) nor *ergo* (therefore), but *sum* (I am).»

sere ganze Kultur des zivilisierten Umgangs unter Erwachsenen in Frage stellt.[14]

Es ist deshalb verständlich, dass das Phänomen Demenz bzw. die Begegnung mit demenzkranken Menschen häufig zuallererst einmal Ängste und Abwehr auslöst, werden wir doch mit einem möglichen künftigen Bild unserer selbst konfrontiert, das wir ablehnen und verdrängen – dem Bild eines geistig desorientierten, der eigenen Kontrolle und Selbstbestimmung entgleitenden und ganz von anderen abhängigen alten Menschen. Wir werden daran erinnert, dass ein im gängigen Sinne verstandenes «erfolgreiches Altern» (*successful aging*) nicht selbstverständlich ist und sich u. U. auch noch so ernsthaftem Planen entzieht. Aus der Abwehr dieser Perspektive ergeben sich zahlreiche Verdrängungsstrategien, die mit innerer Logik zu einer Ausgrenzung demenzkranker Menschen führen.[15] Tom KITWOOD hat diese moralisch fragwürdige «Psychodynamik des Ausgrenzens» und ihre entmenschlichenden Folgen dargestellt.[16]

---

14 Th. KLIE (2006), 65f.

15 V. WETZSTEIN (2005a) macht darauf aufmerksam, dass im gängigen Empfinden das Bild von Demenz geradezu eine Dämonisierung erfahren hat: «Indem die Persönlichkeit des Betroffenen förmlich zerfressen zu werden scheint, stellt die Alzheimer-Demenz innerhalb einer auf Autonomie und Selbstbestimmung bedachten Umwelt nicht mehr und nicht weniger als einen Angriff auf das Selbstverständnis des Menschen dar. Diese Verunsicherung übt ein solches Grauen aus, dass der dementielle Prozess nicht nur dämonisiert, sondern die Betroffenen selbst auch zwangsläufig stigmatisiert werden.» (29)

16 T. KITWOOD (2000), 32–34. KITWOOD spricht davon, dass auch wohlmeinende Pflegende oder Betreuende immer wieder in Verhaltensweisen demenzkranken Personen gegenüber verfallen, die diese abwerten und ihnen schaden. Er sieht im Umgang mit demenziell Erkrankten – unbewusst und ohne böse Absicht! – eine «maligne, bösartige Sozialpsychologie» am Werk, die er an einem Katalog von 17 beispielhaften Verhaltensweisen konkretisiert (ebd., 73–79). Dazu gehören Verhaltensweisen wie manipulierender Betrug, Infantilisierung, Einschüchterung, Etikettierung, Stigmatisierung, Abwertung, Ignorierung, Herabwürdigung und andere mehr.

Aus diesem Sachverhalt ergibt sich für Personen, die in der Begleitung und Pflege Demenzkranker engagiert sind, wie auch für die Gesellschaft als Ganzes eine doppelte Herausforderung. Notwendig ist einerseits die selbstkritische Wahrnehmung und Korrektur verdrängender, ausgrenzender Einstellungen und Haltungen gegenüber Menschen mit einer Demenz. Andreas KRUSE weist darauf hin, dass «die Konfrontation mit dem Krankheitsbild der Demenz den Menschen an eine Dimension erinnert, die in seinem Streben nach Selbstständigkeit und Selbstverantwortung bisweilen in Vergessenheit gerät: Die Dimension der *bewusst angenommenen Abhängigkeit*. Das Erkennen der grundlegenden Angewiesenheit auf die Solidarität und Hilfe anderer Menschen und die Bejahung dieser Angewiesenheit durch den Demenzkranken selbst wie auch durch Angehörige, Ärzte und Pflegefachkräfte stellt eine bedeutende Grundlage für den möglichst vorurteilsfreien Kontakt mit dem Erkrankten dar».[17] Dieser Hinweis gilt im Übrigen nicht nur für demente Menschen. Die Mehrheit der Hochaltrigen ist während einer kürzeren oder längeren Zeit vor dem Tod mehr oder weniger auf die Hilfe anderer angewiesen. Gesamtgesellschaftlich-kulturell geht es deshalb nach Andreas KRUSE darum, die Grenzen der Hochaltrigkeit in einen kulturellen Entwurf des Menschseins unter den Bedingungen der Langlebigkeit zu integrieren[18] mit dem Ziel der Sensibilisierung für die grundlegende Realität menschlicher Verletzlichkeit und Angewiesenheit auf Hilfe.[19]

Andrerseits stellt sich die Aufgabe, die kritischen Anfragen aufzunehmen, die Demenz implizit an unser Menschenbild stellt.[20] Das würde etwa bedeuten, sich klar zu machen,

---

17   A. KRUSE (2007a), 5f.

18   A. KRUSE (2005a), 56.

19   A. KRUSE (2006a), 57.

20   Vgl. oben Kap. 2.4 in diesem Buch.

dass Menschsein mehr ist als Leistung, dass der Wert eines Menschen mehr ist als seine Nützlichkeit – es gibt eine Wert- und Sinnhaftigkeit des blossen Daseins, des Empfangens und des Mit-sich-geschehen-Lassens jenseits aller Produktivität. Oder es wäre wieder zu lernen, dass Menschsein mehr ist als Denken – es gibt eine Bedeutsamkeit des Empfindens, der Emotionalität, der Leiblichkeit und des In-Beziehung-Stehens weit über alle Rationalität hinaus.[21] Schliesslich ist wieder ein Verständnis dafür zu gewinnen, dass Autonomie nur einen Teilaspekt menschlichen Lebens ausmacht,[22] dass aber das Bezogensein auf andere und die Abhängigkeit von der Hilfe anderer genauso fundamental zur *condition humaine* gehört.[23]

Es ist keineswegs gleichgültig, was für eine Vorstellung, was für Leitbilder eine Gesellschaft von sinnvollem, gelingendem Menschsein hat. Und es ist alles andere als moralisch gleichgültig, mit was für Bildern und Wertungen eine Kultur über das Leben demenzkranker Menschen spricht. Denn damit prägt sie die Art und Weise, wie an Demenz erkrankte Menschen und ihre Angehörigen ihre eigene Situation deuten, verarbeiten und erleben – zum Guten wie zum Schlechten.[24] Dass es hierbei nicht nur um eine individuelle, sondern um eine gesellschaftlich-kulturelle Frage geht, unterstreicht Andreas KRUSE mit Recht: «Entscheidend ist die Frage: Inwieweit werden in einer Gesellschaft Grenzsituationen als natürlicher Teil unseres Lebens und die reflektierte, verantwortliche Auseinandersetzung des Menschen mit Grenzsituationen als

---

21 Unter diesem Gesichtspunkt greift die traditonelle Definition des Menschen als *animal rationale*, als Vernunftswesen, zu kurz.
22 G. SCHNEIDER-FLUME (2008), 32–34, dort 33 weist zu Recht darauf hin, dass «Reife und Autonomie nicht der einzige Massstab sind zur Beurteilung des Alters, die individuelle Biographie geht darüber hinaus».
23 Vgl. in diesem Buch Kapitel 4: Selbstbestimmung am Lebensende.
24 A. KRUSE (2007a), 4.

eine nicht nur individuell, sondern auch gesellschaftlich und kulturell bedeutsame Aufgabe interpretiert?»[25]

Will sich unsere Gesellschaft dieser Aufgabe stellen – nicht nur um ihrer Verantwortung im Blick auf Demenzkranke willen, sondern um der Humanisierung der Gesellschaft insgesamt willen! –, wird das nicht ohne eine kritische Revision des vorherrschenden reduktionistischen, auf Produktivität, Rationalität und Autonomie fokussierten Menschenbildes[26] gehen.

5.3 Kritik an der Bestreitung des Personseins demenzkranker Menschen

Eine Folge dieses einseitig auf Rationalität ausgerichteten reduktionistischen Menschenbildes zeigt sich in der gegenwärtigen Diskussion um das Personsein. Strittig ist die Frage, ob eigentlich alle Menschen den moralischen Status von Personen haben und damit den Schutz verdienen, der Personen zusteht, oder ob nur Wesen als Personen zu betrachten sind, die über gewisse Eigenschaften oder Fähigkeiten verfügen.[27] Breite Resonanz hat diese Frage v. a. durch die Position des australischen Moralphilosophen Peter SINGER im Blick auf die Behindertenfrage gefunden. SINGER geht – unter Rückgriff auf einen Vorschlag von Joseph FLETCHER – davon aus, dass nur «Person» oder «ein wirklich menschliches Wesen» ist, wer «in einem hohen Mass» Kriterien erfüllt, die er als «Indikatoren des Menschseins» versteht. Zu diesen Indikatoren gehören: «Selbstbewusstsein, Selbstkontrolle, Sinn für

---

25 A. KRUSE (2006a) 62.
26 T. KITWOOD (2000), 28.
27 J. FISCHER (2002), 166. Diese Fragestellung bzw. die Differenzierung zwischen Menschsein und Personsein geht auf den englischen Philosophen John LOCKE zurück.

Zukunft, Sinn für Vergangenheit, die Fähigkeit, mit anderen Beziehungen zu knüpfen, sich um andere zu kümmern, Kommunikation und Neugier»[28] – also alles Kriterien, die Menschen mit einer Demenz nicht mehr erfüllen! Demzufolge werden Menschen ethisch in zwei Gruppen unterschieden: Einerseits in selbstbewusste, ihrer geistigen Fähigkeiten mächtige Personen, denen Menschenwürde und voller Lebensschutz zukommt, andrerseits in Nichtpersonen, denen es an Menschenwürde mangelt und die nicht im selben Mass wie Personen schützenswert sind, sondern höchstens so wie hochentwickelte Tiere. SINGER etwa ist der Ansicht, im Blick auf den Lebensschutz und das Tötungsverbot sei das Leben eines Neugeborenen (und zwar nicht nur das eines kranken oder schwer behinderten, sondern auch das eines gesunden Neugeborenen!) – gemessen an Kriterien des Personseins wie Rationalität, Selbstbewusstsein, Selbstkontrolle oder Sinn für Zukunft und Vergangenheit – «weniger Wert als das Leben eines Schweins, eines Hundes oder eines Schimpansen».[29] – Analoges würde für Menschen mit fortgeschrittener Demenz gelten.[30] Singer scheint darum die Tötung eines Schimpansen moralisch verwerflicher als die Tötung eines stark geistesgestörten Menschen, weil letzterer ja gar keine Person ist.[31]

Bei diesem auf Selbstbewusstsein und geistigen Fähigkeiten gründenden Personkonzept liegt ein zentrales Thema, das jede Demenz-Ethik anzusprechen hat. Verena WETZSTEIN fasst

---

28   P. SINGER (1984), 104f.
29   Ebd., 169.
30   Man kann noch zwischen ‹strengen› Reduktionisten wie P. SINGER oder H. KUHSE, die den Personstatus dementer Menschen schon in einem frühen Krankheitsstadium leugnen, und ‹graduellen› Reduktionisten wie H. T. ENGELHARDT jun. oder J. MCMAHAN unterscheiden, die von einem graduellen Verlust des Personstatus im Verlauf eines demenziellen Prozesses ausgehen (H. HELMCHEN, S. KANOWSKI & H. LAUTER [2006], 192f.).
31   Ebd., 135.

die Problematik in ihrer Monographie über Grundlagen einer Ethik der Demenz gut zusammen: «Der hohe Stellenwert kognitiver Leistungsfähigkeit scheint demnach Menschen mit Demenz von der vollen Mitgliedschaft menschlicher Gemeinschaft auszuschliessen. In reduktionistischen Personkonzeptionen sind Anfänge und Strategien einer Entpersonalisierung dementer Menschen nachweisbar. [So] können demente Menschen dann nur noch als Personen im sozialen Sinn, als Quasi- oder Post-Personen betrachtet werden, deren moralischer Status im Verlauf der Demenz immer weiter eingeschränkt werden kann, bis es nur noch eine Frage der Vereinbarung ist, inwieweit dementen Menschen mit Respekt zu begegnen ist und worauf sich dieser erstreckt. Konzeptionen, die den Personstatus eines Menschen an den aktuellen Besitz von Bewusstseinsleistungen binden, müssen in logischer Folge dementen Menschen das Personsein absprechen oder es zumindest graduell einschränken. Wenn ein abgestuftes moralisches Personkonzept verfolgt wird, fallen demente Menschen mit Fortschreiten des demenziellen Prozesses immer weiter aus dem Schutzkonzept der Menschenwürde heraus.»[32] Man kann hier von einem *segregativen,* eine bestimmte Menschengruppe abwertenden und ausschliessenden Ethik-Ansatz sprechen, der einem Teil der Menschheit (und zwar gerade dem verletzlichsten!) volles personhaftes Menschsein abspricht und es zu Menschen minderen Status mit geringerem Schutzrecht degradiert.[33]

Ich erachte es als eine vordringliche Aufgabe einer heutigen Demenz-Ethik, solchen segregativen Ansätzen zu widerstehen

---

32 V. WETZSTEIN (2005b), 180.
33 D. H. SMITH (1992) bemerkt: «Used as an engine of exclusion, the personhood theory easily leads to insensitivity, if not to great wickedness» (47). Und H. R. MOODY (1992) warnt: «Once we can convince ourselves that end-stage Alzheimer's patients [...] are less than fully human, then it becomes easier to kill them» (89).

und am alternativen Ansatz einer *integrativen* Demenz-Ethik festzuhalten, der in zwei Punkten radikal anders argumentiert. Zum einen geht er von einem Personverständnis aus, das nicht nur reduktionistisch auf den kognitiven, geistigen, bewusstseinsmässigen Aspekten des Menschen gründet, sondern den Menschen in seiner leiblich-geistig-sozialen Ganzheit ernst nimmt.[34] Personsein zeigt sich nicht nur auf der kognitiven Ebene, sondern es manifestiert sich ebenso in der konkreten, somatischen Leiblichkeit und im Hineinverwobensein in mannigfache soziale Bezüge. «Menschen bleiben Personen, solange sie Leben miteinander teilen – bis dahin, dass sie einander sterben.»[35] Darum stellt der Verlust kognitiver Fähigkeiten im demenziellen Prozess, wie Andreas KRUSE zu Recht betont, das Personsein als Ganzes keineswegs in Frage: «Die im Verlauf einer Demenz auftretenden Einbussen sind als Grenzen unseres Lebens zu deuten, nicht als Verlust des Menschseins.»[36] Zudem sollten sie nicht den Blick dafür verstellen, dass demenzkranke Menschen mitunter über ein relativ differenziertes emotionales Erleben verfügen, wie dies neuere Untersuchungen am Institut für Gerontologie der Universität Heidelberg deutlich gemacht haben.[37] Das ist die eine

---

34 Es ist ja erstaunlich, wie das einseitig kognitiv orientierte Personverständnis letztlich auf einem veralteten Leib-Geist-Dualismus gründet, den man längst überwunden glauben sollte! Vgl. hierzu E. SCHOCKENHOFF & V. WETZSTEIN (2005), 265. P. WISSMANN & R. GRONEMEYER (2008), 56 fragen zu Recht: «Könnte es sein, dass wir zu dieser Überhöhung der Vernunft einzig und allein aus dem Grunde neigen, weil wir es systematisch verlernt haben, leibliche und sinnliche Dimensionen unserer Existenz wahrzunehmen und zu schätzen?»

35 K. KIESSLING (2007), 473.

36 A. KRUSE (2005a), 42.

37 Ebd., 51. Sehr eindrücklich kommt dies im Buch von T. JENS (2009) zum Ausdruck, in dem er über seine Erfahrungen mit der fortschreitenden Demenzerkrankung seines Vaters Walter Jens, des berühmten Tübinger Professors für Rhetorik, erzählt. Früher ganz ein vergeistigter Intellektueller, ein Mann des scharfen Verstandes und des geschliffenen Wortes,

Differenz zwischen dem segregativen und dem integrativen Ansatz einer Demenz-Ethik.

Die andere liegt darin, dass eine integrative Demenz-Ethik konsequent davon ausgeht, dass Menschen über den ganzen Verlauf ihrer Entwicklung unabhängig von ihrem jeweiligen gesundheitlichen Zustand und ihren dementsprechenden Fähigkeiten oder Defiziten gleichen Wert, gleichen Schutzanspruch und gleiche Würde besitzen.[38] Insofern geht hier alles Urteilen von der Prämisse einer radikalen Gleichheit aller Menschen (inklusive der an Demenz erkrankten Menschen!) im Blick auf ihren moralischen Status aus.[39] Letztlich geht es

---

lebt sein Vater nun zunehmend auf der Ebene leiblicher, emotionaler und sozialer Erfahrungen: «Der Vater, den ich kannte, der ist lang schon gegangen. Der Abschied […] war bitter und hat weh getan. Aber jetzt, da er fort ist, habe ich einen ganz anderen Vater entdeckt, einen kreatürlichen Vater – einen Vater, der einfach nur lacht, wenn er mich sieht, der sehr viel weint und sich Minuten später über ein Stück Kuchen, ein Glas Kirschsaft freuen kann. Was war das für eine Feier […], als er 85 wurde. Bei früheren Wiegenfesten wurden Reden geschwungen, Professoren-Kollegen zitierten griechische Verse und überreichten Sonderdrucke. Jetzt rücken die Freunde mit Fresskörben an, gewaltigen Schinken, Pralinen, Schokoladenhasen und reichlich selbstbemalten Ostereiern. Vierzig Gäste freuen sich an Margits Schinkenhörnchen. Und mittendrin mein rundum heiterer Vater» (140). Und als er seinen Vater einmal erlebt, wie er auf einem Bauernhof Kaninchen füttert, mit Puppen spielt und mühsam die Etikette einer Limonaden-Flasche zu lesen versucht, hält T. Jens fest: «Ich möchte weinen. Er aber fühlt sich wohl.» (142)

38 V. Wetzstein (2005a) unterstreicht die Kontinuität des identischen Personseins über den ganzen Lebensverlauf hinweg, wobei auch durch das Einsetzen eines Demenz-Prozesses keine moralisch relevante Zäsur entsteht: «Wenn sich auch die Persönlichkeit eines Menschen im Lauf des Demenz-Prozesses verändert, so bleibt die Person des dementen Menschen sowohl identisch mit der Person vor Auftreten der ersten Symptome als auch über den Demenz-Prozess hinweg» (34).

39 St. G. Post (1995) hat diesen Ansatz in einer der ersten Monographien einer Demenz-Ethik als «ethic of radically equal moral standing for people with dementia» bezeichnet (98) und gefordert: «Sociocultural assessment of worth is notoriously exclusionary and must be rejected in favour of inclusive unconditional equality» (32). Auf demselben Boden stehen

einer integrativen Demenz-Ethik, wie sie hier vertreten wird, darum, Menschen mit Demenz in ihrem vollen Menschsein anzuerkennen,[40] sie respektvoll als andersartig und trotzdem gleichwertig zu behandeln und ihnen die Unterstützung zukommen zu lassen, auf die jedes Mitglied einer solidarischen menschlichen Gemeinschaft einen moralischen Anspruch hat.

5.4   Zur Würde demenzkranker Menschen

Die Frage nach dem Person-Status demenzkranker Menschen ist zugleich die Frage nach ihrer Menschenwürde. Denn Menschenwürde und der mit ihr gegebene vierfache Anspruch auf Schutz des eigenen Lebens, auf autonome Verfügung über sich selbst, auf grundlegende (Menschen-)Rechte und auf elementaren Respekt vor der eigenen Person wird in der ethischen Diskussion nur Menschen zugeschrieben, denen Person-Status zuerkannt wird. Darum kann man mit Johannes FISCHER festhalten: «Dass allen Menschen, [...] ob gesund oder krank, ob zu mündiger Selbstbestimmung fähig oder debil, dieselbe Würde als Person zukommt, das ist der Punkt, der heute [...] innerhalb der Bioethik strittig geworden ist und um dessen Verteidigung es geht.»[41]

Dass eine solche Verteidigung der Würde gerade demenzkranker Menschen je länger desto dringender wird[42], weil sie sich immer weniger von selbst versteht, macht das genaue Hinhören auf die Sprache deutlich, die Menschen im Blick auf

---

E. SCHOCKENHOFF & V. WETZSTEIN (2005), wenn sie davon ausgehen, dass «eine Ethik der Demenz, die demente Menschen vor der Erosion in die Aberkennung des Personstatus bewahrt, vernünftig einzig von der Grundannahme ausgehen kann, dass allen Menschen die Gesamtheit ihres Lebens über die gleiche Würde zukommt» (264).

40   T. KITWOOD (2000), 25.

41   J. FISCHER (2002), 175.

42   Vgl. oben Kap. 2.3 in diesem Buch.

unheilbar kranke bzw. demente Menschen verwenden. Immer häufiger wird davon gesprochen, dass Krankheit die Würde des Menschen beeinträchtigen könne, dass sie also von empirischen Fakten wie Gesundheit, Lebensqualität oder Fähigkeiten abhängig sei. Vier Beispiele müssen genügen. Erstens: Die Motion von Nationalrat Victor RUFFY, mit der 1994 die neuere bundespolitische Debatte über die Liberalisierung der aktiven Sterbehilfe in der Schweiz ihren Anfang nahm, geht davon aus, dass es «unheilbare Krankheiten gibt, welche mit fortschreitender Entwicklung die Würde des Menschen in schwerer Weise beeinträchtigen». Die diese Motion beratende Kommission teilte mehrheitlich die Meinung, dass die Entkriminalisierung einer Tötung auf Verlangen im Fall unheilbarer Krankheiten sinnvoll sei, da eine solche Tötung ja einen Beitrag zum Schutz der Menschenwürde sei – weil dadurch offenbar ein noch weiter fortschreitendes Abbröckeln der noch verbliebenen Menschenwürde verhindert werden kann![43]

Zweitens: Ich habe bereits oben in Kap. 2.1 auf den grossen deutschen Gerontologen Paul B. BALTES hingewiesen, der sich immer wieder zur menschlichen Würde im Alter geäussert hat. Er ging davon aus, dass Demenzen einen «schleichenden Verlust vieler Grundeigenschaften des Homo sapiens wie etwa Intentionalität, Selbstständigkeit, Identität und soziale Eingebundenheit bedeuten – Eigenschaften, die wesentlich die menschliche Würde bestimmen. […] Angesichts dieser Tatsache stellt sich eine neue, beängstigende Herausforderung: die Erhaltung der menschlichen Würde in den späten Jahren des Lebens. [Denn] gesundes und menschenwürdiges Altern hat seine Grenzen» – wenn nicht pharmakologische Forschung und medizinischen Interventionen präventiv und therapeutisch wirksam etwas gegen Demenzen unternehmen

---

43   H. RÜEGGER (2004), 13–15.

können.[44] Und in einem Aufsatz von 2006 sprach BALTES davon, dass Demenz ein Leben in Würde zunehmend verhindere.[45] Demenz ist also Würde zersetzend, Würde verhindernd. Will man die menschliche Würde erhalten, muss man eigenverantwortlich etwas gegen Demenzen tun.

Ganz ähnlich kann – drittens – der Altmeister amerikanischer Medizinethik, Daniel CALLAHAN, davon sprechen, dass Demenz die einzigartige Fähigkeit besitze, dem Alter seine Würde und Qualität zu rauben.[46]

Als viertes Beispiel nenne ich Thomas KLIE, der gewiss der Letzte wäre, der demenzkranken Menschen Person-Status oder Würde absprechen möchte, der aber doch immer wieder so spricht, als wäre Würde z. B. einem demenzkranken Menschen nicht einfach gegeben, sondern als müsste sie erst einmal «hergestellt» werden. So spricht er etwa von einer Würde herstellenden Umwelt,[47] oder er betont, Würde müsse durch soziale Interaktion hergestellt werden: «Geht es uns darum, die Würde von Menschen mit Demenz herzustellen, so ist diese Würde nicht an bestimmte Fertigkeiten und Vernunftsfähigkeiten von Subjekten gekoppelt, sondern hängt von einer würdigenden Interaktion ab: Würde entsteht in sozialen Kontexten und durch soziale Interaktion. Voraussetzung für ein so verstandenes Würdekonzept sind Einstellungen und Haltungen, die das Subjekt als ein interaktiv zu würdigendes verstehen.»[48]

---

44 P. B. BALTES (2003a), 17. BALTES' Befürchtung eines Würdeverlustes v. a. durch demenzielle Entwicklungen im hohen Alter kommt im Titel der (offiziellen) englischen Übersetzung seines eben zitierten Aufsatzes noch besonders deutlich zum Ausdruck: «Extending Longevity – Dignity Gain – or Dignity Drain?» (2003b).

45 P. B. BALTES (2006a), 95.

46 D. Callahan (1992), 141.

47 Th. KLIE (2003), 56.

48 Th. KLIE (2006), 70f.: Dasselbe Verständnis zeigt sich auch in dem frühen Artikel von KLIE über Menschenwürde als ethischer Leitbegriff für die

Gegenüber all solchen Infragestellungen der inhärenten, unverlierbar mit ihrem Menschsein gegebenen Würde[49] Demenzkranker wird eine integrative Demenzethik nicht nur am unverminderten Person-Status, sondern an der bleibenden Würde des demenzkranken Menschen als «würdetragender Person»[50] festhalten und in allem Umgang mit ihm daran Mass nehmen.[51] Dabei geht es nicht – wie KLIE meint – darum, die Würde eines an Demenz Erkrankten «herzustellen» (als wäre sie ihm nicht grundsätzlich immer schon als moralischer Achtungsanspruch gegeben), sondern allein darum, seine unverlierbare Würde zu respektieren und in jeder Interaktion ‹sichtbar zu machen›.[52] Dies geschieht durch ein menschenwürdiges, also der Würde eines Menschen

Altenhilfe (1998). KLIE macht die Würde eines Demenzkranken ganz und gar davon abhängig, ob sie ihm von seinem sozialen Umfeld zugesprochen wird. Ist dies nicht der Fall, hat der Demenzkranke keine Würde. Hier wird offenbar die *normative Zuerkennung* einer jedem Menschen inhärenter Menschenwürde mit deren *faktischer Respektierung* durch andere in der sozialen Interaktion verwechselt!

49 Zur fundamentalen Unterscheidung zwischen einem normativen Begriff inhärenter menschlicher Würde und einem empirischen Begriff kontingenter Würde vgl. H. RÜEGGER (2004), 32–36.

50 R. SCHWERDT (2005), 61. Insofern ist *jeder* Mensch als Person wahrzunehmen, die mit dem Anspruch der Menschenwürde ausgestattet ist. An dieser Stelle sei auch darauf hingewiesen, dass wir – zum Glück! – von einer Menschen-Würde sprechen, nicht bloss von einer Person-Würde!

51 V. WETZSTEIN (2005a) 35. Auch der auf Fragen der Demenz spezialisierte Mediziner A. WETTSTEIN (2005) unterstreicht, dass «auch ein demenzkranker Mensch die grundlegende Menschenwürde nie verlieren kann» (128); denn sie ist jedem Menschen, auch dem durch eine Demenz gezeichneten, gleichursprünglich mit seiner Existenz gegeben, wie H. BACHMAIER & R. KÜNZLI in ihrem Entwurf einer neuen Alterskultur festhalten ([2006], 100).

52 E. SCHOCKENHOFF & V. WETZSTEIN (2005), 265. Sehr schön formulieren es aus psychiatrisch- bzw. geriatrisch-ethischer Sicht H. HELMCHEN, S. KANOWSKI & H. LAUTER (2006), 195, wenn sie die Aufgabe des Arztes darin sehen, die personale Würde ihrer demenzkranken Patientinnen sichtbar zu machen und anzuerkennen.

entsprechendes Verhalten in den vielen elementaren Situationen des Alltags: indem man die Privat- und Intimsphäre eines Menschen schützt, indem man ihm auch in schwierigen Situationen mit Respekt begegnet, indem man die Persönlichkeit eines Menschen annimmt, wie sie ist, indem man seine Wünsche ernst nimmt und seinen Willen herauszufinden versucht, indem man seine Fähigkeiten anerkennt und sie zum Zuge kommen lässt. Eine Person menschenwürdig behandeln heisst auch, von ihr zu erwarten, dass sie gemäss ihren Möglichkeiten einen Beitrag zum Wohle des Ganzen leistet.

In einer solchen Kultur des menschenwürdigen, d. h. die unverlierbare Würde jedes Menschen respektierenden Umgangs liegt der Kern eines je länger desto dringlicher zu entwickelnden Leitbildes im Umgang mit der zunehmenden Anzahl Menschen, die an einer Demenz erkrankt sind. Dabei dürfte Regine KOLLEK Recht haben, wenn sie zu bedenken gibt: «Wir sind erst auf dem Wege dahin, die ethisch-moralischen Leitbilder zu entwickeln, die es uns ermöglichen, diejenigen, die so vergesslich geworden sind, würdevoll zu behandeln. Dies ist eine der dringlichsten ethisch-moralischen Herausforderungen unserer Zeit.»[53] *Ein* wichtiger Aspekt solch Würde-respektierender Behandlung liegt in einer ernsthaften Auseinandersetzung mit dem Autonomie-Anspruch demenzkranker Menschen.[54]

5.5 Autonomie-Anspruch

Das Recht, eigenverantwortlich über sein eigenes Leben zu bestimmen und von niemandem für fremde Zwecke instrumen-

---

53   R. KOLLEK (2006), 16.
54   D. C. THOMASMA (1992) 110 meint: «Honoring the values of the individual as part of decisions to be made about them, once they are incompetent, is the primary way we can respect their inherent dignity.»

talisiert zu werden, gehört zweifelsfrei zu den Kerninhalten der Menschenwürde. Nun ist im Verlauf eines Demenz-Prozesses gerade das etwas vom Schwierigsten, dass die Fähigkeit zur Selbstbestimmung und zu selbstständiger Lebensführung zunehmend abnimmt. Diese Abnahme verläuft kontinuierlich in verschiedenen Phasen, aber individuell unterschiedlich. Grundsätzlich gilt, demenzkranke Menschen zu ermutigen, so lange und so weit wie möglich ihre Selbstständigkeit zu bewahren. Es gehört zur Aufgabe des Empowerments, an Demenz Erkrankte in dem zu fördern, «was sie tun *können* – und [...] was sie tun *könnten*, wenn sie die Möglichkeit hätten, ganz sie selbst zu sein».[55] Das gilt auch im Blick auf die Fähigkeit, Entscheidungen über die eigene Lebensgestaltung oder die Art der gewünschten Behandlung zu treffen. Joseph M. FOLEY weist zu Recht darauf hin, dass eine Demenz als solche den an ihr Erkrankten noch lange nicht automatisch das Recht nimmt, sich an Entscheiden, die sie betreffen, zu beteiligen.[56] Und selbst wenn in einem fortgeschritteneren Stadium von Demenz die Fähigkeit stark abnimmt, in Fragen von grösserer Reichweite zu entscheiden, so bleibt oft noch lange das erhalten, was die Pflegeethikerin Ruth SCHWERDT als die «Autonomie des Augenblicks» in Bezug auf viele kleine Entscheidungen des Alltags bezeichnet.[57]

Versucht man, den mit der menschlichen Würde gesetzten Autonomie-Anspruch und die Erfahrung der zunehmenden kognitiven Einbussen, die der demenzielle Prozess mit sich

---

55 A. KRUSE (2007a), 2.
56 J. M. FOLEY (1992) 42: «There must be recognition of the variability, from patient to patient, and from time to time in the same patient. [...] Dementia per se does not always deny patients the right to participation in decisions about their own care, their own life, or their own health. In the formulation of public and institutional policy we must beware of simplifications and generalizations.»
57 R. SCHWERDT (2005), 61.

bringt, zusammenzudenken, so erweist sich eine Unterscheidung als hilfreich, die die medizinisch-ethischen Richtlinien der Schweizerischen Akademie der Medizinischen Wissenschaften zur Behandlung und Betreuung von älteren, pflegebedürftigen Menschen vornehmen und auf die bereits oben in Kap. 2.5.1 hingewiesen wurde. Die Richtlinien differenzieren zwischen normativem Autonomie-*Anspruch* und empirischer Autonomie-*Fähigkeit* und halten fest: «Der Anspruch auf Respektierung der Menschenwürde und Autonomie gilt uneingeschränkt für alle Menschen. […] Eingeschränkte Autonomie*fähigkeiten*, welche mit zunehmendem Alter häufiger werden und das Gleichgewicht zwischen den abhängigen und unabhängigen Seiten bei einem Menschen stören, heben den *Anspruch* auf Respektierung seiner Würde und Autonomie nicht auf.»[58] Also auch im Fall dementer Patienten, die zu einer aktuellen Selbstbestimmung nur noch begrenzt fähig sind, gilt, dass ihr mit der Menschenwürde gegebener Autonomie-*Anspruch* bleibende Gültigkeit besitzt und dadurch ernst genommen werden muss, dass nach ihrem sog. mutmasslichen Willen gefragt wird.[59]

---

58 SAMW (2004b), 1454 (Pkt. II.3.1). Gemeint sind hier alte Menschen, die aufgrund kognitiver Einschränkungen zu autonomen Entscheidungen rein faktisch nicht mehr fähig sind. Davon zu unterscheiden wären alte Menschen, die zum Beispiel aus Gründen der Erschöpfung (fatigue) nicht mehr selber entscheiden *wollen*, weil ihnen ein Entscheidungsprozess zu anstrengend erscheint. Diese Option ist selbstverständlich ethisch legitim, insofern die Wahrnehmung des Anspruchs auf Autonomie etwas Freiwilliges ist und keine Pflicht. Hier würde analog den Fällen faktisch fehlender Autonomiefähigkeit gelten, dass nach dem mutmasslichen Willen der betroffenen Person gefragt und danach entschieden wird.

59 Ebd. 1455 (Pkt. II.3.7) wird im Blick auf urteils*un*fähige Personen festgehalten: «Jeder Entscheid soll sich am mutmasslichen Willen der urteilsunfähigen, älteren Person orientieren und in ihrem besten Interesse getroffen werden.» In gleichem Sinne erklären die medizinisch-ethischen Grundsätze der Schweizerischen Akademie der Medizinischen Wissenschaften zum Recht der Patientinnen und Patienten auf Selbstbestimmung

Die Verpflichtung auf den mutmasslichen Willen fordert einerseits zum Ernstnehmen der Person auf, die der oder die Demente in ihrem Leben vor Eintritt der Demenz einmal war. Das verlangt einen Zugang, der biographisch gewordener Identität gerecht wird.[60] Andrerseits geht es darum herauszufinden, was am ehesten den Wünschen und dem Wohl der jetzt dementen Person entspricht. Diese beiden Blickwinkel geraten in der Fachdiskussion etwa um die Verbindlichkeit von Patientenverfügungen oft in einen Gegensatz. Wenn jemand in gesunden Zeiten eine Patientenverfügung erstellte und festhielt, im Fall einer Demenz nicht mehr leben und auf jegliche lebensverlängernden Massnahmen verzichten zu wollen, ist diese Aussage dann verbindlich, wenn er oder sie sich im Stadium einer mittleren Demenz befindet, sich aber offensichtlich noch am Leben erfreut und eine Lungenentzündung bekommt? Soll dann die frühere Entscheidung im Stadium der Nicht-Demenz gegenüber dem durchaus erkennbaren mutmasslichen Lebenswillen im Stadium der Demenz Vorrang haben?[61] Oder geht es umgekehrt darum, sich nach dem zu richten, was ein demenzkranker Patient als mutmassliche

---

(2006), 103 (Pkt. II,2,2): «War der Patient zu einem früheren Zeitpunkt urteilsfähig und ist es ihm nun nicht mehr möglich, seinen Willen zu äussern, so muss sein mutmasslicher Wille eruiert werden. Im Vordergrund stehen hierbei frühere schriftliche Äusserungen des Patienten selbst (Patientenverfügung). Zu beachten sind auch die Aussagen einer vom Patienten eingesetzten bevollmächtigten Vertretungsperson in medizinischen Angelegenheiten (Vertrauensperson). Weiter müssen Arzt und Pflegepersonal abklären, ob der Patient sich auf andere Weise, insbesondere gegenüber seinen Angehörigen, klar geäussert hat.»

60   A. Kruse (2005a), 43.

61   Dies wäre eine Haltung, die den Akzent auf die «precedent autonomy» legt, wie sie z. B. von R. Dworkin (2006) vertreten wird: «Our argument supports the idea of precedent autonomy. A competent person's right to autonomy requires that his past decisions, about how he is to be treated if he becomes demented, be respected» (295).

gegenwärtige Präferenz erkennen lässt?[62] Während die erste Position mit der Betonung der ‹precedent autonomy› eher eine philosophische Position darstellt, hat die zweite mit dem Akzent auf dem mutmasslichen aktuellen Willen der von Demenz betroffenen Person Eingang in diverse standesethische Richtlinien und patientenrechtliche Texte gefunden. So erklären die Medizinisch-ethischen Grundsätze der SAMW zum Recht der Patientinnen und Patienten auf Selbstbestimmung: «Patientenverfügungen *sind zu befolgen, soweit* sie eine medizinisch indizierte Behandlung oder die Verweigerung einer Behandlung betreffen, auf die konkrete Situation zutreffen und *keine Anhaltspunkte dafür vorliegen, dass sie dem derzeitigen Willen des Patienten nicht mehr entsprechen.*»[63]

Mit diesem letzten Vorbehalt bekennt sich diese Regelung klar zum Konzept der aktuellen Autonomie. Dies ist deshalb so wichtig, weil sich gerade im Fall von Demenz eine noch nicht Erkrankte Person kaum adäquat vorstellen kann, wie ein Leben im Zustand der Demenz ist und welche Lebensqualität es einem bieten kann.[64] Sie kann deshalb auch kaum

---

62 Dies wäre eine Haltung, die den Akzent auf die «current» oder «contemporaneous autonomy» legt und sich nach dem wohlverstandenen Interesse (*best interests standards*) einer demenzkranken Person in der aktuellen Situation richtet. Eine solche Position in expliziter Abgrenzung gegenüber DWORKIN vertritt z. B. R. S. DRESSER (1992) 78f. und (2006), 299.

63 SAMW (2006), 104 (Pkt. II.2.2; Hervorhebung H. R.).

64 R. S. DRESSERs Urteil, dass «most people with dementia do not exhibit the distress and misery we competent people tend to associate with the condition [...] The subjective experience of dementia is more positive than most of us would expect» ([2006], 299), dürfte fachlich kaum zu bestreiten sein. Diese Meinung teilt A. WETTSTEIN (2005), 108: «Während Gesunde mehr oder weniger ausgesprochene Angst vor Demenz haben, wird bei Demenzkranken selbst ein ganz anderes Bild sichtbar: Mittels Befragung konnte festgestellt werden, dass das allgemeine Wohlbefinden von Demenzkranken sich nicht signifikant von dem gleichaltriger kognitiv Gesunder unterscheidet. [...] Es gibt auch Demenzkranke, deren Wohlbefinden sich durch die Demenz positiv verändert hat. [...] Aufgrund der Demenz können gewisse Patientinnen und Patienten bisweilen leichter Vertrauen fassen, Wärme und

definitiv entscheiden, wie sie in einer künftigen Situation von Demenz behandelt (oder nicht behandelt) werden möchte. Es ist darum wichtig, Letztverbindlichkeit als Massstab therapeutischen Handelns allein dem in der aktuellen Situation eruierten mutmasslichen Patientenwillen zuzusprechen. Zu dessen Ermittlung sind auch averbale Signale, z. B. bestimmte Körperreaktionen wie Abwehr oder Nahrungsverweigerung, als Ausdruck eines sog. natürlichen Willens zu beachten.[65] So ist etwa eine Essens- und Trinkverweigerung eines dementen Patienten, wenn sie nicht auf unbehandelte medizinische Probleme zurückzuführen ist, als bindende Willensäusserung der betreffenden Person anzusehen und verbietet es, künstlich Nahrung und Flüssigkeit zuzuführen, auch wenn angenommen werden muss, dass dadurch der Tod des Patienten innert Tagen eintreten wird.[66] Gibt es allerdings keine hinreichend klaren Indizien, dass sich der Wille des Betroffenen seit Abfassung der Patientenverfügung geändert hat, gilt das früher Verfügte als verpflichtender Ausdruck des mutmasslichen aktuellen Patientenwillens.

Aus diesem Grunde können Patientenverfügungen nie einfach wortwörtlich angewandt werden und absolute Verbindlichkeit beanspruchen; wohl aber sind sie ein gewichtiges Indiz bei der Ermittlung des mutmasslichen Patientenwillens[67] und eine Grundlage für sorgfältige Urteilsbildung in einer ak-

---

Zuneigung zeigen oder empfangen, eigene Wünsche ausdrücken, spontaner werden, den Ausweg aus chronischen Verstimmungen finden oder falsche Scham überwinden.» Auch H. R. SCHELLING, wie Wettstein vom Zentrum für Gerontologie der Universität Zürich, unterstreicht, dass nach heutigem Kenntnisstand kognitive Beeinträchtigungen, wie sie demenzielle Prozesse mit sich bringen, entgegen weit verbreiteten Meinungen kaum einen negativen Einfluss auf die Lebensqualität älterer Menschen haben ([2005], 90).

65   SAMW (2006), 107.
66   A. WETTSTEIN (1991), 227.
67   Ebd.

tuellen Situation.[68] Denn der Autonomie-Anspruch ist primär als Anspruch auf *aktuelle* Autonomie in der Jetzt-Situation zu verstehen, die auch demenzkranken Menschen zusteht.

5.6 Fürsorge-Verpflichtung

Im Falle demenzkranker Menschen mit ihrer grossen Verletzlichkeit und Angewiesenheit auf die Betreuung durch andere spielt ethisch allerdings das Fürsorge-Prinzip eine noch fundamentalere Rolle als das Autonomie-Prinzip.[69] Es beinhaltet die doppelte Verpflichtung, dementen Menschen nicht zu schaden (Nonmalefizenz-Prinzip)[70], sondern ihnen vielmehr nach Möglichkeit Gutes zu tun (Benefizenz-Prinzip).[71] Dabei ist bei allem, was im Folgenden zu sagen sein wird, der von Post wiederholt gemachte Hinweis zu beherzigen, dass die hier gemeinte Sorge für Demenzkranke letzlich nicht so sehr ein ‹Tun für› andere meint, sondern auf einer fundamentaleren Ebene ein ‹Sein mit und für› andere bedeutet.[72]

Ein ethisches Thema, das immer wieder diskutiert wird, ist die Frage, ob eine Frühzeitdiagnostik und eine wahrheitsgetreue Aufklärung bei Menschen, die an einer Demenz erkrankt sind, wünschbar sei oder ob sie eher zu einer Lähmung oder Verzweiflung bei den Betroffenen führe.[73] Positionen,

---

68 H. R. Moody (1992), 94 ist zuzustimmen: «We should think of advance directives as occasions for communication, not as a means of definitively settling treatment decisions.»

69 V. Wetzstein (2000a), 37 gibt zu bedenken, dass im Umgang mit dementen Menschen die weit verbreitete Absolutsetzung des Autonomie-Prinzips an seine Grenzen kommt. «An die Stelle einer Überbetonung des Selbstbestimmungsprinzips [...] wird das Element der Fürsorge treten müssen.»

70 T. L. Beauchamp & J. F. Childress (2001), 113–164.

71 Ebd., 165–224.

72 St. G. Post (1995), 8 sowie R. J. Martin & St. G. Post (1992), 56: «Caring is not doing for the other, it is being for the other.»

73 R. Kollek (2006), 14.

die von einer deontologischen, an verbindlichen Rechten und Pflichten orientierten Ethik ausgehen, werden diese Frage eher bejahen; wer in Kategorien einer konsequenzialistischen Ethik denkt, die sich an den zu erwartenden Folgen einer Handlung orientiert, wird das Gewicht stärker darauf legen, Demenzkranke mit der Eröffnung ihrer Diagnose nicht zu überfordern.[74] Berufsständische Richtlinien vertreten in der Regel eine deontologische Position, was sinnvoll erscheint. Hanfried HELMCHEN, Siegfried KANOWSKI & Hans LAUTER ist zuzustimmen: «Die wahrheitsgemässe Information über das Vorliegen dieser Krankheit ist unerlässlich. Diese Notwendigkeit ergibt sich vor allem daraus, dass die Aussicht auf eine erfolgreiche Beeinflussung von kognitiven Leistungseinbussen und Verhaltensstörungen sowie die Chancen eines günstigen Krankheitsverlaufs umso grösser sind, je früher mit der Behandlung begonnen wird. Ausserdem setzt die Kenntnis der Diagnose den Patienten und seine Angehörigen in die Lage, von sozialen Entlastungsmöglichkeiten Gebrauch zu machen und ausreichende Vorkehrungen in Bezug auf die künftige Lebensgestaltung zu treffen.»[75]

Die Situation eines an Demenz erkrankten Menschen ist grundsätzlich gleich zu beurteilen wie die eines von einer anderen Krankheit betroffenen Patienten. Sie verpflichtet im Sinne des Fürsorge-Prinzips zu fachgerechter Hilfe gemäss den zur Verfügung stehenden Möglichkeiten. Das mag lapidar erscheinen, ist aber wichtig, denn es bedeutet, dass es «willkürlich ist, einer demenzkranken Person Behandlungen mit der alleinigen Begründung vorzuenthalten, sie sei de-

---

74   H. R. SCHELLING (2005), 96. SCHILLING referiert auch über empirische Studien zur Wünschbarkeit einer Offenlegung der Diagnose in der Sicht von Ärzten und Betroffenen. Allerdings sind die Ergebnisse der Studien so unterschiedlich, dass sich keine verlässlichen Aussagen machen lassen. Zu den Gründen für und gegen eine rückhaltlose Aufklärung vgl. ebd., 94f.

75   H. HELMCHEN, S. KANOWSKI & H. LAUTER (2006), 196.

menzkrank. Eine solche Haltung ist strikte abzulehnen, weil sie eine unverantwortliche Beurteilung im Sinne von ‹unwertem Leben› enthält. Deshalb empfiehlt sich bei allen Massnahmen für Demenzkranke eine Entscheidungsfindung nach der Frage: *Wie kann subjektives Leiden möglichst verhindert, respektive minimiert werden?*»[76]

Was ‹Schaden vermeiden› oder ‹Gutes tun› bedeutet, kann nur bestimmt werden, wenn die spezifische Situation demenzkranker Menschen beachtet wird.[77] Zu ihr gehört, dass Demenzkranke ganz im Hier und Heute leben und kaum fähig sind, aktuell unangenehme therapeutische Massnahmen wie eine Infusion, eine Sonde oder einen Katheter als sinnvolle Intervention zu verstehen im Blick auf positive Auswirkungen in der Zukunft. Sie wirken einfach nur als störende Belästigung im Hier und Jetzt, die sie vermeiden möchten. Auch können Demenzkranke in der Regel kaum die Bereitschaft aufbringen, regelmässig und diszipliniert bei einem längerfristigen Therapieprogramm (etwa einer Dialyse) mitzumachen. Dazu kommt, dass unbekannte Personen und Umgebungen leicht Angst auslösen und die Desorientierung samt damit einhergehenden Verhaltensstörungen verstärken können, weshalb z. B. eine Hospitalisation nach Möglichkeit zu vermeiden ist. Auch auf Massnahmen, die die unmittelbare körperliche Bewegungsfreiheit von Demenzkranken einschränken (Fixierungen, Bettgitter), sollte wenn immer möglich verzichtet werden, wie überhaupt alle Handlungen gegen den ausdrücklichen Willen von dementen Personen (z. B. Essen eingeben bei zugekniffenem Mund) negative Effekte auslösen. Jede Betreuung von urteilsunfähigen Demenzkranken

---

76 A. Wettstein (2005), 136.
77 Vgl. die hilfreiche Skizze von A. Wettstein (2005), 136–139 und die zentrale Punkte zusammenfassende «Zürcher Charta für die Betreuung von Demenzkranken» (ebd., 140).

ist verpflichtet, «die Lebensgeschichte und Lebensphilosophie der Betroffenen sorgfältig zu erfassen und die Betreuung entsprechend den dabei gewonnenen Erkenntnissen zu gestalten und nicht aufgrund der eigenen Auffassung und Werte, beziehungsweise zur Optimierung des eigenen Nutzens.»[78]

Im Umgang mit dementen Menschen wird man sich oft im Spannungsfeld von Fürsorge und Autonomie befinden, auch wenn es sich bei Letzterer nur noch um das handelt, was Ruth SCHWERDT als «Autonomie des Augenblicks» bezeichnet.[79] Bekannt ist die Problematik dementer Heimbewohner, die einen starken Bewegungsdrang verspüren, ständig fortlaufen oder mit öffentlichen Verkehrsmitteln verreisen wollen, auch wenn sie den Heimweg nicht mehr alleine finden. Soll man ihnen diese Freiheit lassen und das Risiko in Kauf nehmen, dass sie nicht mehr nach Hause finden, in der Hoffnung, sie würden nicht verunfallen, die Polizei würde sie schon irgendwann wieder zurückbringen und sie würden sich schon keine Lungenentzündung holen, wenn sie allenfalls längere Zeit bei Wind und Regen irgendwo draussen auf einer Bank sitzen bleiben? Oder soll man ihnen die freie Mobilität einschränken, um sie vor Schaden zu schützen? In solchen Situationen wird immer wieder zusammen mit Angehörigen eine sorgfältige Güterabwägung (z. B. zwischen dem Gut der Freiheit und dem der Sicherheit) zu vollziehen sein,[80] die auf biographische Gewohnheiten der dementen Person (z. B. ihre

---

78 Ebd., 139.

79 R. SCHWERDT (2005), 61.

80 E.-M. NEUMANN (2006) weist darauf hin, dass «in der Altenpflege das Spannungsverhältnis zwischen den Prinzipien der Fürsorge (so viel wie nötig) und Autonomie (so viel wie möglich) Kern vieler ethischer Konflikte ist.» Angesichts des hohen Stellenwerts des Autonomieprinzips in der heutigen Gesellschaft «stützt die Rechtsprechung das Autonomiekonzept im Sinne der Bewegungsfreiheit [allerdings] meist entschlossener als Angehörige dies tolerieren. Sie müssen [darum] in die Pflegeplanung eingebunden werden» (341, 345).

Gewichtung von Freiheit und Sicherheit in den Jahrzehnten vor Einsetzen der Demenz) Rücksicht nimmt und Lösungen sucht, die möglichst von allen mitgetragen werden können.[81] Da demente Personen nicht mehr voll autonom in ihrem eigenen besten Interesse entscheiden können, sondern v. a. in den späteren Phasen einer Demenz stark situativ aus unmittelbaren Impulsen heraus handeln, ist von den sie Betreuenden eine Haltung des sog. Parentalismus einzunehmen, das heisst eine Haltung, wie sie analog verantwortliche Eltern ihren Kindern gegenüber an den Tag legen:[82] Je fortgeschrittener die Demenz ist, desto mehr werden Angehörige und andere Betreuende stellvertretend für die von Demenz Betroffenen – aber möglichst in ihrem Sinne und zu ihrem Besten – entscheiden müssen.[83]

Ein weiteres Thema, das Gegenstand intensiver ethischer Diskussionen ist, besteht in der Frage, wie lange sinnvollerweise Therapien und lebensverlängernde Massnahmen bei dementen Patienten angewendet werden sollen, und ab wann die Fürsorge-Verantwortung gerade umgekehrt darin liegen

---

81 Aus Gründen der rechtlichen Absicherung ist es wichtig, solche gemeinsam besprochenen Regelungen schriftlich zu dokumentieren und zu begründen, damit sie auch im Nachhinein gegebenenfalls jederzeit transparent nachvollziehbar sind.

82 Diese Haltung wird auch als ‹schwacher Paternalismus› bezeichnet. Er gilt als «the most widely accepted model of justified paternalism. That is, the paradigmatic form of justified paternalism starts with incompetent children in need of parental supervision and extends to other incompetents in need of care analogous to beneficent parental guidance» (177, 181).

83 A. WETTSTEIN (2005), 129. WETTSTEIN präzisiert: «Aber auch Willensäusserungen von schwerst Demenzkranken müssen von den Betreuenden ernst genommen werden, so wie [Eltern] das auch bei kleinen Kindern tun würden. Das heisst aber keinesfalls, dass sie unkritisch zu übernehmen sind.» Werden solche – vielleicht rein situativ-impulsiven Wünsche von schwer Demenzkranken respektiert, so wird das nicht mehr aufgrund des Respektes vor dem Autonomieprinzip im strengen Sinn geschehen, sondern eher durch das Benevolenzprinzip motiviert sein, den Demenzkranken eine unmittelbar positive Erfahrung zu ermöglichen.

sollte, auf weitere Massnahmen zu verzichten und den dadurch zu erwartenden Sterbeprozess bei guter palliativer Betreuung zuzulassen. Grundsätzlich wird man davon ausgehen müssen, dass bei dementen Patienten dasselbe gilt wie bei nicht-dementen: Nicht die Lebensquantität ist das primäre Kriterium (also möglichst lange zu leben), sondern die Lebensqualität, die dazu führt, dass eine Patientin auch von sich aus tatsächlich weiterleben will.[84] Wenn die Lebensqualität, die durch eine bestimmte therapeutische Intervention zu erhalten oder zu erreichen sein wird, mit grosser Wahrscheinlichkeit so schlecht sein wird, dass dem Patienten durch die Behandlung eher Schaden zugemutet als etwas Gutes getan wird, ist der Verzicht auf eine Therapie bzw. der Abbruch einer laufenden Therapie nicht nur gerechtfertigt, sondern angezeigt.[85] Solche Urteile aufgrund von Lebensqualitätskriterien sind nicht zu verwechseln mit der – selbstverständlich abzulehnenden! – Fremdbeurteilung eines Lebens als ‹unwertes Leben›, weil es gewissen gängigen gesellschaftlichen Vorstellungen von Lebensqualität angeblich nicht genügt. Von keinem Leben kann und darf behauptet werden, dass es ‹unwert› sei.[86] Wohl aber

---

84 Wenn P. B. BALTES (2006a), 96 bei der Betreuung demenzkranker Menschen «eine Wende in Richtung auf die Förderung der Lebensqualität statt einer Konzentration auf die Lebensquantität» fordert, so scheint mir dabei übersehen zu sein, dass diese medizinethische Akzentsetzung grundsätzlich für alle Patientinnen gilt, die nicht – aus welchen weltanschaulichen Gründen auch immer – explizit einer vitalistischen Position der «Heiligkeit des Lebens» anhangen, derzufolge Leben so lange als möglich verlängert werden sollte!

85 Dieser fundamentale, keineswegs nur auf demente Patienten bezogene Grundsatz neuerer Medizin-Ethik lautet bei T. L. BEAUCHAMP and J. F. CHILDRESS (2001), 136: «When quality of life is sufficiently low that an intervention produces more harm than benefit for the patient, it is justifiable to withhold or to withdraw treatment.»

86 «Quality-of-life judgments, properly used, do not concern the social worth of individuals, but rather the value of the life for the person who must live it» (ebd., 103).

steht es jedem Patienten zu, angesichts der enormen heutigen Möglichkeiten zur Lebensverlängerung selbst darüber zu befinden, wie lange er seine Lebensqualität subjektiv so hoch einschätzt, dass er noch weiter am Leben bleiben möchte, und wann er es vorzieht, nicht mehr länger leben zu müssen, sondern sterben zu dürfen. Wenn ein dementer Patient sich darüber nicht mehr selber äussern kann, hat er ein Anrecht darauf, dass sein Umfeld sich nach seinem diesbezüglichen mutmasslichen Willen richtet.

In der ethischen Fachdebatte dreht sich die Frage nicht nur um das Ob und Wann der Entscheidung für passive Sterbehilfe, also für das Zulassen des Sterbeprozesses, ohne ihm etwas entgegenzusetzen; es wird auch diskutiert, ob es nicht wünschbar wäre, Demenzpatienten in fortgeschrittenem Stadium – selbst wenn sie das selber gar nie gewünscht haben – durch aktive Sterbehilfe, also durch gezieltes Töten, von ihrem dementen Zustand zu erlösen. Eine, die diese Position seit Jahren dezidiert vertritt, ist Margaret P. BATTIN.[87] Sie geht davon aus, dass hochdemente Menschen das Getötetwerden subjektiv nicht als etwas Bedrohliches oder Schädigendes empfinden würden, sondern dieses ihnen eher die Erfahrung des weiteren geistigen und körperlichen Abbaus ersparen und ein schmerzloses Sterben garantieren und das heisst letztlich: ihnen etwas Gutes tun würde! Insofern findet sie, ein gesellschaftliches System, in dem routinemässig und gezielt demente Menschen getötet würden, würden ihre wohl bedachten Eigeninteressen (auch im Blick auf ihr eigenes Altwerden) besser schützen als ein System, das dementen Menschen lebenserhaltende Therapien zukommen lässt oder ihnen höchstens passive Sterbehilfe durch Therapieverzicht zugesteht. Da sich BATTIN aber darüber im Klaren ist, dass eine solche

---

87   M. P. BATTIN (1992).

philosophische Sicht realpolitisch nicht mehrheitsfähig wäre, plädiert sie für einen Kompromiss: Alle diejenigen Dementen sollen Anspruch auf aktive Sterbehilfe, also auf Tötung auf Verlangen haben, die dies in der Zeit vor ihrer demenziell bedingten Urteilsunfähigkeit in einer Patientenverfügung festgehalten haben.[88]

Wenn man davon ausgeht, dass Menschen in für sie hoffnungslos erscheinenden Situationen als letzten Ausweg ein moralisch legitimes Recht auf assistierten Suizid (im Sinne eines wohlerwogenen Bilanzsuizids) haben, dass Menschen in fortgeschrittener Demenz aber meist nicht mehr in der Lage sind, einen Suizid zu beschliessen und zu vollziehen, wird man sich – unabhängig vom real bindenden gesetzlichen Gebot solcher Fremdtötung aus Mitleid in den meisten westlichen Ländern – der Überlegung nicht ganz verschliessen können, ob denn aktive Sterbehilfe nicht theoretische die Form sein könnte, in der Respekt vor einem zuvor in einer Patientenverfügung geäusserten Willen zum Getötet-Werden zum Ausdruck gebracht werden könnte. Dagegen spricht allerdings, dass ich oben die Meinung vertreten habe, behandlungsleitend und verbindlich könne immer nur der *gegenwärtige* mutmassliche Wille sein. Und da wir nach heutigem Kenntnisstand davon ausgehen müssen, dass die Selbsterfahrung demenzkranker Menschen sich von der dezidiert ablehnenden Fremdbewertung eines Lebens mit Demenz durch Nicht-Demente unterscheidet, wäre kaum auszumachen, ob ein früher geäusserter Wunsch, bei fortgeschrittener Demenz getötet zu werden, für einen nun dement gewordenen Menschen immer noch Gültigkeit besitzt.[89] Und wie wäre denn konkret zu bestimmen, wann genau der Zeitpunkt im de-

---

88   Ebd., 137.
89   H. R. SCHELLING (2005), 91 weist darauf hin, dass die Suizidneigung bei Demenzkranken sehr gering ist!

menziellen Prozess gekommen ist, auf den sich ein früher geäusserter Wunsch nach aktiver Sterbehilfe bezieht? Solche Fragen wären äusserst schwierig zu beantworten.[90] Es scheint mir darum ethisch verantwortbarer zu sein, an einer Regelung festzuhalten, die aktives Töten auf Verlangen bzw. aus Mitleid ausschliesst, dafür aber die Möglichkeiten der passiven Sterbehilfe, also eines verantwortlichen Therapieverzichts oder -abbruchs bei zusätzlich auftretenden Krankheiten rechtzeitig und ernsthaft in Erwägung zieht – sofern sie dem mutmasslichen Willen der dementen Patientin zu entsprechen scheinen. Hanfried HELMCHEN, Siegfried KANOWSKI & Hans LAUTER geben zu bedenken: «Bei einem weit fortgeschrittenen Demenzprozess bedeutet eine interkurrierende [d. h. eine dazukommende, H. R.] Erkrankung für den Kranken oft die Aussicht, endlich von dem Grundleiden erlöst zu werden – vor allem dann, wenn er selbst zu erkennen gegeben hat, dass er sein durch die Krankheit beherrschtes Leben als Qual erlebt. In einer solchen Situation sollte der Arzt von einer weiteren Lebensverlängerung absehen.»[91]

---

90 Diese Problematik kommt sehr klar im Buch von T. JENS (2009) über den Demenzprozess seines Vaters zum Ausdruck, der in gesunden Tagen radikal die These vertrat, dass schwer demente Menschen wohl kaum noch im Sinne des Humanen als Menschen bezeichnet werden können, weshalb er dafür plädierte, dass jeder selber – und rechtzeitig! – bestimmen dürfen sollte, wann er sterben möchte (13). Als Walter Jens dann selbst zunehmend dement wurde, konfrontierte er dem Sohn zufolge seine Familie mit der Aussage: «Ihr Lieben, es reicht. Mein Leben war lang und erfüllt. Aber jetzt will ich gehen. [...] Aber schön ist es doch!» (132f.) Darin liegt die ganze Ambivalenz, die für eine solche Situation wohl gerade typisch ist. Obwohl der selbst veranlasste Tod von Walter Jens im Blick auf eine solche Situation mit der Familie und dem Hausarzt seit Jahren abgesprochen war, kommt der Sohn zur Einsicht: «Ein *Zwar-ist-es-schrecklich-aber-schön-ist-es-manchmal-noch-immer* ist keine Grundlage, um einen schwerkranken Mann aus der Welt zu schaffen.» (133)

91 H. HELMCHEN, S. KANOWSKI & H. LAUTER (2006), 215.

Dies trifft insbesondere auch im Blick auf die Ernährung bzw. die Verweigerung von Demenzkranken, Nahrung und Flüssigkeit zu sich zu nehmen, zu. Hier gilt nach den Richtlinien der Schweizerischen Akademie für Medizinische Wissenschaften: «Das oft beobachtete Verhalten von Dementen, die Nahrung zu verweigern, ist nach zumutbarer Diagnostik zum Ausschluss einer einfach behandelbaren Störung als verbindliche Willensäusserung zu werten.»[92]

Diese in der Medizinethik lebhaft diskutierten Grundsatzfragen im Blick auf spezielle Entscheidungssituationen sind zweifellos wichtig für jeden Entwurf einer Demenz-Ethik. Allerdings sollte dabei nicht vergessen werden, dass sich die ethische Verpflichtung der Sorge (im umfassenden Sinne von «care») für Demenzkranke nicht auf solche punktuellen Entscheidungssituationen eingrenzen lässt, in denen es darum geht, etwas für demenzkranke Menschen zu tun. Primär einmal ist auf einer viel grundsätzlicheren Ebene gefordert, dass sich Fürsorge in der alltäglich-unspektakulären Art und Weise konkretisiert, in der Betreuende *mit* Demenzkranken zusammen *sind*. Die Frage ist dann, wie Rebecca S. DRESSER mit gutem Grund zu bedenken gibt, nicht so sehr, wie wir auf Demenzkranke so einwirken können, dass ihre demenziell bedingten Defizite und Persönlichkeitsveränderungen möglichst nicht so störend ins Gewicht fallen. Die Frage ist dann vielmehr, wie wir Nicht-Demente uns so verhalten können, dass es für demente Mitmenschen erträglich ist, unter uns zu leben![93] Thomas KLIE plädiert in diesem Sinne für eine

---

92   SAMW (2004a), 54 (Pkt. Ad 4.4). Genau gleich urteilt A. WETTSTEIN (2005), 142.

93   R. S. DRESSER (2006), 300: «We might ask ourselves what we could do, how we could alter our own responses so that people with dementia may find that life among us need not be so terrifying and frustrating. We might ask ourselves what sorts of environments, interactions, and relationships would enhance their lives.» Eine ähnliche Akzentverschiebung weg von

«Zivilisation zweiter Ordnung», also für eine Haltung, die akzeptiert, dass Demenzkranke mit ihrem Sein und Verhalten zum Teil aus den üblichen zivilisatorischen Gepflogenheiten unserer Kultur herausfallen und Verhaltensweisen entwickeln, die eine eigene Form von Kultur darstellen, auf die wir uns als Teil unserer Fürsorge-Verpflichtung einzulassen und die wir zu respektieren haben.[94] Dieses Postulat mag zwar gewiss manches für sich haben und tönt ein-leuchtend als theoretisches Modell. Seine praktische Verwirklichung im alltäglichen Zusammenleben von dementen und nicht-dementen (oder auch nur schon von in unterschiedlichem Grad dementen!) Menschen dürfte realistischerweise aber häufig nicht sehr einfach sein.

5.7 Gerechtigkeit

Angesichts der eingangs beschriebenen demographischen Entwicklung, insbesondere der rasanten Zunahme des Segments der Hochbetagten mit ihrem signifikant erhöhten Risiko, an einer Demenz zu erkranken, stellen sich dringliche Fragen an unser Gesundheits- und Sozialsystem, die nur begrenzt auf den wachsenden personellen, institutionellen und finanziellen Bedarf an Langzeitbetreuung chronischkranker Menschen, zu denen die an einer Demenz erkrankten zählen, eingestellt sind. Die hier sich stellenden gesellschaftlichen Anfragen haben mit dem ethischen Prinzip der Verteilungsgerechtigkeit zu tun, das in zweierlei Hinsicht diskutiert wird.

---

der einseitig an punktuellen, oft dramatischen Entscheidungssituationen orientierten Medizinethik hin zu einer gerontologischen oder geriatrischen «everyday ethics», die am alltäglichen Lebensvollzug von Situationen der Langzeitbetreuung ausgerichtet ist, fordert H. R. MOODY (1992b), 19–40.

94   Th. KLIE (2003), 59f.

Zum einen wird von verschiedenen Seiten darauf hinge-wiesen, dass unser Gesundheitssystem eine deutliche Schlag-seite zugunsten der kurativen Akut- und High-Tech-Medizin hat («cure»), die zu Lasten der medizinisch-pflegerischen Auf-gaben in der Langzeitbetreuung («care») v. a. alter Menschen geht.[95] So fordert etwa Daniel CALLAHAN seit langem ein-dringlich eine stärkere Gewichtung der «care» gegenüber der «cure» – in der Forschung, in der Ausbildung, in der von der Politik für die Praxis zur Verfügung gestellten Mittel.[96] Dazu gehört auch, auf der fachlichen Ebene wahrzunehmen, was für eine hoch komplexe, anspruchsvolle Aufgabe die Beglei-tung, Betreuung und Pflege hochbetagter Menschen darstellt, in ihre professionelle Verbesserung – zum Beispiel durch Wei-terbildung – zu investieren und ihr die Anerkennung und das Prestige zu geben, das sie verdient.[97]

---

95   «Care» bezieht sich selbstverständlich nicht nur auf den Langzeitbereich. Die genannte Grundeinstellung unseres Gesundheitssystems zeigt sich etwa darin, dass die Geriater auf der Prestige-Skala der Mediziner ganz unten rangieren und Pflegende, die aus dem Akut- in den Langzeitbereich wech-seln, immer wieder einmal zu spüren bekommen, dass dieser berufliche Wechsel unter Pflegenden selbst prestigemässig als Abstieg empfunden wird.

96   «Diseases of slow decline, presenting few acute phases and unresponsive to available technologies, are almost guaranteed a second-class citizenship in our health care system. That's not what we are good at, not what we have designed the system to manage, and not what gives us our greatest therapeu-tic thrills. Can this bias be changed? That is, can we change the direction of a system that is heavily oriented toward cure rather than care [...]? [...] It will require a revolution in our thinking and our practices.» Nach CALLA-HANs Überzeugung «the most sensible set of priorities for the health care system would place care (by which I mean both nursing care and broad social service provisions), not cure, at the top of the list, and all the more so in an era of chronic disease and diseases of aging not readily amenable to cure» (D. CALLAHAN [1992], 142, 147). Diese Aufwertung von «care» müsste sich unter anderem auch in entsprechenden Anstellungsbedingun-gen von Mitarbeitenden niederschlagen; zum Beispiel in einer entsprechen-den Entlöhnung.

97   T. KLIE & H. BRANDENBURG et al. (2003).

Zum andern wird darüber nachgedacht, ob die zunehmende Zahl alter, multimorbider, chronischkranker und oft dementer Menschen, die immer älter werden, in der Zukunft nicht mehr medizinische und pflegerische Dienstleistungen beziehen werden, als die Gesellschaft bzw. das Gesundheitswesen zu finanzieren bereit ist. Denn je mehr in die Pflege und Betreuung hochbetagter Menschen investiert wird, desto weniger kann logischerweise in andere gesellschaftliche Bereiche, die stärker den jüngeren Generationen zugute kommen, investiert werden. In sehr zugespitzter Diktion formuliert es CALLAHAN (allerdings mit primärem Blick auf das US-amerikanische Gesundheitssystem) so: «An ever-growing number of the elderly are kept alive for an ever-longer period of time, but at the price of ever-extended care and rehabilitation to ensure their continuing survival and well-being. The full provision of such care by government funds or institutions promises to be insupportable. Soon there will be too many people needing too much care.»[98] In dieser Perspektive stellen sich Fragen nach der Verteilgerechtigkeit zwischen den verschiedenen Generationen. CALLAHAN schlägt deshalb die Einführung einer Altersgrenze von etwa 80 Jahren vor, ab deren Überschreitung alten Menschen durch öffentliche Gelder finanziert nur noch palliative medizinische Dienstleistungen im Sinne von «care» zustehen sollten, während sie auf kurative, lebenserhaltende Massnahmen entweder verzichten oder aber sie aus der eigenen Tasche berappen müssten. «A bias (though not a flat rule) against acute-care medicine for individual dementia patients, especially those with well-advanced cases, would seem the morally appropriate response to their inevitable decline and death; no good purpose would be served by

---

98   D. CALLAHAN (1995), 97. CALLAHAN wehrt sich damit u. a. gegen einen stark vitalistischen Zug in der amerikanischen Medizin.

that kind of medicine in those cases. Comfort and palliation would, of course, always be appropriate.»[99]

Dieser Vorschlag einer Altersbegrenzung im Blick auf den Zugang zu kollektiv finanzierten medizinischen Dienstleistungen im kurativen Bereich scheint mir problematisch. Nicht umsonst betont Callahan im obigen Zitat, es gehe ihm nur um einen «bias», also um eine Tendenz, nicht um eine «flat rule», also nicht um eine strikte Regel. Denn abgesehen davon, dass das kalendarische Alter unter gerontologischen Gesichtspunkten, d. h. unter Berücksichtigung des sehr unterschiedlichen Verlaufs des Alterungsprozesses bei unterschiedlichen Personen, eine Regelung mit fixen Altersgrenzen als nicht sinnvoll erscheinen lässt, wäre die Bestimmung irgendeiner fixen Altersgrenze grundsätzlich willkürlich, da das Altern ein kontinuierlicher Prozess ist, der zwar in unterscheidbaren Phasen verläuft, deren Übergänge aber fliessend sind und keine klaren Zäsuren kennen. Zudem scheint mir unter gerechtigkeitstheoretischen Gesichtspunkten schwer begründbar, warum älteren Menschen einfach aufgrund ihres Altseins gewisse medizinische Therapien vorenthalten werden sollen. Vielmehr wäre zu bedenken: Eine Gesellschaft, die Langlebigkeit und medizinische Lebensverlängerung über Jahrzehnte hinweg kollektiv gefördert und als wünschbares Gut angestrebt hat, wird nun nicht plötzlich diejenigen durch diskriminierendes Vorenthalten therapeutischer Möglichkeiten bestrafen können, die gleichsam ‹Opfer› des kollektiv erstrebten Erfolges wurden.[100]

---

99 D. CALLAHAN (1992), 151.
100 D. CALLAHAN (1995), 106 sagt selbst: «It was a collective and popular political decision over many decades to support the biomedical research and improved health-care delivery that are heavily responsible for the increase in the longevity of the elderly. The solution to problems generated by that decision should be no less collective.»

Wohl aber sollte bei demenzkranken Personen stets ernsthaft geprüft werden, ob eine kurative Behandlung wirklich in ihrem Interesse ist, ob der zu erwartende Gewinn an Lebensqualität die mit einer Therapie verbundenen Belastungen und die möglichen Einschränkungen im Lebensvollzug nach der Therapie tatsächlich aufwiegt und ob eine lebensverlängernde Therapie ihrem aktuellen oder mutmasslichen Willen entspricht – und nicht nur dem Behandlungswillen des Arztes bzw. dem Willen oder dem schlechten Gewissen von Angehörigen! Solche ethischen Abwägungen sind aber grundsätzlich bei allen medizinischen Interventionen angesagt, nicht nur bei Demenzkranken; darum sind sie auch nicht diskriminierend.

In einer Gesellschaft, in der alle möglichst lange leben wollen, ist nicht einzusehen, warum dementen Menschen die Erfüllung dieses Wunsches – sofern er wirklich ihrem mutmasslichen Willen entspricht! – verwehrt werden dürfte. Die Grundfrage, die sich hier stellt, reicht tiefer: Es ist die Frage, ob unsere Gesellschaft nicht gut daran täte, im Rahmen einer kritischen Revision ihres Menschenbildes und Lebensverständnisses sich auf eine neue *ars moriendi* zu besinnen, also auf eine Lebenskunst, die sich schon mitten im Leben mit der eigenen Endlichkeit vertraut macht und im Gedenken des Todes so intensiv zu leben lernt, dass Einzelne es dann nicht mehr nötig haben, nach immer noch mehr Lebensverlängerung zu streben, sondern zu gegebener Zeit das Sterben als einen zum Leben dazugehörigen Prozess zulassen und den Tod annehmen können.[101] Von einer solchen Einstellung sind wir derzeit allerdings noch weit entfernt, geht der Trend heute doch eher dahin, das eigene Leben möglichst lange auszudehnen, bis es einem nicht mehr lebenswert erscheint,

---

101 H. Rüegger (2006); vgl. auch Kap. 6 in diesem Band.

und ihm dann ein möglichst rasches, vielleicht selbst herbeigeführtes Ende zu bereiten.

5.8 Solidarität mit Angehörigen und Pflegenden

Fragt man nach ethischen Perspektiven im Umgang mit Demenz, kann sich der Blick nicht nur auf die an Demenz erkrankten Personen selbst richten. Wie bei wenigen anderen Krankheiten betrifft eine Demenz in hohem Masse auch das soziale Umfeld der Erkrankten, primär also ihre Angehörigen. Dies gilt umso mehr, als die meisten Demenzkranken in den anfänglichen Phasen ihrer Erkrankung zuhause leben und von ihren Angehörigen betreut werden – eine Aufgabe, die sich über Jahre erstrecken und immer umfassendere Dimensionen annehmen kann.[102] Das Mass, in dem heute Angehörige – meist Frauen![103] – im privaten Raum demenzkranke Personen pflegen und betreuen, ist beeindruckend[104] und straft die Meinung Lügen, die zwischen den Generationen bestehende Bereitschaft zur Solidarität und Übernahme von Verantwortung sei massiv geschwunden.[105] Sie tun dies oft bis an den Rand ihrer Kräfte und riskieren dabei selbst, gesundheitlich Scha-

---

102 Die durchschnittliche Länge einer Demenz des Alzheimer-Typs ohne vaskuläre Probleme vom Moment ihrer Diagnostizierung bis zum Tod der erkrankten Person dauert im Durchschnitt 7–8 Jahre; bei vaskulärer (Multiinfarkt-)Demenz kürzer (F. HÖPFLINGER & V. HUGENTOBLER [2003], 67f.).

103 Auf diesen eminent bedeutsamen Genderaspekt weisen R. J. MARTIN & St. G. POST (1992) zu Recht hin: «Very quickly the much vaunted ‹filial duties› become the imposed responsibility of daughters or daughters-in-law. [...] Thus, the modern technological extension of the life span has put pressures most directly on women rather than on men» (62). Auch Th. KLIE (2003), 58 hebt diesen problematischen Aspekt hervor.

104 St. G. POST (1995) unterstreicht im Blick auf unsere heutige Gesellschaft des langen Lebens, dass «many adult children of elderly ill parents are faced with caretaking responsibilities of unprecedented magnitude» (52).

105 Th. KLIE (2006), 71.

den zu nehmen.[106] Die Fürsorge-Verpflichtung muss ihnen darum ebenso gelten wie den dementen Personen selbst.[107] Geht es den pflegenden oder betreuenden Angehörigen einigermassen gut, wird sich dies automatisch auch auf die von ihnen betreuten Demenzkranken auswirken. Insofern heisst den demenziell Erkrankten Gutes tun auf indirekte Weise immer auch, denen Gutes tun, die sich um sie kümmern.[108]

Mit der privaten Betreuung demenzkranker Familienangehöriger zwar nicht einfach vergleichbar, aber ebenfalls in hohem Masse anspruchsvoll und oft auch psychisch und physisch belastend ist die Arbeit von professionell Pflegenden, die demente Personen in Institutionen der Langzeitpflege betreuen. Gerade der Umgang mit persönlichkeitsveränderten, aggressiven Dementen stellt hohe fachliche und persönliche Anforderungen an das Personal. Angesichts der Tatsache, dass in der Betreuung von demenziell erkrankten Menschen keine kurativen Fortschritte zu erwarten sind, der Abbau vielmehr trotz noch so kompetenter und hingebungsvoller Pflege kontinuierlich fortschreitet, besteht eine besondere Verantwortung darin, die Pflegenden und Betreuenden zu unterstützen und wertzuschätzen, um sie in ihrer psychohygienischen Gesundheit zu stützen. Darin liegt zugleich eine zentrale Massnahme der Gewaltprävention. Denn überforderte, sich ausgebrannt und allein gelassen fühlende Pflegende neigen eher dazu, in

---

106 «Ein hoher Prozentsatz der Angehörigen weist deutliche subjektive Einschränkungen des gesundheitlichen Wohlbefindens auf und ist von depressiven oder psychosomatischen Störungen betroffen.» (H. HELMCHEN, S. KANOWSKI & H. LAUTER [2006], 198).

107 Der Vierte deutsche Altenbericht unterstreicht: «Die angemessene Unterstützung betreuender Familienangehöriger ist […] ein Gebot ethischer Verantwortung der Gesellschaft» (Bundesministerium für Familie, Senioren, Frauen und Jugend [2002], 358).

108 Wenn sich betreuende Angehörige überfordert fühlen, kommt es leichter zu Übergriffen. Unterstützung von Angehörigen in ihrer betreuenden Aufgabe ist umgekehrt auch ein Aspekt von Prävention im Blick auf Übergriffe.

kritischen Situationen mit Gewalt zu reagieren. Die in der jüngeren Vergangenheit immer wieder aus unterschiedlichen Ländern bekannt gewordenen Fälle von Tötungen dementer Bewohnerinnen von Pflegeheimen durch dort tätige Pflegende sind wohl nur die Spitze des Eisbergs und machen deutlich, wie wichtig es ist, Pflegende so zu unterstützen, dass sie auch in schwierigen Situationen fähig sind, sich mit Professionalität und Respekt vor der Würde auch noch so dementer und persönlichkeitsveränderter Menschen zu verhalten. Tom KIT-WOODS Hinweis ist darum psychologisch wie ethisch gleichermassen zentral: «Werden Angestellte unterstützt und ermutigt, so werden sie ihr eigenes Gefühl des Wohlbefindens in ihren Arbeitsalltag mit einbringen. Wenn also eine Organisation dem Angebot einer ausgezeichneten Pflege für ihre Klienten wahrhaft hingegeben, wenn sie ihrem Personsein verpflichtet ist, so muss sie notwendigerweise auch dem Personsein des gesamten Personals, und zwar auf allen Ebenen, verpflichtet sein.»[109]

Die Betreuung demenzkranker Menschen ist eine überaus anspruchsvolle Aufgabe. Sie wird rasch zur Überforderung, wenn einzelne Betreuende mit dieser Aufgabe alleine gelassen werden oder sich alleine verantwortlich fühlen. Darum ist ein Schlüssel zu sinnvoller Sorge für Demenzkranke die konsequente Ausrichtung am Leitbild geteilter Verantwortung («*welfare mix*»),[110] was voraussetzt, dass Betroffene und ihre

---

109 T. KITWOOD (2000), 152.
110 Th. KLIE (2003), 57f.; (2006), 76, 78. Dieser Wohlfahrtsmix ist vor allem an den Akteuren Staat, Markt und Familie orientiert, während für die Zukunft das ehrenamtliche (‹bürgerschaftliche›) Engagement von Freiwilligen in der Betreuung Demenzkranker an Bedeutung noch zunehmen dürfte (H. STRASSER & M. STRICKER [2008]). V. a. K. DÖRNER betont seit langem, dass allein schon die Grössenordnung des Problems der Betreuung dementer Mitmenschen «das für die letzten hundert Jahre der Moderne bewährte duale Hilfesystem – eigene Wohnung oder Heim – heute schon als unzureichend erscheinen lässt» und in Zukunft erst recht durch neue

Angehörigen öffentlich und möglichst frühzeitig zur Diagnose Demenz stehen. Angehörige, eventuell Nachbarn aus dem Quartier, Spitex, Tageskliniken und stationäre Institutionen der Langzeitpflege können sich gegenseitig unterstützen und in gemeinsamer Absprache ein optimales Betreuungs-‹Design› für eine demenzkranke Person entwickeln, das alle Betreuenden und Pflegenden davor schützt, sich zu überfordern und an der Aufgabe der Betreuung von dementen Mitmenschen selber Schaden zu nehmen. Insofern ist das ethische Prinzip, dem auf Unterstützung Angewiesenen Gutes zu tun, dahingehend zu interpretieren, dass stets auf ein Gleichgewicht zwischen dem zu achten ist, was für eine demente Person gut ist, und dem, was für diejenigen gut ist, die sie betreuen.[111]

5.9 Demenz als Pathologie oder als Existenzform

Die allgemeine Einschätzung der verschiedenen Formen von Demenz als Inbegriff dessen, was einer persönlichen Katastrophe gleichkommt, geht ganz von einem medizinischen Paradigma aus und interpretiert Demenz als Krankheit, als neurodegenerative Pathologie. Wer Demenz so versteht, wird die Frage, wie mit ihr bzw. mit Menschen, die an einer Demenz erkrankt sind, umgegangen werden soll, ganz der Zuständigkeit der Medizin bzw. der Psychiatrie zuweisen, die wiederum praktisch nicht anders können, als Antworten auf dem Wege medizinischer Interventionen zu geben oder zu suchen. In dieser Perspektive ist ein demenzieller Status grundsätzlich etwas Negatives.

Formen ehrenamtlicher (bürgerschaftlicher) Betreuung erweitert werden muss ([2007], 14).

111 St. G. Post (1995), 43.

Nun gibt es allerdings eine Diskussion darüber, ob diese medizinisch-pathologische Sichtweise nicht gerade Teil des Problems statt Teil seiner Lösung ist, und ob eine demenzielle Entwicklung nicht auch eine von verschiedenen möglichen ‹normalen› Formen des Alterns sein könnte. So sehen etwa die Ethiker Verena WETZSTEIN und Eberhard SCHOCKENHOFF in dieser Pathologisierung der Demenz mit eine Ursache für die gesellschaftliche Marginalisierung dementer Menschen und möchten deshalb Demenz wieder zu einem gesamtgesellschaftlichen Thema machen, das nicht nur an die Medizin wegdelegiert werden kann.[112]

Von psychologischer Seite her hat vor allem Tom KITWOOD dafür plädiert, dem vorherrschenden medizinisch-neurologischen Erklärungsmodell von Demenz ein sozialpsychologisches, primär person-zentriertes Modell gegenüberzustellen, das sich dafür einsetzt, «Männer und Frauen mit einer Demenz in ihrem vollen Menschsein anzuerkennen. Der Bezugsrahmen sollte nicht länger die Person-mit-DEMENZ, sondern die PERSON-mit-Demenz sein.» Durch eine dialektische Zuordnung dieser beiden Modelle erhoffte er sich Einsichten in angemessenere Formen des Umgangs mit Demenzkranken, die deren Marginalisierung, Depersonalisierung und Entmenschlichung verhindern können.[113]

Aus der Perspektive der Soziologie plädieren Peter WISSMANN & Reimer GRONEMEYER für eine Entpathologisierung und zivilgesellschaftliche Neudefinition von Demenz, die Demenzkranke mitten in die Gesellschaft hineinstellt und nach Wegen sucht, sie am gesamtgesellschaftlichen Leben partizipieren zu lassen.[114] Sie halten fest: «Demenz ist *eine*

---

112 V. WETZSTEIN (2005a+b); E. SCHOCKENHOFF & V. WETZSTEIN (2005), 263.
113 T. KITWOOD (2000), 17f., 25, 32–34, 80.
114 P. WISSMANN & R. GRONEMEYER (2008), 33, 37,43.

mögliche Seinsform im Alter. Keine frei gewählte – das teilt sie mit anderen Seinsformen –, aber dennoch eine, die ein gutes Leben prinzipiell zulässt.»[115]

Der Jurist und Gerontologe Thomas KLIE wiederum plädiert dafür, die Weltsicht und die Verhaltensweisen demenzkranker Menschen als eigenständige Form von Zivilisation, als eine «Zivilisation zweiter Ordnung» quasi, zu betrachten und Demenz damit nicht primär als Defizit und Makel, sondern als alternative Lebensform von eigenem Wert zu verstehen, die es mit Toleranz zu akzeptieren gelte.[116] KLIE geht sogar so weit, das Fortschreiten einer demenziellen Entwicklung nicht einfach als Zerfall, sondern als eine Form von Wachstum und Entwicklung zu interpretieren.[117] Diese Sicht liegt nahe bei derjenigen des Sozialpsychiaters Klaus DÖRNER. Er vertritt die Überzeugung, dass eine Gesellschaft wie die unsere, in der die Dementen so zahlreich geworden sind, davon ausgehen müsse, dass Demenz eine menschheitsgeschichtlich «neue menschliche Seinsweise» darstellt; eine Seinsweise übrigens, die «genauso zum Menschsein gehört wie das Kindsein, das Erwachsensein oder das aktive Altsein» und von der DÖRNER annimmt, dass die von ihr bestimmten Menschen mindestens so gern leben wie alle anderen Menschen ohne Demenz.[118] Diese Sichtweise wird vom Hinweis des Geriaters Albert WETTSTEIN gestützt: Untersuchungen hätten ergeben, «dass das allgemeine Wohlbefinden von Demenzkranken sich nicht signifikant von dem gleichaltriger kognitiver Gesunder unterscheidet», ja dass es sogar «Demenzkranke gibt,

---

115 Ebd., 148.
116 Th. KLIE (2003), 59f.
117 Th. KLIE (2006), 75.
118 K. DÖRNER (2007), 14f. Diese Sichtweise DÖRNERS wird aufgenommen von A. EGLIN (2006), 27.

deren Wohlbefinden sich durch die Demenz positiv verändert hat».[119]

Diese Diskussion ist deshalb in ethischer Hinsicht wichtig, weil sie die absolute Negativwertung von Demenz als einer medizinischen Pathologie relativiert und die so leicht damit einhergehende moralische Abwertung demenzkranker Menschen in Frage stellt. Sie widerspricht der Annahme, dass eine Demenz das Personsein des Menschen und alles, was den Kern seines Wesens und seiner Lebensqualität ausmacht, zerstört, ihn also ent-menschlicht. Solche Einschätzungen stellen einen fruchtbaren Nährboden dar für einen Umgang mit Demenzkranken, der diesen ihre menschliche Würde und das Recht auf Leben und menschliche Solidarität aberkennt. Der Vierte Bericht zur Lage der älteren Generation in Deutschland weist darum mit Recht darauf hin, dass «die Frage, ob das Leben mit Demenz nur als Leiden oder unter bestimmten Bedingungen als eine andere, lebenswerte Form der menschlichen Existenz aufgefasst werden kann, für den Umgang mit dieser Erkrankung von grundsätzlicher Bedeutung» sei.[120] Ich halte es darum für eine wichtige Aufgabe, das Phänomen Demenz und die mit ihm sich einstellenden Erfahrungen von Grenzen, von Verlust und Abhängigkeit als etwas zu verstehen, was als Möglichkeit zur Ganzheit und Fülle eines normalen menschlichen Lebens und zur Würde des Alters, v. a. des hohen Alters, dazugehört.

In diesem Sinne vertreten Peter Gross & Karin Fagetti die Ansicht, Demenz sei in einer älter werdenden Bevölkerung eine normale Erscheinung. Sie sei nicht der hohe Preis, der für das massenhafte Älterwerden zu bezahlen sei, und schon gar nicht ein Skandal. «Sondern sie öffnet – so provokativ dies

---

119 A. Wettstein (2005), 108.
120 Bundesministerium für Familie, Senioren, Frauen und Jugend (2002), 178.

erscheinen mag – Sinnfenster.»[121] Erst von dieser Grundannahme aus scheint es mir dann möglich, einen ethisch reflektierten moralischen Umgang mit Demenzkranken zu entwickeln, der Ausdruck einer tiefen Humanität ist und einer gelebten Solidarität im Wissen um ein gemeinsames Menschsein entspringt.

5.10 Humanität auf dem Prüfstand

Angesichts der demographischen Entwicklung und der durch sie bedingten rasanten Zunahme demenzieller Erkrankungen im Bereich der Hochaltrigkeit erweist sich Demenz als eine der ganz grossen gesellschaftlichen Herausforderungen.[122] Wenn man bedenkt, wie sehr durch sie Grundlagen unseres heute gängigen Menschenbildes in Frage gestellt werden und in welch hohem Mass Demenzkranke – aber natürlich auch andere Hochbetagte in ihrer letzten Lebensphase! – verletzlich und von der Pflege und Betreuung durch andere abhängig sind, scheint es nicht übertrieben, in unserem Umgang mit demenzkranken Mitmenschen ein Handlungsfeld zu sehen, auf dem die Humanität unserer Gesellschaft auf dem Prüfstand steht.[123] Soll sie diese Prüfung bestehen, werden wir sowohl im Blick auf die konkrete Betreuung demenzkranker Menschen wie auch im Blick auf die gesellschaftliche Mentalität und die politisch zu bestimmenden Rahmenbedingun-

---

121 P. Gross & K. Fagetti (2008), 25. Solche Sinnfenster sehen die Autoren etwa in den positiven, entlastenden Seiten des Vergessens, im akzentuierten Leben in der Gegenwart und in einer anderen Akzeptanz von Sterben und Tod.

122 St. G. Post (1995), 6 sieht im Phänomen Demenz «a problem of the highest magnitude for all those who reflect on the human condition and the human future.»

123 Nach R. J. Martin & St. G. Post (1992), 67 erweist sich «a significant measure of our humanity as a society in the kind of care given to patients such as the demented elderly.»

gen des Gesundheits- und Sozialwesens nicht darum herum-kommen, uns auch intensiv mit den ethischen Grundfragen auseinanderzusetzen, die sich im Umgang mit Demenz stellen. In diese Richtung zielen etwa die Überlegungen von Peter Wissmann & Reimer Gronemeyer zu einem «demenz-freundlichen Gemeinwesen».[124]

Eine wesentliche Voraussetzung dafür, dass es gelingt, in dieser Richtung Fortschritte zu machen, scheint mir die Bereitschaft zu sein, sich offen auf eine Auseinandersetzung mit den Grenzen und der Verletzlichkeit des eigenen Lebens einzulassen. Darauf weist Andreas Kruse zu Recht immer wieder hin. Denn nur, wenn dies gelingt, wenn die in der Demenz sichtbar werdenden Grenzen nicht als Verlust des Personseins, sondern als möglicher Teil einer persönlichen Biographie erkannt werden, wird unsere Gesellschaft auch in der Lage sein, «die Grenzen, die Menschen im hohen und sehr hohen Lebensalter erfahren, bewusst anzunehmen und in einen kulturellen Entwurf des Menschseins zu integrieren.»[125]

---

124 P. Wissmann & R. Gronemeyer (2008), 145–171. Die beiden Autoren sind sich allerdings bewusst, der Gesellschaft damit eine Herkulesaufgabe zuzumuten: «Eine demenzfreundliche Kommune: Das sagt sich leicht. Über die Schwierigkeiten, den Weg dorthin zu gehen, muss man sich Rechenschaft ablegen: Das wird kein Teekränzchen.» (121)

125 A. Kruse (2005a), 56; (2006a), 57.

Von der Einübung in das sterbliche Leben

6.1 Das ambivalente Verhältnis zu Sterben und Tod

Das Verhältnis heutiger Menschen zu Sterben und Tod ist ambivalent. Auf der einen Seite ist nicht zu übersehen, dass Themen wie Sterbehilfe, Sterbebegleitung, das Recht auf ein würdiges und selbstbestimmtes Sterben sowie Nahtoderfahrungen von Menschen, die bereits als klinisch tot galten, dann aber nochmals ins Leben zurückkehrten, in weiten Kreisen auf ein beträchtliches Interesse stossen. Ganz abgesehen davon, dass wir uns – vermittelt durch die Medien – tagtäglich Szenen des Sterbens und Bilder von Toten in grosser Zahl zu Gemüte führen.

Auf der anderen Seite ist erstaunlich, wie sehr heutige Menschen, mitunter selbst alte Menschen und Spitalmitarbeitende, die Konfrontation mit dem Tod verdrängen.[1] Bei ei-

---

* Die Ausführungen dieses Kapitels sind in einer ähnlichen, aber wesentlich kürzeren Form als Aufsatz erschienen: *Wer den Tod verdrängt, verpasst das Leben. Zur Bedeutung einer zeitgemässen Ars moriendi*, Reformatio 56 (2007) 54–59. In viel ausführlicherer Form sind sie als Buch erschienen: *Das eigene Sterben. Auf der Suche nach einer neuen Lebenskunst*. Göttingen 2006.

1 W. WELSCH (2008), 203 gibt zu bedenken: «Der Begriff des Alters ist von der Todesnähe nicht zu trennen. Dass in den heute gängigen Reden vom Alter dieser essentielle Bezug zunehmend ausgeblendet wird, muss nachdenklich stimmen. Der Tod wird in unserer Kultur immer mehr verdrängt. Die Bestattungsriten [...] sind ein Beleg dafür. Vor allem aber verliert sich das Bewusstsein davon, dass die Hereinnahme des Bezugs zum Tod die Bedingung eines gelingenden Lebens ist.»

ner Kaffeerunde unter Mitarbeitenden im Betrieb, im Training mit Kollegen des Sportclubs oder mit Gästen bei einem Nachtessen über Tod und Sterben zu sprechen, gilt meist als nicht besonders schicklich und kann peinliche Betroffenheit auslösen. Dabei ist die Auseinandersetzung mit dem Sterben anderer das eine; noch einmal etwas anderes ist der Gedanke an das eigene Sterben und den eigenen Tod. Letzterer wird besonders stark vermieden – als ob es dem Leben Abbruch täte, wenn man sich mit der eigenen Sterblichkeit beschäftigt! Dabei könnte uns eine lange philosophische und religiöse Tradition belehren, dass das Gegenteil der Fall ist: Das Gedenken des Todes, das viel zitierte *memento mori*, kann dem Leben Tiefgang und Intensität verleihen. Denn Lebenskunst (*ars vivendi*) und die Kunst, sich mit der Sterblichkeit des Lebens anzufreunden (*ars moriendi*), gehören nach der Überzeugung einer langen abendländischen Tradition untrennbar zusammen.

Hans-Joachim Höhn dürfte recht haben, wenn er feststellt: «Geboren werden heisst: in eine Welt kommen, in der man sich den Tod holen wird. Wohin der Mensch in dieser Welt auch kommt, der Tod ist schon da und erwartet ihn. [...] Das weiss jeder Mensch – und nur wenige glauben es. Die meisten glauben, etwas Besseres als den Tod verdient zu haben.»[2] Darum verdrängen sie das Phänomen des Sterbens und des Todes – vor allem im Blick auf das eigene Leben.

Dass dies so ist, hängt nicht zuletzt damit zusammen, dass die westliche Kultur tief geprägt ist durch eine doppelte Frontstellung gegen den Tod: einmal durch die Theologie, sodann durch die Medizin. Beide haben das Sterben und den Tod, also das ganz natürliche Phänomen, dass unser biologisches Leben von seiner physischen Konstitution her nicht

---

2   H.-J. Höhn (2004), 9.

für die Ewigkeit geeignet ist und deshalb einmal zu Ende geht, zu ihrem Erzfeind erklärt – mit nachhaltigen, problematischen Folgen!

6.2 Theologische Deutungen des Todes

Grundlage für christlich-theologische Deutungen des Todes ist das biblische Zeugnis. Dieses spricht in einer Fülle ganz unterschiedlicher Bilder und Vorstellungen vom Tod bzw. von der Sterblichkeit des Menschen – eine Vielfalt, die nicht auf einen gemeinsamen Nenner gebracht werden kann.[3] Sie haben sich in einer langen Geschichte in Auseinandersetzung mit den kulturellen und religiösen Traditionen der jeweiligen Umwelt entwickelt, verändert und in den biblischen Texten niedergeschlagen.[4] Gerade in ihrer Vielfalt dokumentieren diese Vorstellungen das ständige Ringen um eine angemessene Wahrnehmung dieser geheimnisvollen Wirklichkeit des Todes, die sich jeder abschliessenden Deutung entzieht und doch immer wieder dazu zwingt, sich mit ihr als einer der fundamentalen Gegebenheiten menschlichen Lebens zu beschäftigen.

Man kann also nicht von *einem* biblischen Verständnis des Todes sprechen, sondern von *verschiedenen* Todes-Vorstellungen, die durchaus spannungsvoll nebeneinander stehen. Ganz grob kann man die biblischen Bilder und Deutungen des Todes in zwei Typen unterscheiden: einen, der den Tod als von Gott gewollt und als von Anfang an zum sterblichen menschlichen Leben dazugehörig versteht; und einen anderen, der im Tod etwas sieht, was nicht ursprünglich zum Menschsein gehörte, sondern erst später auf tragische Weise dazu kam. Diesem zweiten Typus zufolge waren die Menschen ur-

---

3   E. Jüngel (1993), 75, 92.
4   Th. Hieke (2005).

sprünglich unsterblich geschaffen worden. Noch in der altkirchlichen Patristik, also zur Zeit der Kirchenväter, wurden beide Positionen vertreten.[5]

Im Alten Testament ist primär der erste Typ vertreten, z. B. wenn es schon auf den ersten Seiten der Bibel heisst, der Mensch sei als ‹adam› (wörtlich: Erdling) aus ‹adamah› (Erde) geschaffen worden, zu der er wieder werden wird (Gen 2,7; 3,19). Hier macht schon der sprachliche Anklang deutlich, dass Adam von seiner ganzen geschöpflichen Konstitution her nicht für die Unsterblichkeit, sondern als irdisch-vergängliches Wesen gedacht ist. Dementsprechend ist es durchaus als barmherzige Wohltat Gottes zu verstehen, dass er Adam und Eva, nachdem diese nach dem Baum der Erkenntnis gegriffen hatten, ausserhalb des Urgartens platzierte, um sie so vor dem ihnen zuzumutenden Unglück zu schützen, dass sie auch noch nach dem Baum des Lebens greifen und damit als ‹Erdlinge›, die sie nun einmal waren, Unsterblichkeit erlangen würden (Gen 3,22–24). Dass die Menschen dadurch nicht Lebensqualität gewinnen, sondern sich etwas Schlimmes antun würden, ist altes Menschheitswissen, das in den Mythen verschiedener Religionen aufbewahrt ist. So spricht etwa der griechische Mythos von der Göttin Eos und ihrem irdischen Geliebten Tithonos, dem sie von Zeus zwar Unsterblichkeit, nicht aber ewige Jugend schenken liess, genau von dieser Thematik. Als mühseliger Greis, der nicht sterben konnte, wurde Tithonos in eine Zikade verwandelt, die nun Tag für Tag ihre schrille Klage über ihr trauriges Los ertönen lässt. Die Weisheit dieses Menschheitswissens ist die, dass Sterblichkeit Gnade ist, weil der Mensch zur Unsterblichkeit nicht geschaffen ist. Der Tod ist damit positiver Teil der Wesensbestimmung des Menschen.

---

5   N. Brox (1986), 65–71.

Zu denken ist auch an die Sicht, die hinter dem schlichten Satz Davids kurz vor seinem Tod steht, er werde nun «den Weg alles Irdischen gehen» (1Kö 2,2). Diese Verbundenheit mit allem Irdischen im gemeinsamen Los der Sterblichkeit wird nicht beklagt, sondern positiv gewertet. Ähnlich sieht es das apokryphe Weisheitsbuch Jesus Sirach, demzufolge der Tod ein «Gesetz des Höchsten» resp. das allen Sterblichen von Gott bestimmte Los ist (Sir 41,3f.).

Die generelle Sicht des Alten Testaments fasst Eberhard JÜNGEL so zusammen: «Sterben ist für Israel ein Vorgang, der natürlicherweise mit dem Altern zusammenhängt. [...] Wenn hohes Alter erreicht wird, dann ist der Tod an der Zeit, und es leuchtet ein, dass zu sterben der Weg aller Welt ist (1Kö 2,2), dem man sich eigentlich gar nicht entziehen wollen kann.» «Man lehnt sich gegen den Tod, jedenfalls prinzipiell, nicht auf.» Und ‹alt und lebenssatt› zu sterben ist Zeichen eines begnadeten Lebens.[6]

Diese Sicht des Todes wurde aber in der christlichen Lehrtradition gerade nicht massgebend. Vielmehr stützte sich diese ganz auf den zweiten Typus biblischen Redens vom Tod, für den der Apostel Paulus als Kronzeuge diente. Es waren vor allem zwei paulinische Aussagen, die wirkungsgeschichtlich bestimmend wurden: zum einen die, dass der Tod ursprünglich von Gott nicht gewollt gewesen sei, sondern nur durch den sog. Sündenfall Adams wirksam geworden sei (Rö 6,23: der Tod als «Lohn der Sünde»); zum andern die, dass der Tod «der letzte Feind» sei, den Gott einmal besiegen werde (1Kor 15,26). Entsprechend erklärten Theologen den Tod zu einem Fluch, zu einer Strafe, zu etwas Unnatürlichem, ja zum «schlechthin Nichtseinsollenden».[7] Bis heute ist diese negative Wertung des Todes in einhelliger ökumenischer Überein-

6   E. JÜNGEL (1993), 84f., 91.
7   So etwa O. WEBER (1983), 694.

stimmung die lehramtlich gültige Position aller grossen kirchlichen Traditionen.

Diese offizielle christliche Lehre vom Tode als Fluch und Strafe für menschliche Sünde hat massgeblich zu einer vorwiegend negativen Einstellung der westlichen Kultur gegenüber Sterben und Tod beigetragen. Mit einem solchen Verständnis kann man kein positives Verhältnis zu Tod und Sterben als Teil jedes irdisch-menschlichen Lebens gewinnen. Im Gegenteil: Man kann Gotthold Ephraim LESSING die Berechtigung seiner Behauptung kaum absprechen, «dass diejenige Religion, welche dem Menschen zuerst entdeckte, dass auch der natürliche Tod die Frucht und der Sold der Sünde sei, die Schrecken des Todes unendlich vermehren musste».[8] Tod und Sterben sind hier theologisch, spirituell und existenziell in einem ganz fundamentalen Sinne negativ bestimmt. Man kann sie allenfalls hinnehmen, sich ihnen unterwerfen, wie man sich zähneknirschend einem Feind unterwirft, den zu besiegen man die Kraft nicht hat. Aber letztlich kann man sie nur ablehnen.

Ich bin mit Klaus-Peter JÖRNS der Meinung, dies sei eine unfruchtbare, lebensfeindliche Einstellung zum Tod und zur menschlichen Sterblichkeit, von der es höchste Zeit ist, sich zu verabschieden.[9] Demgegenüber scheint mir die Entwicklung eines neuen Verständnisses des Todes unter Rückgriff auf den ersten oben beschriebenen Typus biblischen Redens vom Tod dringlich, eines Verständnisses, das die menschliche Sterblichkeit ohne Wenn und Aber als natürlich und von Gott

---

8   G. E. LESSING (1985), 778.

9   K.-P. JÖRNS (2006), 266–285. JÖRNS weist darauf hin, dass die Vorstellung vom Tod als Strafe für die Sünde des Menschen nicht nur eine fatale Sicht unserer Sterblichkeit, sondern zugleich ein höchst problematisches Gottesverständnis beinhaltet (275). Demgegenüber betont er zu Recht: «Der Tod gehört zum menschlichen Leben, ist geschöpflich und hat mit dem ‹Sündenfall› nichts zu tun» (271).

gewollt akzeptiert. Ein solches Verständnis von Sterben und Tod geht davon aus, dass Gott uns so, wie wir sind, als adamitisch-vergängliche Erdlinge geschaffen und gewollt hat. Es sieht in unserer Endlichkeit keinen Makel, keine Strafe und keinen Fluch, sondern eine Grundbestimmung unseres geschöpflichen Daseins. Entgegen der Sicht eines Paulus und entgegen der sich auf ihn stützenden offiziellen kirchlichen Lehrtradition müsste neu entdeckt werden, dass «wir lernen dürfen, [...] unsere sterbliche Bedingtheit zu lieben, weil Gott sie will, weil Gott sie liebt. Nicht mehr der Sterblichkeit und dem Tod unterworfen zu sein, hiesse kein Mensch mehr zu sein. Gott hat den Menschen als endlichen, sterblichen geschaffen und danach gesagt: und es ist sehr gut. Das heisst: Es ist sehr gut, dass wir keine unsterblichen Wesen sind, sondern sterbliche, endliche, bedingte.»[10]

6.3 Die medizinische Haltung gegenüber dem Tod

Ähnlich der theologischen Tradition hat auch die westliche Medizin, insbesondere die moderne High-Tech-Medizin, ein weitgehend negatives Verhältnis zu Sterben und Tod entwickelt. Frank NAGER, der grosse alte Internist und philosophische Denker, weist immer wieder darauf hin, dass «der Tod für die Mediziner des naturwissenschaftlich-technischen Zeitalters ein *factum brutum* [also eine nackte Tatsache, H. R.] ist, dem sie den unerbittlichen Kampf angesagt haben. [...] Im [20. Jahrhundert] hat sich die moderne Heiltechnik zu einer gigantischen Veranstaltung gegen Sterben und Tod entwickelt».[11] In den Augen NAGERs hat die heute noch mancherorts vorherrschende «Todesverdrängung moderner Heiltechniker» den Tod zum Erzfeind der Medizin er-

---

10   J. MANSER (1989), 84.
11   F. NAGER (1998), 60.

klärt: «Von Berufs wegen ist er [der Tod, H. R.] unser Feind, um nicht zu sagen – unser Todfeind. Vor allem in modernen Spitalzentren, die so inbrünstig auf Heilung von Krankheit und auf Verlängerung des Lebens eingeschworen sind, ist der Tod ein Scandalon. Krankenhäuser wollen nicht Sterbehäuser sein»[12] – obwohl sie in einer modernen, funktional ausdifferenzierten Gesellschaft (neben den Pflegeheimen) *der* Ort sind, dem die Aufgabe der fachkompetenten Begleitung im Sterben zugedacht ist! Im Blick auf die soziale Organisation des Sterbens im Krankenhaus dürfte Elmar WEINGARTEN recht haben, dass «das Sterben-Lassen, vor allem das In-Frieden-Sterben-Lassen, nicht die eigentliche Aufgabe des Krankenhauses ist. Dieses ist von seiner Selbstdefinition her und der Art und Weise, wie es räumlich und personell organisiert ist, nicht auf den Sterbevorgang und den Tod eingestellt. Der Tod eines Patienten wird oft, ganz sicher auf den Intensivstationen, wie eine verlorene Schlacht erlebt und hinterlässt neben dem Toten eine Reihe ermatteter medizinischer Krieger, die rasch und geschäftsmäßig, oft heimlich und hilflos, das Opfer des Todes beiseiteschaffen».[13]

Das hier angesprochene Problem ist nicht als Pauschalvorwurf an die Adresse der Ärztinnen und Ärzte zu verstehen, sie würden sich nicht nach subjektiv bestem Wissen und Gewissen auch um Sterbende kümmern. Das tun sie sehr wohl. Es geht vielmehr um eine (meist vorbewusste!) Grundhaltung der Medizinalpersonen, des entsprechenden Berufsstandes und des Organisationssystems Spital den Phänomenen Sterben und Tod gegenüber. Es ist gerade die Angst vor der darin liegenden Kehrseite der Medizin, die in weiten Kreisen den Ruf nach einem «Recht auf den eigenen Tod» oder auf ein «Sterben in Würde» hat aufkommen lassen.

---

12   Ebd., 61f.

13   E. WEINGARTEN (1984), 351.

Die Medizin hat – ähnlich wie die Theologie – wieder neu ernst zu nehmen, woran der Historiker Arthur E. Imhof erinnert: «Wir bleiben sterblich, und das ist gerade nicht ein medizinisches Problem. Es ist überhaupt kein Problem, sondern ein Teil unseres Menschseins. [...] Wenn die medizinische Wissenschaft versuchen wollte, den Tod zu verhindern, wäre sie unmenschlich.»[14]

Ich denke, wir kommen nicht darum herum, selbstkritisch festzustellen: Unsere westliche Kultur hat – *religiös und medizinisch* – das Natürlichste des Lebens, den Prozess des Alterns und Sterbens, der in den Tod führt, zum Feind erklärt, der eigentlich besser nicht sein sollte, den man wenn möglich verdrängt, und wenn das nicht möglich ist, bekämpft. Dass ausgerechnet zwei Disziplinen, an die unsere arbeitsteilige Gesellschaft die kompetente Betreuung Sterbender delegiert hat, nämlich die Theologie und die Medizin, ein so negatives Verhältnis zu Tod und Sterben haben, dürfte v. a. für die zu betreuenden Sterbenden problematisch sein.

Auf der Suche nach einer neuen, lebensdienlichen Sterbekultur gehört dies vielleicht zum Vordringlichsten, dass wir – individuell, als Gesellschaft, in der Kirche und in der Medizin – eine neue, positivere Einstellung zu unserer Endlichkeit, zur Wirklichkeit des Sterbens finden, ohne die damit zusammenhängenden schwierigen Aspekte des Leidens zu überspielen.

6.4 Die Tradition des Todesgedenkens

Der geschilderten negativen Haltung gegenüber Tod und Sterben steht nun allerdings seit der Antike eine lange philosophische Tradition gegenüber, die dazu anleitet, den Tod

---

14   A. E. Imhof (1996), 116.

nicht zu fürchten, sondern die Sterblichkeit als konstitutive Signatur menschlichen Lebens anzunehmen und so ins Leben zu integrieren, dass die Auseinandersetzung mit dem Tod und das Einüben eines ‹abschiedlichen› Lebens allererst zu wahrem, echtem Menschsein führt. Seit PLATON gibt es im Abendland eine philosophische Tradition, die das Sich-kümmern-um-den-Tod (griech. *melétē thanátou*) als das Kerngeschäft der Philosophie versteht.[15] Und zwar nicht, um irgendwelche theoretischen Erkenntnisse über den Tod zu erlangen, sondern um ein Verständnis des menschlichen Seins schlechthin zu gewinnen, wie es sich aus der Wirklichkeit des Todes ergibt, und um die Einübung eines Lebens, das jetzt schon im Lichte des bevorstehenden Todes geführt wird.

Diese Gedanken griechischer Philosophie wurden von CICERO in die lateinische Tradition übernommen. Von ihm stammt die Formulierung, dass «das ganze Leben der Philosophen ein ständiges Nachdenken über den Tod ist».[16] Und SENECA lehrte, dass man sein ganzes Leben lang leben *und* sterben lernen müsse.[17] Daraus ergibt sich: «Wer nicht sterben will, hat eigentlich auch nicht leben wollen.» Denn «das Leben ist uns mit der Aussicht auf den Tod gegeben worden: auf diesen geht man während des ganzen Lebens zu. Ihn zu fürchten ist daher Zeichen eines Toren»![18] Ein Weiser braucht den Tod nicht zu fürchten, sondern er denkt immer an ihn und kann ihm darum mit überlegener Gleichgültigkeit (der sog. Adiaphorie) und mit der sprichwörtlichen stoischen Ruhe entgegensehen.[19] Berühmt geworden ist die Aussage von Michel DE MONTAIGNE aus dem 16. Jahrhundert, «dass philo-

---

15 PLATON, Phaidon, 80e.
16 M. T. CICERO (1996) 32f.
17 L. A. SENECA (2005) 25f.
18 L. A. SENECA (1996), 55.
19 Ebd., 58.

sophieren heisst, sterben zu lernen.»[20] Bereits mit dem ersten Tag nach der Geburt, so DE MONTAIGNE, werden wir auf einen Weg gestellt, der leben *und* sterben bedeutet. In diesem Sinn gilt der Satz: «pendant la vie vous êtes mourant» – während des ganzen Lebens sind wir Sterbende.[21] Das ist nichts Deprimierendes, denn wer sterben lernt, lernt zugleich leben,[22] und zwar so, dass er oder sie jederzeit zum Tod bereit ist und ihn deshalb gar nicht mehr zu fürchten braucht.

In neuerer Zeit war es vor allem die Existenzphilosophie, die solche Gedanken weiterführte. Zentral ist hier die Gegenwart der Realität des Todes schon *im Leben*. Es geht nicht so sehr um den Tod als das irgendeinmal eintreffende Zu-Ende-Sein des Lebens, sondern um das ständige Sein-zum-Ende-hin jeden Lebens.[23] So verstanden ist der Tod eine Grundbestimmung, ein Existenzial des menschlichen Daseins. In der berühmt gewordenen Terminologie von Martin HEIDEGGER ist menschliches Leben grundsätzlich als ein «Sein zum Tode» resp. als ein «Vorlaufen zum Tode» zu verstehen.[24] Authentisch lebt nur, wer dieses Ausgerichtetsein auf den Tod als Grundperspektive seines ganzen Lebens zu integrieren vermag. Denn leben können wir nur als Sterbliche. Zu Sterblichen aber werden wir nicht erst in der terminalen Phase unseres Lebens; wir sind es von Geburt an.

Diese philosophische Tradition lehrt, dass es eine humane Lebenskunst (*ars vivendi*) nicht an der Kunst vorbei gibt, sich mit der eigenen Sterblichkeit anzufreunden (*ars moriendi*). Denn gerade das *memento mori,* das Bedenken der eigenen Sterblichkeit, leitet an zum *carpe diem*, zum ‹Pflücken des Ta-

---

20 M. DE MONTAIGNE (2001), 124. So die Überschrift über das 19. Kapitel: «Que Philosopher, c'est apprendre à mourir.»

21 Ebd., 140.

22 Ebd., 136.

23 M. THEUNISSEN (1984), 103f.; J. Manser (1987), 42f.

24 M. HEIDEGGER (2001), §§ 52f.

ges›, also zum Wahrnehmen des Guten und Schönen, das uns jeder Tag bringt.

Auch die theologische Tradition kennt ein Gedenken des Todes. So bittet Psalm 90,12: «Herr, lehre uns, unsere Tage zu zählen, damit wir ein weises Herz gewinnen.» Der Beter bittet Gott um ein richtiges Bewusstsein der Begrenztheit aller Lebenszeit, damit daraus die Erkenntnis wachse, wie kostbar jeder einzelne Tag ist. Aus solcher Erkenntnis entsteht Weisheit, die begrenzte Zeit richtig zu nutzen und bewusst zu geniessen.

Eine eigentliche christliche Kultur des Todesgedenkens entwickelte sich in der Zeit der Kirchenväter. Sie verbanden Impulse der Glaubenstradition und der Philosophie zu einer christlichen *ars moriendi*. Norbert BROX hat aufgezeigt, wie «die Kirchenväter an Philosophie *und* Evangelium orientiert waren, […] wenn sie vom Tod sprachen. […] Mit ihren nichtchristlichen Zeitgenossen hielten sie es für richtig und wichtig, den Tod einzuüben.»[25] Besonders im christlichen Mönchstum wurde eine solche Lebenshaltung eingeübt. Im 6. Jahrhundert spricht CASSIODOR von der Aufgabe der *meditatio mortis,* und BENEDIKT lehrt die Mönche in seiner Regel, sich täglich den bevorstehenden Tod vor Augen zu halten.[26]

Die Auseinandersetzung mit dem Tod brachte im christlichen Mittelalter eine eigene literarische Tradition asketischer und pastoraltheologischer Schriften hervor.[27] Dabei handelte es sich einerseits um Schriften, die das Todesgedenken als Inspiration für eine heilsame Lebensführung (*ars vivendi*) einsetzten. Andererseits gab es seit Anfang des 15. Jahrhunderts eine spezielle Literaturgattung unter der Bezeichnung *ars moriendi*, die Anleitung zu einem guten, christlichen Ster-

---

25   N. BROX (1986), 57.
26   Ebd., 55.
27   R. RUDOLF, R. MOHR & G. HEINZ-MOHR (1979).

ben vermittelte. Während die Anleitung zum Todesgedenken (*instructio in artem bene moriendi*) mitsamt entsprechenden Übungen (*exercitia artis bene moriendi*) jahrhundertelang zu christlicher Frömmigkeit und religiöser Bildung gehörte, hat sie ihre Bedeutung in neuerer Zeit – vor allem im Protestantismus – weitgehend eingebüsst. Dem entspricht die Beobachtung, dass das Phänomen der Todesverdrängung auch in christlichen Kreisen mit einem aktiven Glaubensbezug nicht ganz von der Hand zu weisen ist. Gerhard EBELING ist darum zuzustimmen, dass es «gewiss an der Zeit sein könnte, wieder einmal der ars moriendi zu ihrem Recht zu verhelfen».[28] Katholiken kennen eher noch rituelle Erinnerungen an die eigene Sterblichkeit, etwa im Ritus des Asche-Auflegens zu Beginn der 40-tägigen Fastenzeit.

6.5 Den Tod in die Mitte des Lebens zurückholen

In den letzten Jahren gewinnt das alte philosophische Thema der Lebenskunst, also der bewussten, eigenverantwortlichen Lebensführung und -gestaltung, wieder vermehrt an Bedeutung. Dazu beigetragen haben in nicht geringem Masse die diversen Bücher von Wilhelm SCHMID, in denen er in immer wieder neuen Anläufen die verschiedenen Aspekte einer *ars vivendi* entfaltet.[29] Es steht ausser Frage, dass eine tragfähige moderne Lebenskunst nicht darum herum kommt, auch eine neue *ars moriendi* zu entwickeln, also eine Einübung in ein Leben, das die Sterblichkeit annimmt und in ihrem Licht zu seiner konkreten Gestalt findet. Insofern bedingen sich *ars vivendi* und *ars moriendi* gegenseitig.[30]

---

28   G. EBELING (1979), 143.
29   W. SCHMID (2000 + 2006).
30   W. SCHMID (2004a).

Dabei sind insbesondere Theologie und Medizin herausgefordert, ein positiveres Verhältnis zum Sterben zu gewinnen und das Sterben als etwas zutiefst Kreatürliches, zum Menschsein Gehörendes zu verstehen. Wenn heute viele Menschen Angst davor haben, am Lebensende in den Fängen einer hochgerüsteten Intensivmedizin zu landen, die sie nicht rechtzeitig in Frieden sterben lässt, so hängt das wesentlich damit zusammen, dass die Medizin es noch besser lernen muss, das Sterben von Patienten nicht als Versagen der eigenen Kunst, sondern als genuines, wichtiges eigenes Aufgabenfeld zu sehen. Daniel CALLAHAN, dem Altmeister amerikanischer Medizinethik, ist zuzustimmen: «Unsere erste Aufgabe ist es gegenwärtig, unsere Sterblichkeit wieder anzunehmen, ihr mit unserem Leben wieder einen Sinnzusammenhang zu geben. Der Tod muss wieder an die Oberfläche gebracht werden, seinen berechtigten Platz einnehmen, er muss in die Mitte des Lebens zurückgeholt werden. Die Tatsache seines unabwendbaren Sieges – seiner letzten Notwendigkeit – muss wieder in das eigene Selbstverständnis der Medizin aufgenommen werden, muss ein Teil ihrer Aufgabe werden, eine Begrenzung ihrer Kunst, die aber gleichzeitig die Natur dieser Kunst definiert. [...] Eine Medizin, die sich eine Akzeptanz des Todes ganz zu Eigen gemacht hätte, wäre eine große Veränderung im Vergleich zu ihrem gegenwärtigen Konzept; sie könnte dann den Raum schaffen, in dem die Sorge für die Sterbenden nicht ein nachträglicher Einfall wäre, wenn alles andere versagt hat, sondern dies für sich selbst als eines ihrer Ziele sehen. Diese Sorge um einen friedlichen Tod sollte genauso Ziel der Medizin sein wie die Förderung der Gesundheit.»[31] Es ist zu begrüssen, dass Palliative Care diese Herausforderung in jüngster Zeit mit grossem

---

31   D. CALLAHAN (1998), 150f., 282.

Elan aufgenommen hat und hilfreiche, kritisch-korrigierende Akzente am herkömmlichen Verständnis der Medizin gesetzt hat.[32]

Zu den zentralen Aufgaben einer heute neu zu entwickelnden Sterbekunst gehört eine kritische Auseinandersetzung mit der negativen Wertung des Todes in unserer abendländisch-christlichen Tradition. Dabei ist neben medizinischer insbesondere auch theologische Sachkritik gefordert. Ich stimme der Forderung Philipp Harnoncourts zu, dass als unabding-bare Voraussetzung für eine neu zu gewinnende *ars moriendi* Möglichkeiten aufgezeigt werden müssen, Tod und Sterben *bejahend zu interpretieren*, weil ohne eine solche prinzipiell positive Einstellung zu Tod und Sterben Angst auslösende und darum Verdrängung fördernde Todesvorstellungen nicht überwunden werden können.[33] Nur so kann auch der kritische Hinweis von Norbert Elias ernst genommen werden, dass «das Gefühl, dass der Tod eine Strafe ist, die eine Vater- oder Mutterfigur über Menschen verhängt hat, oder dass jeder Mensch nach dem Tode von dem großen Vater für seine Sünden bestraft werden wird, seit langem bei der Todesfurcht der Menschen eine nicht unerhebliche Rolle spielt. Man könnte gewiss manchen Menschen das Sterben erleichtern, wenn es gelänge, verdrängte Schuldphantasien dieser Art zu mildern

---

32 C. Knipping (2007), 23–100. F. Nager (1998), 69f. sieht in der «Pallia-tivtherapie den modernen Beitrag der medizinischen Wissenschaft zu einer zeitgemässen *ars moriendi*».

33 Ph. Harnoncourt (1987), 1377. P. Gross & K. Fagetti (2008), 141 halten im Blick auf unser Verhältnis zum Tode fest: «Man muss ihn nicht lieben, ihn aber auch nicht verteufeln. Zu einem gelingenden Alter gehört ein gelingender Umgang mit dem Freund, der – wie es Jean Paul gesagt hat – einem nur einmal im Leben begegnet.» Sie geben ferner zu bedenken: «Je mehr man sich mit dem Tod als Freund beschäftigt, desto stärker treten auch seine tröstlichen Züge in den Vordergrund und desto merklicher regt sich Widerstand gegen die Vorstellung vom Tod als Strafe, die am Ende des Lebens über uns verhängt wird» (149).

und zu entkräften».[34] Hier ist die Theologie meines Erachtens gefordert, das herkömmliche, dominante Todesverständnis zu revidieren. Sie wird dabei gut tun, von den Erfahrungen der praktischen Seelsorge auszugehen, in der nach meiner Erfahrung längst ein anders Todesverständnis Einzug gehalten hat, eines, das sich bejahender auf den Tod und die menschliche Sterblichkeit einlässt, als dies immer noch der offiziellen kirchlichen Lehre entspricht.

6.6 Todesgedenken als Form der Lebensintensivierung

So paradox das dem oberflächlichen Empfinden erscheinen mag, das recht verstandene Gedenken an den eigenen Tod, das Sich-vertraut-Machen mit der eigenen Sterblichkeit führt nicht dazu, das Leben nur noch durch einen grauen, depressiv-resignativen Grauschleier hindurch wahrzunehmen, sondern es lehrt im Gegenteil, das eigene Leben, die noch bestehende «Frist zum Tode»[35] intensiver, achtsamer und dankbarer zu leben.

Eines der berührendsten und authentischsten Stücke moderner *ars-moriendi*-Literatur ist sicher das Buch, das der verstorbene Zürcher Strafrechtsprofessor Peter Noll schrieb, nachdem ihm die Diagnose Krebs eröffnet worden war. Tagebuchartig hielt er seinen Weg auf den Tod zu fest. «Meine Erfahrung,» so schreibt Noll, «war die: Wir leben das Leben besser, wenn wir es so leben, wie es ist, nämlich befristet. [...] Nicht nur die Christen, sondern besonders die Nichtchristen, von Seneca und Montaigne bis [...] zu Heidegger, waren der Meinung, dass das Leben mehr Sinn habe, wenn man an den Tod denkt, als wenn man den Gedanken an ihn beiseite schiebt, verdrängt. Sie sagten auch, es sei leichter zu sterben,

---

34   N. Elias (1991), 21.
35   O. Marquard (2002), 51.

wenn man sich sein ganzes Leben lang mit dem Tod beschäftigt habe, als wenn man von ihm überrascht werde. Ich habe erfahren, dass das alles stimmt. Ich hatte Zeit, den Tod kennenzulernen. Das ist das Gute am Krebstod, den alle so fürchten. [...] Natürlich wissen wir alle, dass wir sterben müssen, und doch tun wir so, als hätte das Leben kein Ende, als würde die Situation des Todes immer nur andere betreffen. [...] Was soll sich denn ändern im Leben, wenn wir an den Tod denken? Vieles, nicht alles. Wir werden ein weiseres Herz gewinnen, wie der Psalmist sagt. Wir werden sorgfältiger umgehen mit der Zeit, sorgfältiger mit den anderen, liebvoller, [...] geduldiger – und vor allem freier. [...] Die Zwänge der vermeintlichen Bedürfnisse, die Karriere, die Statussymbole, die gesellschaftlichen Zwänge, sie werden mehr und mehr gleichgültig. [...] Ich kann Ihnen sagen, weil ich es in den letzten Monaten erlebt habe, dass der Gedanke an den Tod das Leben wertvoller macht.»[36]

Eine *ars moriendi*, die einerseits eine konkrete Vorbereitung auf das einmal unausweichlich auf uns zukommende Sterben, andrerseits (und vor allem!) eine Einübung in das sterbliche Leben und insofern eine *ars vivendi* sein soll, besteht nicht einfach im abstrakten Denken über den Tod. Wenn sie im Sinne einer Lebenskunst die konkrete Art und Weise prägen soll, wie wir unser Leben führen, bedarf es ihrer ständigen Einübung, um eine bestimmte existenzielle Lebenshaltung zu vertiefen. Fünf solcher Grundhaltungen, die im Leben einzuüben hilfreich ist, sollen in den folgenden Kapiteln kurz skizziert werden: das Auskosten des Lebens, damit man lebenssatt wird; das Aushalten und Verarbeiten von Schwierigkeiten im Leben, um daran zu reifen; die Freiheit zum Loslassen, um ein abschiedliches Leben führen zu können; das Ruhe-Finden

---

36   P. Noll (1984), 115–117.

im Schlaf als Vorwegnahme des Ruhens im Tode; und das Ausgerichtetsein auf eine Hoffnung, die das irdische Leben in einen entlastenden Horizont über dieses Leben hinaus stellt.

6.7 Lebenssatt werden

Die Lebenskunst einer *ars moriendi* besteht darin, so zu leben, dass man nicht nur alt, sondern lebenssatt wird, dass man das Leben auskostet, um nicht, wenn es ans Sterben geht, vom Gefühl verfolgt zu werden, man habe das Leben verpasst.

Im Alten Testament heisst es von Abraham,[37] Isaak,[38] David,[39] Jojada[40] und Hiob,[41] sie seien «alt und lebenssatt» gestorben. Das ist eine wunderbare Metapher sowohl für das Alter als auch für das Sterben. Leben kommt hier in den Blick als eine grossartige Möglichkeit, durch vielfältige Erfahrungen den eigenen Lebenshunger zu stillen und so etwas wie lebenssatt zu werden. Werner KRAMER sieht in solchem Lebenssatt-Werden insbesondere die Aufgabe des dritten Lebensalters (etwa zwischen 60/65 und 80/85 Jahren).[42]

Dabei gilt es, zwei Missverständnissen zu begegnen. Das eine besteht in der Meinung, Lebenssättigung sei eine Frage der Quantität. Dem ist – mindestens in unserer westlichen Welt, wo unsere materiellen Grundbedürfnisse gedeckt sind – nicht so. Nicht der, der möglichst lange lebt, wird lebenssatt, sondern der, der möglichst intensiv, möglichst wach und achtsam lebt. Der alte Satz von Michel DE MONTAIGNE gilt nach wie vor: «Die Nützlichkeit des Lebens liegt nicht in der Länge, sie liegt im Gebrauch: Mancher hat lange gelebt, der doch we-

---

37 Gen 25,8.
38 Gen 35,29.
39 1Chr 23,1.
40 2Chr 24,15.
41 Hi 42,17.
42 W. KRAMER (2005), 128–130.

nig gelebt hat. Achtet darauf, so lange ihr da seid. Es liegt an eurem Willen, nicht an der Zahl der Jahre, dass ihr genug gelebt habt.»[43] Lebenssättigung ist dementsprechend eine Frage der Lebenskunst, so zu leben, dass man – ob in einem längeren oder kürzeren Leben – am Leben satt wird.

Das andere Missverständnis liegt darin, zu meinen, lebenssatt werde, wer ein leichtes Leben habe und vor Schicksalsschlägen verschont bleibe. Auch hier dürfte eher das Gegenteil zutreffen. Lebenssatt wird, wer das Leben in seinen Höhen und Tiefen, seinen Sinnerfahrungen und seinen Rätseln an sich herankommen lässt und engagiert durchlebt. Zur Sättigung, um die es hier geht, gehört, dass es einem gelingt, das Gute und Wohltuende, das einem zuteil wird, intensiv wahrzunehmen und auszukosten, und Herausforderungen, auch schmerzhafte, die einem zugemutet werden, zu bewältigen.

Es kann hilfreich sein, sich jeden Abend vor dem Einschlafen einen Moment darauf zu besinnen, was am vergangenen Tag gut war, was zu unserer Lebenssättigung beitrug, und es in einem Moment bewusster Dankbarkeit in uns nachklingen zu lassen.

6.8 Einübung der pathischen Fähigkeiten

Ich habe vorhin darauf hingewiesen, zur Lebenssättigung gehöre auch, sich Schwierigem, Zumutungen des Schicksals zu stellen und sie zu bewältigen. Dieser Punkt scheint mir heute besonderer Aufmerksamkeit wert, weil er unserer gängigen *homo faber*-Mentalität zuwider läuft. Autonomie, also Selbstbestimmung, Entscheidungsfähigkeit und Kontrolle über das eigene Geschick sind hohe Werte für unser Lebensgefühl. Die moderne Medizin hat viel dazu beigetragen, dass wir heute

---

43   M. de Montaigne (2001), 143.

selbst im Blick auf Krankheiten, Möglichkeiten der Lebensverlängerung und den Sterbeprozess als solchen über einen erstaunlichen Entscheidungsspielraum verfügen.[44] Ja, der Ruf
nach einem würdigen Sterben meint oft ein selbstbestimmtes
Sterben, weil man davon ausgeht, dass die Würde gerade darin liege, dass ein Mensch die souveräne Verfügungsmacht
über sein Leben nicht aus der Hand gibt, sondern bis zuletzt –
selbst noch im Sterbeprozess – autonom bestimmt, wann, wo
und wie er sterben will.[45]

So sehr die Verantwortung eigenen Entscheidens unter
den real existierenden Bedingungen heutigen Sterbens ernst
zu nehmen ist, so sehr gehört zu einer *ars moriendi* die Einsicht in die Bedeutung der passiven oder pathischen Aspekte
des Lebens. Unter pathischen Fähigkeiten versteht man die
Kraft, Schwierigkeiten standzuhalten, vom Schicksal zuge-
mutetes Leiden auszuhalten und sich mit unabänderlichen
Gegebenheiten konstruktiv abzufinden, auch wenn sie einem
Mühe bereiten. Es geht also nicht um eine resignative, fata-
listische Dulderhaltung, sondern im Gegenteil um das, was
Viktor E. Frankl als die Fähigkeit des *homo patiens*, also
des leidenden Menschen, zu «aufrechtem Leiden» bezeichnet
hat.[46] Diese kraftvolle Haltung muss Leiden nicht verdrängen
und ihm nicht aus dem Wege gehen, sondern kann sich ihm

---

44 Rund die Hälfte aller Todesfälle in Heimen oder Spitälern geschehen heute erst, nachdem im Sinne der sog. passiven Sterbehilfe ein bewusster Entscheid gefällt worden ist, das Leben der betreffenden Person nicht mehr
durch irgendwelche medizinischen Interventionen zu verlängern, sondern
dem Sterbeprozess seinen Lauf zu lassen. Wir können in vielen Fällen gar
nicht nicht entscheiden! Die in Todesanzeigen gerne gebrauchte Floskel, es
habe Gott, dem Herrn über Leben und Tod, gefallen, die Verstorbene zu
sich zu rufen, verdeckt leicht die heutige Situation, in der wir häufig gezwungen sind, selbst zu entscheiden, wann es uns bzw. einer potenziell sterbenden Person gefällt, das Leben zu beenden!

45 Vgl. oben Kap. 4.3 in diesem Buch.

46 V. E. Frankl (2005), 202–216.

stellen und durch ernsthafte Auseinandersetzung mit ihm Aspekte von Sinn und Reifung entdecken. Dadurch kann es gelingen, auch Unangenehmes, Schmerzliches ins eigene Leben zu integrieren, ohne daran zu zerbrechen oder zu verbittern. Die Feststellung von Fulbert STEFFENSKY muss deshalb nachdenklich stimmen, dass unserer Gesellschaft die pathischen Tugenden verloren zu gehen drohn. Denn «eine Aktivität, die die Kunst der Passivität nicht kennt, wird bedenkenlos, ziellos und erbarmungslos. Die passiven Stärken des Menschen gehen verloren: die Geduld, die Langsamkeit, die Stillefähigkeit, die Hörfähigkeit, das Wartenkönnen, das Lassen, die Gelassenheit, um zwei alte Worte zu nennen: die Ehrfurcht und die Demut».[47]

Es war insbesondere Leopold ROSENMAYR, der darauf hinwies, dass Reifung (Matureszenz) in mancherlei Hinsicht nicht etwas ist, das man machen kann, sondern ein Prozess, der mit einem geschieht. Wesentlich dabei ist nach ROSENMAYR eine Haltung des Sich-ergreifen-Lassens,[48] eine elementare Offenheit für die primäre Passivität des Menschen gegenüber den Kräften und Prozessen des Lebens. Es geht um die Fähigkeit, Dinge oder Entwicklungen zuzulassen (auch Schwieriges, Leidvolles!), sie mit sich geschehen zu lassen – und in der konstruktiven Auseinandersetzung mit ihnen persönlich zu reifen.

Die Einübung solch pathischer Fähigkeiten im Verlauf des Lebens dürfte eine wesentliche Hilfe sein, um auf eine gute Weise dem Sterben als einem Widerfahrnis entgegenzugehen, das wir bei allen Möglichkeiten der Mitbestimmung doch in hohem Masse passiv erleiden müssen, das aber gerade so für die Sinndimension unseres ganzen Lebens von zentraler Bedeutung ist.

---

47   F. STEFFENSKY (2007), 9f.
48   L. ROSENMAYR (2004), 23f.

Einübung der pathischen Fähigkeiten kann zum Beispiel geschehen, indem wir uns bewusst darüber klar werden, wo uns etwas widerfährt, das wir als Schwierigkeit, als Grenze oder als Zumutung erleben, um die Auseinandersetzung damit dann ebenso bewusst anzunehmen als eine Herausforderung, durch die wir wachsen und reifer werden können.

6.9 Loslassen lernen – abschiedlich leben

Sterben ist für uns Menschen die ultimative Erfahrung, loslassen zu müssen – nicht irgendetwas, sondern unser irdisches Leben schlechthin. Insofern hat eine Kunst des guten Sterbens mit der Kunst des Loslassens, des Abschiednehmens zu tun, oder allgemeiner gesagt: mit der Kunst, ein abschiedliches Leben zu führen. Loslassen und Abschiednehmen gehören wesenhaft zu unserem Leben, denn «menschlich leben wir dann und nur dann, wenn wir abschiedlich leben, und das heisst: wenn wir uns ständig von der Welt und von uns selbst abscheiden. [...] Denn unser Leben *ist* abschiedlich.»[49]

Abschiedlich leben kann geübt werden, indem man zum Beispiel übernommene Aufgaben, Tätigkeiten, Wohnarrangements oder ganze Lebensphasen bewusst zu einem Ende kommen lässt, abschliesst und Neues in Angriff nimmt. Das Sprichwort: «Partir c'est mourir un peu» weiss etwas davon, dass aufbrechen, Altes abschliessen, zurücklassen und zu neuen Ufern aufbrechen kleine Erfahrungen des Sterbens sind. Solche Erfahrungen gehören zur Grunddynamik eines kreativen, lebendigen Lebens.

---

49   M. Theunissen (1984), 120.

Hermann HESSE ist für mich einer derjenigen, die diese Einsicht am eindrücklichsten zum Ausdruck gebracht haben. In seinem berühmten Gedicht «Stufen»[50] formuliert er:

«Wie jede Blüte welkt und jede Jugend
Dem Alter weicht, blüht jede Lebensstufe,
Blüht jede Weisheit auch und jede Tugend
Zu ihrer Zeit und darf nicht ewig dauern.
Es muss das Herz bei jedem Lebensrufe
Bereit zum Abschied sein und Neubeginne,
Um sich in Tapferkeit und ohne Trauern
In andre, neue Bindungen zu geben.
Und jedem Anfang wohnt ein Zauber inne,
Der uns beschützt und der uns hilft, zu leben.

Wir sollen heiter Raum um Raum durchschreiten,
An keinem wie an einer Heimat hängen,
Der Weltgeist will nicht fesseln uns und engen,
Er will uns Stuf' um Stufe heben, weiten.
Kaum sind wir heimisch einem Lebenskreise
Und traulich eingewohnt, so droht Erschlaffen,
Nur wer bereit zu Aufbruch ist und Reise,
Mag lähmender Gewöhnung sich entraffen.

Es wird vielleicht auch noch die Todesstunde
uns neuen Räumen jung entgegen senden,
Des Lebens Ruf an uns wird niemals enden ...
Wohlan denn, Herz, nimm Abschied und gesunde!»

Diese Zeilen machen deutlich, wie sehr *ars vivendi* und *ars moriendi* miteinander verbunden sind.

---

50   H. HESSE (2000), 59.

In der spirituellen Tradition vieler Religionen ist das Fasten, also das bewusste Verzichten auf gewohnte Dinge oder Tätigkeiten, eine solche Übung des Loslassens, um frei zu bleiben oder frei zu werden für ein Leben, das nicht erst an seinem Ende, sondern in seiner ganzen Struktur durch eine Haltung der Abschiedlichkeit und des Aufbruchs in neue Räume geprägt ist.

6.10 Im Schlaf den Bruder des Todes willkommen heissen

In der philosophischen wie in der religiösen Tradition sind der Schlaf und der Tod oft in Parallele zueinander gesetzt worden. In der Tat ist der Zustand des Schlafes, in dem der Mensch sich ganz aus der Hand gibt, seine Selbstkontrolle verliert und nicht mehr um sich weiss (jedenfalls nicht mehr in der Form wachen Bewusstseins) wohl die direkteste erfahrungsmässige Annäherung an den Zustand des Totseins, der uns möglich ist.[51] So hat die Vorstellung, dass der Schlaf das Abbild des Todes sei (*somnus est imago mortis*) früh in die christliche Liturgie Eingang gefunden. Und bereits im frühesten Zeugnis abendländischer epischer Dichtung, in HOMERs Ilias, gelten *Hypnos* (Schlaf) und *Thanatos* (Tod) als Söhne der *Nyx* (Nacht) und damit als Brüder.

Es ist darum nicht erstaunlich, dass viele christlichen Abendgebete oder Abendlieder im Sich-zur-Ruhe-Legen am Ende eines Tages ein Sinnbild für das Sich-für-immer-zur-Ruhe-Legen am Ende des Lebens sehen.[52] Und nicht um-

---

51 M. THEUNISSEN (1984), 116 hat deshalb aus philosophischer Sicht den Schlaf als eine Form der Gegenwart des Todes mitten im Leben bezeichnet.

52 Das wird sehr deutlich etwa im Lied von Paul Gerhardt: «Nun ruhen alle Wälder» (Gesangbuch [1998], Nr. 594), in dem es heisst: «Der Leib eilt nun zur Ruhe, / legt ab das Kleid und Schuhe, / ein Bild der Sterblichkeit; / die zieh ich aus; dagegen / wird Christus mir anlegen / den Rock der Ehr und

sonst nannten die frühen Christen ihre Begräbnisstätten ‹dormitoriae›, also Schlafstätten.[53]

Was unter diesem Aspekt das Einüben einer *ars moriendi* bedeuten könnte, mag das Beispiel von Wolfgang Amadeus MOZART verdeutlichen. Er, der bereits mit 35 Jahren starb, schrieb in einem Brief vom 4. April 1787 an seinen Vater: «Da der Tod der wahre Endzweck unsres Lebens ist, so habe ich mich seit ein paar Jahren mit diesem wahren, besten Freunde des Menschen so bekannt gemacht, dass sein Bild nicht alleine nichts Schreckendes mehr für mich hat, sondern recht viel Beruhigendes und Tröstendes! – Und ich danke meinem Gott, dass er mir das Glück gegönnt hat, mir die Gelegenheit zu verschaffen, ihn als den Schlüssel zu unserer wahren Glückseligkeit kennen zu lernen. – Ich lege mich nie zu Bette ohne zu bedenken, dass ich vielleicht (so jung als ich bin) den andern Tag nicht mehr sein werde.»[54]

6.11 Hoffen über das Leben hinaus

Für viele Formen der *ars moriendi*, v. a. für jene christlicher Prägung, spielt der Gedanke eines Lebens über den Tod hinaus eine wesentliche Rolle.[55] Dieser kann mehr oder weniger hilfreich sein, je nachdem, mit was für Vorstellungen vom Jenseits er einhergeht. So scheint mir etwa die Jenseits-

---

Herrlichkeit.» Und weiter: «Nun geht, ihr matten Glieder, / geht hin und legt euch nieder, / der Betten ihr begehrt. / Es kommen Stund und Zeiten, / da man euch wird bereiten / zur Ruh ein Bettlein in der Erd.»

53 H.-K. BOEHLKE (1989), 343.
54 W. A. MOZART (1948), 332.
55 Ob man dabei in mehr hellenistischer und katholischer Manier an ein Weiterleben der Seele im Tode denkt oder eher nach protestantisch-theologischer Art an die Auferstehung einer Person, nachdem sie im Tod umfassend zu leben aufgehört hat (so die sog. Ganztod-Vorstellung), spielt für die Frage einer *ars moriendi* letztlich keine entscheidende Rolle (H. RÜEGGER [2006], 101f.).

perspektive der mittelalterlichen, christlichen *ars moriendi* wenig hilfreich und kein empfehlenswertes Modell für eine heutige *ars moriendi*. Sie konzentrierte sich ganz auf die Sterbesituation, in der sich angeblich Teufel und Engel um die Seele des Sterbenden streiten und sich das ewige Seelenheil des Sterbenden entscheidet. Diese Engführung auf den Moment des Sterbens und die Frage nach dem eigenen Seelenheil im Blick auf das Jüngste Gericht war mit vielerlei Ängsten verbunden.

Demgegenüber dürfte eine heutige, theologisch verantwortete Jenseitsperspektive stärker betonen, dass mit dem Ende des irdischen Lebens nicht alles aus ist und dass wir in eine neue Wirklichkeit hinein verwandelt werden, in der wir dem Gott begegnen, den wir in Jesus Christus schon jetzt als gnädigen und barmherzigen Gott kennen und der unser Leben durch sein liebendes Handeln an uns in Gericht *und* Gnade[56] zur Vollendung bringen wird. Eine Formulierung wie diejenige der Hoffnungs-Formel aus der Präfation der katholischen Totenmesse scheint mir darum angebracht und mit biblischen Vorstellungen einer «Verwandlung»[57] kompatibel: *vita mutatur, non tollitur* – das Leben wird verwandelt, nicht genommen.

Sterben ist so verstanden ein Durchgang zu einer neuen Dimension des Lebens. Hoffnungsvoll «sterben kann der, der das kommende Leben liebt»,[58] dessen Hoffnung ihn oder sie von der Erwartung ausgehen lässt, «dass noch nicht offenbar geworden ist, was wir sein werden» (1Joh 3,2) und dass das Kommende das irdisch Erfahrbare an Herrlichkeit übertreffen wird. In dieser grundsätzlichen Einschätzung dessen, was

---

56 Dabei ist der zentrale Gesichtspunkt der, dass es niemand anders als der *gnädige* Gott ist, der uns im Gericht begegnen wird.

57 1Kor 15,51.

58 H.-B. Gerl-Falkovitz (2000), 29.

nach dem Tode kommt, als etwas Positives, ja dem irdischen Leben sogar Überlegenes, trifft sich die christliche Hoffnung – bei allen inhaltlichen Unterschieden im Einzelnen – mit der Haltung antiker Philosophen wie PLATON, SOKRATES oder CICERO.

Eine solche Hoffnung im Blick auf das Jenseits kann das Leben im Diesseits in zweifacher Hinsicht entlasten und so zu einem Beitrag an eine lebensfreundliche *ars vivendi* werden. Sie entlastet von der Meinung, aus der begrenzten Lebenszeit so viel wie möglich herauspressen zu müssen, da sie die einzige Lebenszeit sei, die uns zur Verfügung steht. Und sie entlastet von der Vorstellung, das Leben müsse beim Sterben ‹ganz› geworden sein wie ein vollendetes Kunstwerk. Zu einer christlichen *ars moriendi* gehört demgegenüber ganz wesentlich die Fähigkeit und Gelassenheit, sich mit der Fragmenthaftigkeit allen irdischen Lebens begnügen und die «Vollendungsillusion» aufgeben zu können. Odo MARQUARD hat Recht, wenn er zu bedenken gibt, dass wir «stets mehr unsere Endlichkeit als unsere Vollendungen sind.»[59] Die Vollendung, zu der wir aus christlicher Sicht bestimmt sind und der wir durch Tod und Auferstehung entgegengehen, kann allein Gottes Sache sein. Eine solche Perspektive macht uns frei von der Fixierung auf die Frage nach unserem Seelenheil und zugleich frei zu intensivem, achtsam-verantwortlichem Leben im Diesseits. Denn eine christliche *ars moriendi* besteht wesentlich «in der Einübung in eine von Hoffnung gezeichnete ‹ars vivendi›: Sie beschäftigt sich mit der Lebensgestaltung in Glaube, Hoffnung und Liebe.»[60]

So dürfte sich lohnen, auf der Suche nach einer heute tragfähigen Lebenskunst (*ars vivendi*) die Kunst der Einübung in ein sterbliches Leben (*ars moriendi*) neu zu entdecken und zu

---

59   O. MARQUARD (2002), 51.
60   M. ZIMMERMANN-ACKLIN (2005), 389.

pflegen. Nicht aus Überdruss am Leben, sondern im Gegenteil: um es intensiver und bewusster zu leben, um am Leben
satt zu werden. Denn «wer den Tod verdrängt, verpasst das
Leben.»[61]

---

61   M. Lütz (2005), 52.

Literaturverzeichnis

AGICH George J. (2003), *Dependence and Autonomy in Old Age. An ethical framework for long-term care.* Cambridge

ALRAM Margaretha (2001), *Zehn Schritte zur Unsterblichkeit. So verlängern Sie Ihr Leben, ohne zu altern.* Bentwisch/Rostock

AMMICHT-QUINN Regina (2005), *Jung, schön, fit – und glücklich?* in: S. J. Lederhilger (Hg.), Gott, Glück und Gesundheit. Erwartungen an ein gelungenes Leben. Bern (Linzer Philosophisch-Theologische Beiträge, Bd. 11), 72–88

ARKING Robert (2004), *Extending Human Longevity: A Biological Probability*, in: St. G. Post & R. H. Binstock (Hg.), The Fountain for Youth. Cultural, Scientific, and Ethical Perspectives on a Biomedical Goal. Oxford, 177–200

ARNTZ Klaus (2005), *Medizinische Prävention und ignatianische Indifferenz*, in: S. J. Lederhilger (Hg.), Gott, Glück und Gesundheit. Erwartungen an ein gelungenes Leben. Bern (Linzer Philosophisch-Theologische Beiträge, Bd. 11), 55–71

AU Cornelia (2006), *Anti-Aging im Spiegel der neueren Literatur – eine Kurzübersicht*, informationsdienst altersfragen 33, 5, 8–10

AUER Alfons (1995), *Geglücktes Altern: eine theologisch-ethische Ermutigung.* Freiburg

Bachmaier Helmut (Hg.) (2005), *Der neue Generationen-vertrag.* Göttingen

Bachmaier Helmut & Künzli René (2006), *Am Anfang steht das Alter. Elemente einer neuen Alterskultur.* Göttingen

Backes Gertrud M. (1997), *Alter(n) als «gesellschaftliches Problem»? Zur Vergesellschaftung des Alter(n)s im Kontext der Modernisierung.* Opladen

Baltes Margret M. et al. (Hg.) (1989), *Erfolgreiches Altern. Bedingungen und Variationen.* Bern

Baltes Margret M. & Montada Leo (Hg.) (1996), *Produktives Leben im Alter.* Frankfurt (ADIA-Schriftenreihe, Bd. 3)

Baltes Margret M. (1996), *Produktives Leben im Alter: Die vielen Gesichter des Alters – Resümee und Perspektiven für die Zukunft,* in: M. M. Baltes & L. Montada (Hg.), Produktives Leben im Alter. Frankfurt (AIDA- Schriftenreihe, Bd. 3), 393–408

Baltes Paul B. (1996), *Über die Zukunft des Alterns: Hoffnung mit Trauerflor,* in: M. M. Baltes & L. Montada (Hg.), Produktives Leben im Alter, Frankfurt (ADIA-Schriftenreihe Bd. 3), 29–68

Baltes Paul B. (2001), *Alter und Altern als unvollendete Architektur der Humanontogenese,* in: M. Friedenthal-Haase et al. (Hg.), Alt werden – alt sein. Lebensperspektiven aus verschiedenen Wissenschaften. Frankfurt (Studien zur Pädagogik, Andragogik und Gerontagogik, Bd. 50), 327–357

Baltes Paul B. (2003a), *Das hohe Alter – mehr Bürde als Würde?* MaxPlanckForschung 2, 15–19

Baltes Paul B. (2003b), *Extending Longevity: Dignity Gain – or Dignity Drain?* MaxPlanckResearch 3, 15–19

BALTES Paul B. (2006a), *Alter(n) als Balanceakt im Schnitt-punkt von Fortschritt und Würde,* in: Nationaler Ethikrat, Altersdemenz und Morbus Alzheimer. Medizinische, ge-sellschaftliche und ethische Herausforderungen. Vor-träge der Jahrestagung des Nationalen Ethikrates 2005. Berlin, 83–101 (ebenfalls abgedruckt in: P. Gruss [Hg.] [2007], Die Zukunft des Alterns. Die Antwort der Wis-senschaft. München, 15–34)

BALTES Paul B. & BALTES Margret M. (1994), *Gerontologie: Begriff, Herausforderung und Brennpunkte,* in: P. B. Baltes, J. Mittelstrass & U. M. Staudinger (Hg.), Alter und Altern: Ein interdisziplinärer Studientext zur Gerontologie. Ber-lin, 1–34

BATTIN Margaret P. (1992), *Euthanasia in Alzheimer's Disease?* in: R. H. Binstock, St. G. Post & P. J. Whitehouse (Hg.), Dementia and Aging. Ethics, Values, and Policy Choices, Baltimore, 118–137

BAUMANN-HÖLZLE Ruth (2003), *Autonomie als Verantwor-tung,* in: M. Mettner & R. Schmitt-Mannhart (Hg.), Wie ich sterben will. Autonomie, Abhängigkeit und Selbst-verantwortung am Lebensende. Zürich, 229–245

BEAUCHAMP Tom L. & CHILDRESS James F. (2001), *Principles of Biomedical Ethics.* Oxford (5. Auflage)

BECKMANN Jan P. (1998), *Patientenverfügungen: Autonomie und Selbstbestimmung vor dem Hintergrund eines im Wan-del begriffenen Arzt-Patienten-Verhältnisses,* Zeitschrift für medizinische Ethik 44, 143–156

BERTLING Wolf M. (Hg.) (2006), *130 Jahre leben. Mensch-heitstraum oder Albtraum?* München 2006

Beyond Therapy. Biotechnology and the Pursuit of Happiness (2003). A Report by the President's Council on Bioethics. (o. O.)

BINSTOCK Robert H., POST Stephen G. & WHITEHOUSE Peter J. (1992), *The Challenges of Dementia*, in: dies. (Hg.), Dementia and Aging. Ethics, Values, and Policy Choices. Baltimore, 1–17

BINSTOCK Robert H. et al. (2006), *Anti-Aging Medicine and Science. Social Implications*, in: ders. & L. K. George (Hg.), Handbook of Aging and the Social Sciences. Amsterdam (6. Auflage), 436–455

BLONSKI Harald (1998), *Einleitung*, in: ders. (Hg.), Ethik in der Gerontologie und Altenpflege. Leitfaden für die Praxis. Hagen, 9–19

BOBBERT Monika (2003), *Patientenautonomie und das Planen und Ausführen von Pflege,* in: C. Wiesemann et al. (Hg.), Pflege und Ethik. Leitfaden für Wissenschaft und Praxis. Stuttgart, 71–104

BOEHLKE Hans-Kurt (1989), *Der Zwillingsbruder des Schlafs – Der verdrängte und der angenommene Tod. Zur Ikonographie sepulkraler Zeichen im Klassizismus und in der Romantik*, in: H. H. Jansen (Hg.), Der Tod in Dichtung, Philosophie und Kunst. Darmstadt (2. Auflage), 337–361

BOIA Lucian (1998), *Pour vivre deux cents ans. Essai sur le mythe de la longévité*. Paris

BONHOEFFER Dietrich (1998), *Widerstand und Ergebung. Briefe und Aufzeichnungen aus der Haft*. Gütersloh (Dietrich Bonhoeffer Werke, Bd. 8)

BRANDENBURG Hermann (2004), *Altenheime in der Zukunft – die Zukunft der Altenheime!?*, in: ders. (Hg.), Altern in der modernen Gesellschaft. Interdisziplinäre Perspektiven für Pflege- und Sozialberufe. Hannover, 49–82

BROSIG Burkhard et al. (2006), *Das Dorian-Gray-Syndrom: Psychopathologische Aspekte des modernen Anti-Aging*, in: R. M. Trüeb, Anti-Aging. Von der Antike zur Moderne. Darmstadt, 113–121

Brox Norbert (1986), *«Den Tod einüben.» Gedanken der Kirchenväter über das Sterben*, in: W. Beinert (Hg.), Einübung ins Leben – der Tod. Regensburg, 55–82

Bundesamt für Statistik (2006), *Bevölkerungswachstum und demografische Alterung: ein Blick in die Zukunft. Hypothesen und Ergebnisse der Bevölkerungsszenarien für die Schweiz 2005–2050.* Neuchâtel (BFS Akutell vom 04.07.06)

Bundesministerium für Familie (2002), *Vierter Bericht zur Lage der älteren Generation.* Berlin

Butler Robert N. (1969), *Age-ism: Another form of bigotry*, Gerontologist 9, 243–246

Butler Robert N. (1992), *Foreword*, in: R. H. Binstock, St. G. Post & P. J. Whitehouse (Hg.), Dementia and Aging. Ethics, Values and Policy Choices. Baltimore, vii–ix

Callahan Daniel (1992), *Dementia and Appropriate Care: Allocating Scarce Resources*, in: R. H. Binstock, St. G. Post & P. J. Whitehouse (Hg.), Dementia and Aging. Ethics, Values, and Policy Choices. Baltimore, 141–152

Callahan Daniel (1998), *Nachdenken über den Tod. Die moderne Medizin und unser Wunsch, friedlich zu sterben.* München

Caplan Arthur L. (2004), *An Unnatural Process: Why It Is Not Inherently Wrong to Seek a Cure for Aging*, in: St. G. Post & R. H. Binstock (Hg.), The Fountain for Youth. Cultural, Scientific, and Ethical Perspectives on a Biomedical Goal. Oxford, 271–285

Chapman Audrey R. (2004), *The Social and Justice Implications of Extending the Human Life Span*, in: St. G. Post & R. H. Binstock (Hg.), The Fountain for Youth. Cultural, Scientific, and Ethical Perspectives on a Biomedical Goal. Oxford, 340–361

CICERO Marcus Tullius (1996), *Gespräche in Tusculum*, in: J. Laager (Hg.), Ars moriendi. Die Kunst, gut zu leben und gut zu sterben. Texte von Cicero bis Luther. Zürich, 31–43

COMPI Luc (2006), *Altersgedanken zu Tod und Sterben*, Schweizerische Ärztezeitung 87, 2219–2221

DAVIES Sue et al. (1997), *Promoting autonomy and independence for older people within nursing practice: a literature review*, Journal of Advanced Nursing 26, 408–417

DE GREY Aubrey D. N. J. (2004), *An Engineer's Approach to Developing Real Anti-Aging Medicine*, in: St. G. Post & R. H. Binstock (Hg.), The Fountain for Youth. Cultural, Scientific, and Ethical Perspectives on a Biomedical Goal. Oxford, 249–267

DE MONTAIGNE Michel (2001), *Les Essais*, o. O. (Classiques Modernes/La Pochothèque)

DESCARTES René (1902), *Discours de la Méthode, Bd. VI.* Paris

DING-GREINER Christina & LANG Erich (2004), *Alternsprozesse und Krankheitsprozesse – Grundlagen,* in: A. Kruse & M. Martin (Hg.), Enzyklopädie der Gerontologie. Bern, 182–206

DIOGENES Allen (2004), *Extended Life, Eternal Life: A Christian Perspective*, in: St. G. Post & R. H. Binstock (Hg.), The Fountain for Youth. Cultural, Scientific, and Ethical Perspectives on a Biomedical Goal. Oxford, 387–396

DÖRNER Klaus (2007), *Leben und sterben, wo ich hingehöre. Dritter Sozialraum und neues Hilfesystem.* Neumünster (4. Auflage)

DRESSER Rebecca S. (1992), *Autonomy Revisited: The Limits of Anticipatory Choices*, in: R. H. Binstock, St. G. Post & P. J. Whitehouse (Hg.), Dementia and Aging. Ethics, Values, and Policy Choices. Baltimore, 71–85

DRESSER Rebecca (2006), *Dworkin on Dementia. Elegant Theory, Questionable Policy,* in: St. A. Green & S. Bloch (Hg.), An anthology of psychiatric ethics. Oxford, 297–301

DWORKIN Ronald (2006), *Autonomy and the Demented Self,* in: St. A. Green & S. Bloch (Hg.), An anthology of psychiatric ethics. Oxford, 293–296

EBELING Gerhard (1979), *Dogmatik des christlichen Glaubens. Zweiter Teil: Der Glaube an Gott den Versöhner der Welt,* Tübingen

EGLIN Anemone et al. (2006), *Das Leben heiligen. Spirituelle Begleitung von Menschen mit Demenz. Ein Leitfaden.* Zürich

EHMER Josef (2008), *Das Alter in Geschichte und Geschichtswissenschaft,* in: U. M. Staudinger & H. HÄFNER, Was ist Alter(n)? Neue Antworten auf eine scheinbar einfache Frage. Berlin (Schriften der Mathematisch-naturwissenschaftlichen Klasse der Heidelberger Akademie der Wissenschaften, Nr. 18), 149–172

EIBACH Ulrich (1998), *Sterbehilfe – Tötung aus Mitleid? Euthanasie und «lebensunwertes» Leben.* Wuppertal (2. Auflage)

ELIAS Norbert (1991), *Über die Einsamkeit der Sterbenden in unseren Tagen,* Frankfurt a. M. (Bibliothek Suhrkamp, Bd. 772) (7. Auflage)

FISCHER Johannes (2002), *Theologische Ethik. Grundwissen und Orientierung.* Stuttgart (Forum Systematik, Bd. 11)

FISCHER Johannes (2006), *Bedingungen und Grenzen der Selbstbestimmung – Fürsorge als Befähigung zur Selbstbestimmung,* in: Nationaler Ethikrat (Hg.), Wie wir sterben / Selbstbestimmung am Lebensende. Tagungsdokumentationen. Berlin, 113–119

FLETCHER Joseph (1969), *The Patient's Right to Die*, in: A. B. Downing (Hg.), Euthanasia and the Right to Death. London, 61–70

FOLEY Joseph M. (1992), *The Experience of Being Demented*, in: R. H. Binstock, St. G. Post & P. J. Whitehouse (Hg.), Dementia and Aging. Ethics, Values, and Policy Choices. Baltimore, 30–43

FORSCHNER Maximilian (1998), *Marktpreis und Würde oder vom Adel der menschlichen Natur*, in: H. Kössler, Die Würde des Menschen. Erlangen (Erlanger Forschungen, Reihe A, Geisteswissenschaften, Bd. 80), 33–59

FRANKL Viktor E. (2005), *Der leidende Mensch. Anthropologische Grundlagen der Psychotherapie*. Bern (3. Auflage)

FREUD Sigmund (1981), *Zeitgemässes über Krieg und Tod*, in: ders., Gesammelte Werke Bd. 10. London (7. Auflage), 323–355

FRIES James F. (1980), *Aging, natural death and the compression of morbidity*, New England Journal of Medicine 303, 130–136

GERL-FALKOVITZ Hanna-Barbara (2000), *Ars moriendi. Nachdenken über ein schwieriges Feld*, in: J. Bonelli & E. H. Prat (Hg.), Leben – Sterben – Euthanasie? Wien, 13–29

Gesangbuch der Evangelisch-reformierten Kirchen der deutschsprachigen Schweiz (1998). Basel

GREFE Christiane (2003), *Immer noch! Mitteilungen aus der Anti-Aging-Gemeinde*, in: Das Alter. Kursbuch 151, 132–140

GRONEMEYER Reimer (1989), *Integration und Segregation – Spezielle oder altersübergreifende Massnahmen in Einrichtungen für alte Menschen*, in: M. M. Baltes et al. (Hg.), Erfolgreiches Altern. Bedingungen und Variationen. Bern, 113–117

GRONEMEYER Reimer (2007), *Sterben in Deutschland. Wie wir dem Tod wieder einen Platz in unserem Leben einräumen können.* Frankfurt a. M.

GROSS Peter & FAGETTI KARIN (2008), *Glücksfall Alter. Alte Menschen sind gefährlich, weil sie keine Angst vor der Zukunft haben.* Freiburg i. Br.

GRUMAN Gerald J. (1966), *A History of the Ideas About the Prolongation of Life. The Evolution of Prolongevity Hypothesis to 1800.* Philadelphia (Transactions of the American Philosophical Society, New Series – Volume 56, Part 9)

Grundsätze der Bundesärztekammer zur ärztlichen Sterbebegleitung (1998), Deutsches Ärzteblatt 95, A-2366f.

HARNONCOURT Philipp (1987), *Die Vorbereitung auf das eigene Sterben. Eine verlorene Dimension spiritueller Bildung,* in: H. Becker et al. (Hg.), Im Angesicht des Todes. Ein interdisziplinäres Kompendium II. St. Ottilien (Pietas liturgica, Bd. 4), 1371–1389

HEIDEGGER Martin (2001), *Sein und Zeit.* Tübingen (18. Auflage)

HEIMERL Katharina (2008), *Orte zum Leben – Orte zum Sterben. Palliative Care in Organisationen umsetzen.* Freiburg i. Br. (Palliative Care und OrganisationsEthik, Bd. 15)

HEIMERL Katharina & SEIDL Elisabeth (2007), *Autonomie erhalten: Gespräche über Tod und Sterben in der Hauskrankenpflege,* in: A. Heller et al. (Hg.), Wenn nichts mehr zu machen ist, ist noch viel zu tun. Wie alte Menschen würdig sterben können. Freiburg i. Br. (Palliative Care und OrganisationsEthik, Bd. 2) (3. Auflage), 507–523

HEINZELMANN Martin (2004), *Das Altenheim – immer noch eine «Totale Institution»? Eine Untersuchung des Binnenlebens zweier Altenheime.* Göttingen (Manuskript)

HELMCHEN Hanfried, KONOWSKI Siegfried & LAUTER Hans (2006), *Ethik in der Altersmedizin*. Stuttgart (Grundriss Gerontologie, Bd. 22; Urban-Taschenbücher, Bd. 772)

HESSE Hermann (1972), *Autobiographische Schriften*. Auswahl und Nachwort von S. Unseld, Frankfurt a. M. (Bibliothek Suhrkamp, Bd. 353)

HESSE Hermann (1990), *Mit der Reife wird man immer jünger. Betrachtungen und Gedichte über das Alter*, hg. v. V. Michels. Frankfurt a. M. (Insel-Taschenbuch, Bd. 2311)

HESSE Hermann (2000), *Wege nach Innen. 25 Gedichte*, Frankfurt a. M. (Insel-Bücherei, Bd. 1212)

HIEKE Thomas (Hg.) (2005), *Tod – Ende oder Anfang? Was die Bibel sagt*. Stuttgart

HILLMAN James (2001), *Vom Sinn des langen Lebens. Wir werden, was wir sind*. München (2. Auflage)

HÖFFE Otfried (2002) *Medizin ohne Ethik?* Frankfurt a. M. (Edition Suhrkamp, Bd. 2245)

HÖHN Hans-Joachim (2004), *Thanatodizee? Über ein philosophisches Verhältnis zum Verhältnis von Leben und Tod*, in: ders. (Hg.), Welt ohne Tod – Hoffnung oder Schreckensvision? Göttingen, 9–18.

HÖPFLINGER François (1999), *Generationenfrage. Konzepte, theoretische Ansätze und Beobachtungen zu Generationenbeziehungen in späteren Lebensphasen*. Lausanne

HÖPFLINGER François (2006), *Lebens- und Wohnkulturen für verschiedene Phasen des Alters*, in: M. Furger & D. Kehl (Hg.), Alt und geistig behindert. Herausforderung für Institutionen und Gesellschaft. Biel, 33–46

HÖPFLINGER François (2007a), *Demographische Alterung – Hintergründe und Trends in der Schweiz* (Studienunterlage: www.hoepflinger.com)

HÖPFLINGER François (2007b), *Gerontologie – Definition und Entwicklung im Blick auf den gesellschaftlichen Fortschritt* (Studienunterlage: www.hoepflinger.com)

HÖPFLINGER François (2008), *Entwicklung und Stand der Gerontologie in der Schweiz* (Studienunterlage: www.hoepflinger.com)

HÖPFLINGER François & HUGENTOBLER Valérie (2003), *Pflegebedürftigkeit in der Schweiz. Prognosen und Szenarien für das 21. Jahrhundert.* Bern

HÖPFLINGER François & STUCKELBERGER Astrid (1999), *Demographische Alterung und individuelles Altern. Ergebnisse aus dem nationalen Forschungsprogramm Alter/Vieillesse/Anziani.* Zürich

HORN Christoph (2006), *Das Sterben als Teil eines gelingenden Lebens*, in: Nationaler Ethikrat [Hg.], Wie wir sterben / Selbstbestimmung am Lebensende. Tagungsdokumentationen. Berlin, 35–40

ILLHARDT Franz Josef (2008), *Warum dieses Buch?* In: ders. (Hg.), Die ausgeblendete Seite der Autonomie. Kritik eines bioethischen Prinzips. Berlin (Ethik in der Praxis, Bd. 27), 9–17

IMHOF Arthur E. (1996), *An Ars Moriendi for Our Time: To Live a Fulfilled Life, to Die a Peaceful Death,* in: H. M. Spiro et al. (Hg.), Facing Death. Where Culture, Religion, and Medicine Meet. New Haven, 114–120

JACOBI Günther et al. (Hg.) (2005a), *Kursbuch Anti-Aging.* Stuttgart

JACOBI Günther (2005b), *Anti-Aging: Sinnbild, Sehnsucht, Wirklichkeit*, in: ders. et al. [Hg.], Kursbuch Anti-Aging. Stuttgart, 2–13

JACOBI Günther et al. (2005c), *Vorwort*, in: dies. (Hg.), Kursbuch Anti-Aging. Stuttgart, vi–vii

JECKER Nancy S. (Hg.) (1991), *Aging & Ethics. Philosophical Problems in Gerontology*. Clifton

JENS Tilman (2009), *Demenz. Abschied von meinem Vater*. Gütersloh

JÖRNS Klaus-Peter (2006), *Notwendige Abschiede. Auf dem Weg zu einem glaubwürdigen Christentum*. Gütersloh (3. Auflage)

JOSS-DUBACH Bernhard (1987), *Das Alter – eine Herausforderung für die Kirche: ein theologischer Beitrag zur Auseinandersetzung mit den Fragen des dritten und vierten Lebensabschnitts*. Zürich

JÜNGEL Eberhard (1993), *Tod*. Gütersloh (GTB Siebenstern, Bd. 1295) (5. Auflage)

KAATSCH Hans-Jürgen, ROSENAU Hartmut & THEOBALD Werner (Hg.) (2007), *Ethik des Alters*. Berlin (Ethik interdisziplinär, Bd. 14)

KASS Leon R. (2004), *L'Chaim and Its Limits: Why Not Immortality?* In: St. G. Post & R. H. Binstock (Hg.), The Fountain for Youth. Cultural, Scientific, and Ethical Perspectives on a Biomedical Goal. Oxford, 304–320

KAUFMANN Franz-Xaver (2005), *Schrumpfende Gesellschaft. Vom Bevölkerungsrückgang und seinen Folgen*. Frankfurt a. M. (edition suhrkamp, 2406)

KIELMANSEGG Peter Graf (2008), *Vorwort*, in: U. M. Staudinger & H. HÄFNER, Was ist Alter(n)? Neue Antworten auf eine scheinbar einfache Frage. Berlin (Schriften der Mathematisch-naturwissenschaftlichen Klasse der Heidelberger Akademie der Wissenschaften, Nr. 18), v–viii

KIESSLING Klaus (2007), *Schlimmer als das Vergessen: vergessen zu werden. Pastoralpsychologische Orientierungen bei Desorientierung durch Demenz*, Wege zum Menschen 59, 461–473

Kɪᴛᴡᴏᴏᴅ Tom (2000), Demenz. Der person-zentrierte Ansatz im Umgang mit verwirrten Menschen. Bern

Kʟᴇɪɴᴇ-Gᴜɴᴋ Bernd (Hg.) (2003), *Anti-Aging – moderne
medizinische Konzepte.* Bremen

Kʟɪᴇ Thomas (Hg.) (2009), *Alternswissenschaft und Theologie.*
Berlin

Kʟɪᴇ Thomas, Kᴜᴍʟᴇʜɴ Martina & Kᴜɴᴢ Ralph (Hg.)
(2009), *Praktische Theologie des Alterns.* Berlin

Kʟɪᴇ Thomas (1998), *Menschenwürde als ethischer Leitbegriff
für die Altenhilfe,* in: H. Blonski (Hg.), Ethik in Gerontologie und Altenpflege. Leitfaden für die Praxis. Hagen,
123–139

Kʟɪᴇ Thomas (2003), *Demenz – Ethische Aspekte,* in: P. Ta-
ckenberg & A. Abt-Zegelin (Hg.), Demenz und Pflege. Eine interdisziplinäre Betrachtung. Frankfurt a. M.
(3. Auflage), 54–61

Kʟɪᴇ Thomas (2005), *Würdekonzept für Menschen mit Behinderung und Pflegebedarf. Balancen zwischen Autonomie und
Sorgekultur,* Zeitschrift für Gerontologie und Geriatrie 38,
268–272

Kʟɪᴇ Thomas (2006), *Altersdemenz als Herausforderung für
die Gesellschaft,* in: Nationaler Ethikrat, Altersdemenz
und Morbus Alzheimer. Medizinische, gesellschaftliche
und ethische Herausforderungen. Vorträge der Jahrestagung des Nationalen Ethikrates 2005. Berlin, 65–81

Kʟᴇɴᴛᴢᴇ Michael (2001), *Für immer jung durch Anti-Aging.*
(o. O.) (4. Auflage)

Kʟɪᴇ Thomas & Bʀᴀɴᴅᴇɴʙᴜʀɢ Hermann et al. (2003), *Gerontologie und Pflege. Beiträge zur Professionalisierungsdis-
kussion in der Pflege alter Menschen.* Hannover

Kɴᴇʟʟᴡᴏʟғ Ulrich & Rüᴇɢɢᴇʀ Heinz (2005), *In Leiden und
Sterben begleiten. Kleine Geschichten – Ethische Impulse.*
Zürich (2. Auflage)

KNIPPING Cornelia (Hg.) (2007), *Lehrbuch Palliative Care.* Bern (2. Auflage)

KNOEPFFLER Nikolaus (2004), *Menschenwürde in der Bioethik.* Berlin

KOBLER-VON KOMOROWSKI Susanne (2005), *Diakonische Identität in der Praxis stationärer Altenhilfe,* in: J. Eurich (Hg.), Diakonische Orientierungen in Praxis und Bildungsprozessen. Heidelberg (DWI-Info Nr. 37), 117–135

KOCH-STRAUBE Ursula (2003), *Fremde Welt Pflegeheim. Eine ethnologische Studie.* Bern (2. Auflage)

KOCKA Jürgen (2008), *Chancen und Herausforderungen einer alternden Gesellschaft,* in: U. M. Staudinger & H. HÄFNER, Was ist Alter(n)? Neue Antworten auf eine scheinbar einfache Frage. Berlin (Schriften der Mathematisch-naturwissenschaftlichen Klasse der Heidelberger Akademie der Wissenschaften, Nr. 18), 217–236

KÖRTNER Ulrich H. J. (1996), *Bedenken, dass wir sterben müssen. Sterben und Tod in Theologie und medizinischer Ethik.* München (Beck'sche Reihe, Bd. 1147)

KÖRTNER Ulrich H. J. (2007), *Ethik im Krankenhaus. Diakonie – Seelsorge – Medizin.* Göttingen

KÖSLER Edgar (2004), *Bildung im vierten Alter,* in: H. Brandenburg (Hg.), Altern in der modernen Gesellschaft. Interdisziplinäre Perspektiven für Pflege- und Sozialberufe. Hannover, 111–120

KOLLEK Regine (2006), *Einführung: Ethische und gesellschaftliche Herausforderungen im Umgang mit Demenz,* in: Nationaler Ethikrat, Altersdemenz und Morbus Alzheimer. Medizinische, gesellschaftliche und ethische Herausforderungen. Vorträge der Jahrestagung des Nationalen Ethikrates 2005. Berlin, 11–16

KRAMER Werner (2005), *Was sind die spirituellen Ziele im Alter aus Sicht des Christentums, und wie können sie erreicht werden?* In: P. Bäuerle et al. (Hg.), Spiritualität und Kreativität in der Psychotherapie mit älteren Menschen. Bern, 126–135

KRUSE Andreas (2003), *Wie die Selbstverantwortung im Prozess des Sterbens erhalten werden kann – Anforderungen an die Begleitung sterbender Menschen,* in: M. Mettner & R. Schmitt-Mannhart (Hg.), Wie ich sterben will. Autonomie, Abhängigkeit und Selbstverantwortung am Lebensende. Zürich, 101–128

KRUSE Andreas (2004), *Selbstverantwortung im Prozess des Sterbens,* in: A. Kruse & M. Martin (Hg.), Enzyklopädie der Gerontologie. Bern, 328–340

KRUSE Andreas (2005a), *Lebensqualität demenzkranker Menschen,* Zeitschrift für medizinische Ethik 51, 41–57

KRUSE Andreas (2005b), *Selbstständigkeit, bewusst angenommene Abhängigkeit, Selbstverantwortung und Mitverantwortung als zentrale Kategorien einer ethischen Betrachtung des Alters,* Zeitschrift für Gerontologie und Geriatrie 38, 273–287

KRUSE Andreas (2006a), *Ethische und sozialpsychologische Implikationen von Altersdemenz und Alzheimer-Erkrankung,* in: Nationaler Ethikrat, Altersdemenz und Morbus Alzheimer. Medizinische, gesellschaftliche und ethische Herausforderungen. Vorträge der Jahrestagung des Nationalen Ethikrates 2005. Berlin, 51–62

KRUSE Andreas (2006b), *Plädoyer für ein Pro-Aging,* in: informationsdienst altersfragen 33, H. 5, 4–7

KRUSE Andreas (2007a), *Empowerment demenzkranker Menschen – eine personologische, kulturelle und gesellschaftliche Deutung,* Intercura Nr. 97, 2–32

233

KRUSE Andreas (2007b), *Das letzte Lebensjahr. Zur körperlichen, psychischen und sozialen Situation des alten Menschen am Ende seines Lebens.* Stuttgart (Grundriss Gerontologie, Bd. 21)

KUNZ Ralph (Hg.) (2007), Religiöse Begleitung im Alter. Religion als Thema der Gerontologie. Zürich

LALIVE D'EPINAY Christian, BICKEL Jean-François, MAYSTRE Carole & VOLLENWYDER Nathalie (2000), *Vieillesses au fil du temps 1979–1994. Une révolution tranquille.* Lausanne

LANG Frieder R. & BALTES Margret M. (1997), *Brauchen alte Menschen junge Menschen? Überlegungen zu den Entwicklungsaufgaben im hohen Lebensalter,* in: L. Krappmann & A. Lepenies (Hg.), Alt und Jung. Spannung und Solidarität zwischen den Generationen. Frankfurt, 161–184

LEDERHILGER Severin J. (Hg.) (2005), *Gott, Glück und Gesundheit. Erwartungen an ein gelungenes Leben.* Bern (Linzer Philosophisch-Theologische Beiträge, Bd. 11)

LESSING Gotthold Ephraim (1985), *Wie die Alten den Tod gebildet: eine Untersuchung,* in: ders., Werke 1767–1769, Frankfurt a. M. (Gotthold Ephraim Lessing Werke und Briefe in zwölf Bänden, Bd. 6), 715–778

LOGUE Barbara J. (1993), *Last Rights. Death Control and the Elderly in America.* New York

LÜTZ Manfred (2005), *Vom Gesundheitswahn zur Lebenslust,* in: S. J. Lederhilger (Hg.), Gott, Glück und Gesundheit. Erwartungen an ein gelungenes Leben. Bern (Linzer Philosophisch-Theologische Beiträge, Bd. 11), 32–54

MAHR Bernd (2003), *Die Negation des Alterns,* in: Kursbuch 151: Das Alter. Berlin, 79–89

MAIO Giovanni (2006), *Die Präferenzorientierung der modernen Medizin als ethisches Problem. Ein Aufriss am Beispiel der Anti-Aging-Medizin,* Zeitschrift für medizinische Ethik 52, 339–354

MANSER Josef (1987), *Der Tod des Menschen. Deutungen des Todes in der Philosophie des 20. Jahrhunderts,* in: H. Becker et al. (Hg.), Im Angesicht des Todes. Ein interdisziplinäres Kompendium I. St. Ottilien (Pietas liturgica, Bd. 3), 19–48

MANSER Josef (1989), *«Wer mich zum Freunde hat, dem kann's nicht fehlen.» Versuch einer spirituellen Theologie zur Ars moriendi heute,* in: H. Wagner (Hg.), Ars moriendi. Erwägungen zur Kunst des Sterbens. Freiburg (Quaestiones disputatae, Bd. 118), 67–98

MARON Monika (2002), *Ich will, was alle wollen. Gedankengänge eines alten Kindes,* in: T. Steinfeld (Hg.), «Einmal und nicht mehr.» Schriftsteller über das Alter. Stuttgart (dtv, Bd. 13030), 22–27

MARQUARD Odo (2002), *Am Ende, nicht am Ziel. Mit dem Alter wächst die Lust zur Theorie,* in: Th. Steinfeld (Hg.), «Einmal und nicht mehr.» Schriftsteller über das Alter. Stuttgart (dtv, Bd. 13030), 50–55

MARTIN Richard J. & POST Stephen G. (1992), *Human Dignity, Dementia and the Moral Basis of Caregiving,* in: R. H. Binstock, St. G. Post & P. J. Whitehouse (Hg.), Dementia and Aging. Ethics, Values, and Policy Choices. Baltimore, 55–68

MENNING Sonja (2008), *GeroStat – Statistische Informationen. Wo die Welt am schnellsten altert – ein Blick auf den demographischen Wandel in Entwicklungsländern,* informationsdienst altersfragen 35, H. 4, 15–17

METTNER Matthias (Hg.) (2000), *Wie menschenwürdig sterben? Zur Debatte um die Sterbehilfe und zur Praxis der Sterbebegleitung.* Zürich

MIETH Dietmar (2003), *Menschenbild und Menschenwürde angesichts des Fortschritts der Bioethik*, in: R. J. Lorenz et al. (Hg.), Die «Würde des Menschen» – beim Wort genommen. Tübingen (Kontakte, Bd. 12), 59–78

MÖCKLI Silvano (1999), *Die demographische Herausforderung. Chancen und Gefahren einer Gesellschaft lang lebender Menschen.* Bern

MONTADA Leo (1996), *Machen Gebrechlichkeit und chronische Krankheit produktives Altern unmöglich?* In: M. M. Baltes & L. Montada (Hg.), Produktives Leben im Alter. Frankfurt (ADIA-Schriftenreihe, Bd. 3), 382–392

MOODY Harry R. (1991), *The Meaning of Life in Old Age,* in: N. S. Jecker (Hg.), Aging and Ethics. Philosophical Problems in Gerontology. Clifton, 51–92

MOODY Harry R. (1992a), *A Critical View of Ethical Dilemmas in Dementia*, in: R. H. Binstock, St. G. Post & P. J. Whitehouse (Hg.), Dementia and Aging. Ethics, Values, and Policy Choices. Baltimore, 86–100

MOODY Harry R. (1992b), *Ethics in an Aging Society.* Baltimore

MOODY Harry R. (1998), *The Cost of Autonomy, the Price of Paternalism*, in: R. Disch et al. (Hg.), Dignity and Old Age. New York, 111–127

MOZART Wolfgang Amadeus (1948), *Briefe.* Zürich

MÜLLER Anselm Winfried (2004), *Lebensverlängerung durch die Medizin? Ein Beitrag zur Ethik des Alters*, in: E. Herrmann-Otto (Hg.), Die Kultur des Alterns von der Antike bis zur Gegenwart. St. Ingbert, 161–180

MÜLLER Ludolf (2003), *Moralisches Gesetz und Menschenwürde bei Kant, Schopenhauer, Nietzsche und Solowjow*, in: R. J. Lorenz et al. [Hg.], Die «Würde des Menschen» – beim Wort genommen. Tübingen [Kontakte, Bd. 12], 1–17

NAGER Frank (1998), *Gesundheit, Krankheit, Heilung, Tod. Betrachtungen eines Arztes.* Luzern (3. Auflage)

NASSEHI Armin (2006), *Formen der Vergesellschaftung des Sterbeprozesses*, in: Nationaler Ethikrat (Hg.), Wie wir sterben / Selbstbestimmung am Lebensende. Tagungsdokumentationen. Berlin, 81–92

Nationaler Ethikrat (2006), *Selbstbestimmung und Fürsorge am Lebensende. Stellungnahme.* Berlin

NEUMANN Eva-Maria (2006), *Pflegeethik*, in: H. HELMCHEN, S. KONOWSKI & H. LAUTER, *Ethik in der Altersmedizin.* Stuttgart (Grundriss Gerontologie, Bd. 22; Urban-Taschenbücher, Bd. 772), 310–359

NOLL Peter (1984), *Diktate über Sterben und Tod, mit Totenrede von Max Frisch.* Zürich

OLSHANSKY S. Jay & CARNES Bruce A. (2002), *Ewig Jung? Altersforschung und das Versprechen vom langen Leben.* München

OVERALL Christine (2003), *Aging, Death, and Human Longevity. A Philosophical Inquiry.* Berkley

OVERALL Christine (2004), *Longevity, Identity, and Moral Character: A Feminist Approach*, in: St. G. Post & R. H. Binstock [Hg.], The Fountain of Youth. Cultural, Scientific, and Ethical Perspectives on a Biomedical Goal. Oxford, 286–303

PERRIG-CHIELLO Pasqualina (2005), *Altern bewältigen, erfolgreich meistern oder sinnvoll gestalten?* NOVA 9, 8–10

PETERS Meinolf (2008), *Die gewonnenen Jahre. Von der Aneignung des Alters.* Göttingen

PHILIPPI Paul (1984), *Diaconica. Über die soziale Dimension kirchlicher Verantwortung*, hg. v. Jürgen Albert. Neukirchen-Vluyn

PICHLER Barbara (2007), *Autonomes Alter(n) – Zwischen widerständigem Potential, neoliberaler Verführung und illusionärer Notwendigkeit*, in: K. Aner et al. (Hg.), Die neuen Alten – Retter des Sozialen? Wiesbaden, 67–81

PICKER Eduard (2002), *Menschenwürde und Menschenleben. Das Auseinanderdriften zweier fundamentaler Werte als Ausdruck der wachsenden Relativierung des Menschen.* Stuttgart

POST Stephen G. (1995), *The Moral Challenge of Alzheimer Disease.* Baltimore

POST Stephen G. (2004), *Decelerated Aging: Should I Drink from a Fountain of Youth?* In: St. G. Post & R. H. Binstock (Hg.), The Fountain for Youth. Cultural, Scientific, and Ethical Perspectives on a Biomedical Goal. Oxford, 72–93

POST Stephen G. & BINSTOCK Robert H. (2004), *Introduction*, in: dies. (Hg.), The Fountain for Youth. Cultural, Scientific, and Ethical Perspectives on a Biomedical Goal. Oxford, 1–8

The President's Council on Bioethics (2003), *Beyond Therapy. Biotechnology and the Pursuit of Happiness.* Washington D. C.

The President's Council on Bioethics (2005), *Taking Care. Ethical Caregiving in Our Aging Society.* Washington D. C.

PRISCHING Manfred (2003), *Alter heute – ein Mosaik mit Widersprüchen,* in: L. Rosenmayr & F. Böhmer (Hg.), Hoffnung Alter. Forschung, Theorie, Praxis. Wien, 246–272

RENTSCH Thomas (1994), *Philosophische Anthropologie und Ethik der späten Lebenszeit,* in: P. B. BALTES et al. (Hg.), Alter und Altern: Ein interdisziplinärer Studientext zur Gerontologie. Berlin, 283–304

RIEGER Hans-Martin (2008), *Altern anerkennen und gestalten. Ein Beitrag zur gerontologischen Ethik.* Leipzig (Forum Theologische Literaturzeitung, Bd. 22)

Ries Gerhard (1998), *Die Bedeutung der Menschenwürde im Recht der Bundesrepublik Deutschland*, in: H. Kössler, Die Würde des Menschen, Erlangen (Erlanger Forschungen, Reihe A, Geisteswissenschaften, Bd. 80), 61–76

Römelt Josef (2002), *Autonomie und Sterben. Reicht eine Ethik der Selbstbestimmung zur Humanisierung des Todes?* Zeitschrift für medizinische Ethik 48, 3–14

Rosenmayr Leopold (2004), *Zur Philosophie des Alterns*, in: A. Kruse & M. Martin (Hg.), Enzyklopädie der Gerontologie, Bern. 13–28

Rüegger Heinz (2004), *Sterben in Würde? Nachdenken über ein differenziertes Würdeverständnis.* Zürich (2. Auflage)

Rüegger Heinz (2006), *Das eigene Sterben. Auf der Suche nach einer neuen Lebenskunst.* Göttingen

Rüegger Heinz (2007), *Altern im Spannungsfeld von «Anti-Aging» und «Successful Aging». Gerontologische Perspektiven einer seelsorglichen Begleitung älterer Menschen*, in: R. Kunz (Hg.), Religiöse Begleitung im Alter. Religion als Thema der Gerontologie. Zürich, 143–182

Rudolf Rainer, Mohr Rudolf & Heinz-Mohr Gerd (1979), *Art. «Ars moriendi»*, in: Theologische Realenzyklopädie, Bd. 4. Berlin, 143–156

Schachtschabel Dietrich Otto (2004), *Humanbiologie des Alterns*, in: A. Kruse & M. Martin (Hg.), Enzyklopädie der Gerontologie. Bern, 176–181

Schelling Hans Rudolf (2005), *Demenz als Krankheit und Diagnose: Mentale Repräsentationen und Einstellungen*, in: M. Martin & H. R. Schelling (Hg.), Demenz in Schlüsselbegriffen. Grundlagen und Praxis für Praktiker, Betroffene und deren Angehörige. Bern, 75–100

Schirrmacher Frank (2004), *Das Methusalem-Komplott.* München (6. Auflage)

SCHMID Wilhelm (2000), *Schönes Leben? Einführung in die Lebenskunst.* Frankfurt a. M.

SCHMID Wilhelm (2004a), *Ars moriendi,* in: J.-Ch. Student (Hg.), Sterben, Tod und Trauer. Handbuch für Begleitende, Freiburg, 43–47

SCHMID Wilhelm (2004b), *Mit sich selbst befreundet sein. Von der Lebenskunst im Umgang mit sich selbst,* Frankfurt a. M.

SCHMID Wilhelm (2006), *Was ist philosophische Lebenskunst? Auf dem Weg zur Selbstfreundschaft,* Wege zum Menschen, 58, 3–12.

SCHMIDT Heinz (2004), *Alter und Diakonie,* in: V. Herrmann (Hg.), Diakoniewissenschaft im Dialog. Heidelberg (DWI-Info Nr. 36), 189–192

SCHMITT-MANNHART Regula (2000), *Altern und Sterben in Würde,* in: M. Mettner (Hg.), Wie menschenwürdig sterben? Zur Debatte um die Sterbehilfe und zur Praxis der Sterbebegleitung. Zürich, 257–268

SCHNEIDER-FLUME Gunda (2004), *Leben ist kostbar. Wider die Tyrannei des gelingenden Lebens.* Göttingen (Transparent, Bd. 66) (2. Auflage)

SCHNEIDER-FLUME Gunda (2008), *Alter – Schicksal oder Gnade?* Göttingen

SCHOCKENHOFF Eberhard & WETZSTEIN Verena (2005), *Relationale Anthropologie – Ethische Herausforderungen bei der Betreuung von dementen Menschen,* Zeitschrift für Gerontologie und Geriatrie 38, 262–267

SCHÖNE-SEIFERT Bettina (1996), *Medizinethik,* in: J. Nida-Rümelin [Hg.], Angewandte Ethik. Die Bereichsethiken und ihre theoretische Fundierung. Ein Handbuch. Stuttgart, 552–648

Sᴄʜᴏᴛᴛ Heinz (2008), *Paternalismus, Autonomie und Sympathie: Kranksein und Heilen zwischen Aufklärung und Romantik*, in F. J. Illhardt (Hg.) Die ausgeblendete Seite der Autonomie. Kritik eines bioethischen Prinzips. Berlin (Ethik in der Praxis, Bd. 27), 219–230

Schweizerischen Akademie der Medizinischen Wissenschaften SAMW (2004a), *Medizinisch-ethische Richtlinien zur Behandlung und Betreuung von zerebral schwerstgeschädigten Langzeitpatienten,* Schweizerische Ärztezeitung 85, 50–54

Schweizerischen Akademie der Medizinischen Wissenschaften SAMW (2004b), *Medizinisch-ethische Richtlinien und Empfehlungen zur Behandlung und Betreuung von älteren, pflegebedürftigen Menschen*, Schweizerische Ärztezeitung 85, 1452–1462

Schweizerischen Akademie der Medizinischen Wissenschaften SAMW (2006), *Medizinisch-ethische Grundsätze zum Recht der Patientinnen und Patienten auf Selbstbestimmung,* Schweizerische Ärztezeitung 87, 103–110

Sᴄʜᴡᴇʀᴅᴛ Ruth (2005), *Lernen der Pflege von Menschen mit Demenz bei Alzheimer-Krankheit. Anforderungen an die Qualifikation professioneller Helferinnen und Helfer,* Zeitschrift für medizinische Ethik 51, 59–76

Sᴄʜᴡᴇʀᴅᴛ Ruth (2007), *Autonomie als grundlegendes Wertprinzip*, in: Ch. Petzold et al., Ethik und Recht. Bern, 22–32

Sᴇᴇʙᴇʀɢᴇʀ Bernd (2004), *Langlebigkeit – eine neue «Soziale Frage»*, Bayerische Sozialnachrichten Nr. 5

Sᴇᴇʟ Martin (2006), *Bedingungen und Grenzen der Selbstbestimmung – über die Reichweite von Selbstbestimmung*, in: Nationaler Ethikrat (Hg.), Wie wir sterben / Selbstbestimmung am Lebensende. Tagungsdokumentationen. Berlin, 131–139

SEITZ Manfred (2003), *Langes Leben – Wunsch und Grenzen. Altern in Würde und Sinn?* Zeitschrift für Gerontologie und Geriatrie 36, 104–109

SENECA Lucius Annaeus (1996), *Briefe an Lucilius,* in: J. Laager (Hg.), Ars moriendi. Die Kunst, gut zu leben und gut zu sterben. Texte von Cicero bis Luther. Zürich, 51–74

SENECA Lucius Annaeus (2005), *Von der Kürze des Lebens.* München (Kleine Bibliothek der Weltweisheit, Bd. 11)

SIMON John M. & DUNO Steve (1998), *Anti-aging for dogs.* New York

SINGER Peter (1984), *Praktische Ethik.* Stuttgart (Reclam Universal-Bibliothek, Nr. 8033[4])

SMITH David H. (1992), *Seeing and Knowing Dementia*, in: R. H. Binstock, St. G. Post & P. J. Whitehouse (Hg.), Dementia and Aging. Ethics, Values, and Policy Choices. Baltimore, 44–54

SPINDLER Mone (2006), *Anti-Aging als Forschungsgegenstand: Die Flexibilisierung alternder Körper und die Individualisierung von Altersrisiken*, informationsdienst altersfragen 33, H. 5, 11–13

STÄDTLER-MACH Barbara (2004a), *Langlebigkeit als ethische Herausforderung*, Bayerische Sozialnachrichten Nr. 5

STÄDTLER-MACH Barbara (2004b), *Diakonische Altenhilfe zwischen gerontologischer Forschung und ethischen Herausforderungen,* in: V. Herrmann (Hg.), Diakoniewissenschaft im Dialog. Heidelberg (DWI-Info Nr. 36), 183–188

STÄHELIN Hannes B. & STOPPE Gabriela (2004), *Die Medizin und das Alter. Fördert die Geriatrie die Akzuptanz des Älterwerdens?* In: H. Bachmaier [Hg.], Die Zukunft der Altersgesellschaft. Analysen und Visionen. Göttingen, 87–98

STECKELER Herbert (2004), *Altern – eine philosophische Besinnung auf naturwissenschaftlichem Hintergrund mit einem theologischen Ausblick*, in: H. Brandenburg (Hg.), Altern in der modernen Gesellschaft. Interdisziplinäre Perspektiven für Pflege- und Sozialberufe. Hannover, 11–48

STEFFENSKY Fulbert (2007), *Mut zur Endlichkeit. Sterben in einer Gesellschaft der Sieger.* Stuttgart

STOFF Heiko (2004), *Ewige Jugend. Konzepte der Verjüngung vom späten 19. Jahrhundert bis ins Dritte Reich.* Köln

STRASSER Hermann & STRICKER Michael (2008), *Bürgerschaftliches Engagement und Altersdemenz: Welche Helfer hat das Land?* Zeitschrift für medizinische Ethik 54, 275–284

STUCK Andreas (2003), *Das Ziel: ein Alter in Würde*, SAMW Bulletin Nr. 2, Mai, 1–3

Strategie für eine schweizerische Alterspolitik (2007). Bericht des Bundesrates in Erfüllung des Postulates Leutenegger Oberholzer vom 3. Oktober 2003

THEISSEN Gerd (1990), *Die Bibel diakonisch lesen: Die Legitimationskrise des Helfens und der barmherzige Samariter,* in: G. K. Schäfer & Th. Strohm (Hg.), Diakonie – biblische Grundlagen und Orientierungen. Heidelberg (Veröffentlichungen des Diakoniewissenschaftlichen Instituts an der Universität Heidelberg, Bd. 2), 376–401

THEUNISSEN Michael (1984), *Die Gegenwart des Todes im Leben,* in: R. Winau & H. P. Rosemeier (Hg.), Tod und Sterben. Berlin, 102–124

THOMASMA David C. (1992), *Mercy Killing of Elderly People With Dementia: A Counterproposal,* in: R. H. Binstock, St. G. Post & P. J. Whitehouse (Hg.), Dementia and Aging. Ethics, Values, and Policy Choices. Baltimore, 101–117

TRÜEB Ralph M. (2006), *Anti-Aging. Von der Antike zur Moderne.* Darmstadt

von Engelhardt Dietrich (2006), *Lebenskunst (ars vivendi): Kunst des Krankseins (ars aegrotandi) und Kunst des Sterbens (ars moriendi)*, Zeitschrift für medizinische Ethik 52, 239–248

Wagner Harald (1994), *«Ars moriendi.» Impulse für heute aus christlicher Tradition*, in: A. E. Imhof & R. Weinknecht (Hg.), Erfüllt leben – in Gelassenheit sterben. Geschichte und Gegenwart. Berlin (Berliner Historische Studien, Bd. 19), 263–268

Wahl Hans-Werner (2004), *Entwicklung gerontologischer Forschung*, in: A. Kruse & M. Martin (Hg.), Enzyklopädie der Gerontologie. Bern, 29–48

Wahl Hans-Werner & Tesch-Römer Clemens (2000), *Einführende Überlegungen zu einer Angewandten Gerontologie*, in: dies. (Hg.), Angewandte Gerontologie in Schlüsselbegriffen. Stuttgart, 3–11

Weber Otto (1983), *Grundlagen der Dogmatik. Erster Band*, Neukirchen-Vluyn (6. Auflage)

Weingarten Elmar (1984), *Bemerkungen zur sozialen Organisation des Sterbens im Krankenhaus*, in: R. Winau & H. P. Rosemeier (Hg.), Tod und Sterben. Berlin, 349–357

Welsch Wolfgang (2008), *Neuigkeiten über das Alter?* In: U. M. Staudinger & H. Häfner, Was ist Alter(n)? Neue Antworten auf eine scheinbar einfache Frage. Berlin (Schriften der Mathematisch-naturwissenschaftlichen Klasse der Heidelberger Akademie der Wissenschaften, Nr. 18), 199–214

Wettstein Albert (1991), *Senile Demenz. Ursache – Diagnose – Therapie – Volkswirtschaftliche Konsequenzen.* Bern

WETTSTEIN Albert (2005), *Umgang mit Demenzkranken und Angehörigen*, in: M. Martin & H. R. Schelling (Hg.), Demenz in Schlüsselbegriffen. Grundlagen und Praxis für Praktiker, Betroffene und deren Angehörige. Bern, 101–153

WETZ Franz Josef (1998), *Die Würde des Menschen ist antastbar. Eine Provokation.* Stuttgart

WETZSTEIN Verena (2005a), *Alzheimer-Demenz. Perspektiven einer integrativen Demenz-Ethik,* Zeitschrift für medizinische Ethik 51, 27–40

WETZSTEIN Verena (2005b), *Diagnose Alzheimer. Grundlagen einer Ethik der Demenz.* Frankfurt (Kultur der Medizin: Geschichte – Theorie – Ethik, Bd. 16)

WICCLAIR Mark R. (1993), *Ethics and the Elderly.* New York

WIESEMANN Claudia (1998), *Medizinethik und Menschenwürde. Paradox und Rekonstruktion,* in: H. Kössler, Die Würde des Menschen. Erlangen (Erlanger Forschungen, Reihe A, Geisteswissenschaften, Bd. 80), 91–105

WIESEMANN Claudia & BILLER-ANDORNO Nikola (2005), *Medizinethik.* Stuttgart

WILLI Jürg (2003), *Sich im Alter brauchen lassen – ein notwendiger Einstellungswandel,* in: B. Boothe & B. Ugolini (Hg.), Lebenshorizont Alter. Zürich, 91–108

WILS Jean-Pierre (2004), *Autonomie und Passivität. Tugenden einer zweiten Aufklärung im medizinischen Kontext,* in: R. Baumann-Hölzle (Hg.), Leben um jeden Preis? Entscheidungsfindung in der Intensivmedizin. Bern (Interdisziplinärer Dialog – Ethik im Gesundheitswesen, Bd. 4), 43–57

WISSMANN Peter & GRONEMEYER Reimer (2008), *Demenz und Zivilgesellschaft – eine Streitschrift.* Frankfurt a. M.

WUNDER Michael (2008), *Demenz und Selbstbestimmung,* Ethik in der Medizin 20, 17–25

ZERFASS Rolf (1991), *Das Evangelium gehört den Armen. Ökumenische Ressourcen diakonischer Arbeit*, in: M. Schibilsky (Hg.), Kursbuch Diakonie. Neukirchen-Vluyn, 299–308

ZIMMERMANN-ACKLIN Markus (2003), *Selbstbestimmung in Grenzsituationen? Vom Protest gegen den ärztlichen Paternalismus zur Wiederentdeckung von Beziehungsgeschichten*, in: M. Mettner & R. Schmitt-Mannhart (Hg.), Wie ich sterben will. Autonomie, Abhängigkeit und Selbstverantwortung am Lebensende. Zürich, 63–76

ZIMMERMANN-ACKLIN Markus (2005), *Menschenwürdig sterben? Theologisch-ethische Überlegungen zur Sterbehilfediskussion*, in: M. Ebner et al. (Hg.), Leben trotz Tod. Neukirchen-Vluyn (Jahrbuch für Biblische Theologie, Bd. 19), 365–389